U0116294

大秦帝国启示录

天下明珠 著

中国出版集团

研究出版社

图书在版编目 (CIP) 数据

此秦可待：大秦帝国启示录 / 天下明珠著. –– 北
京：研究出版社，2022.9
ISBN 978-7-5199-1269-7

Ⅰ.①此… Ⅱ.①天… Ⅲ.①中国历史—秦代—通俗
读物 Ⅳ.①K233.09

中国版本图书馆CIP数据核字(2022)第125462号

出 品 人：赵卜慧
出版统筹：丁 波
责任编辑：安玉霞

此秦可待：大秦帝国启示录

CIQIN KEDAI：DAQIN DIGUO QISHILU

天下明珠 著

研究出版社 出版发行

（100006 北京市东城区灯市口大街100号华腾商务楼）

北京中科印刷有限公司 新华书店经销

2022年9月第1版 2023年5月第2次印刷

开本：710毫米×1000毫米 1/16 印张：25

字数：350千字

ISBN 978-7-5199-1269-7 定价：68.00元

电话（010）64217619 64217652（发行部）

目 录

第三编

诸子文人:骨子里的任性与坚守

第四编

社会人情:生存时的温情与残酷

第五编

自强者成：觉醒后的光明与平静

历史深处的阳光与尘埃

张幼平

　　在中国历史上，秦代是一个令人热血沸腾的时代，也是一个话题不断的时代。很多经典的桥段就在这里上演，很多令人匪夷所思的事情也在这里发生，单单一个秦王国从蓁莽的历史中脱颖而出的故事，就让后代遐思无限。秦代也是饱受诟病的时代，其苛政与严刑峻法，在后来不断受到各种指摘，秦二世而亡的故事也让人扼腕不已。凭借《此秦可待》，天下明珠也加入了对大秦帝国的话题审视。

　　在《王者心经：深渊里的凝视与救赎》中，天下明珠关注一代代秦王的或成或败，倾意于每一个看似不经意的关捩，如同在潮涌中捡拾朵朵浪花，揭示历史的起承转合；在《将相世家：功名里的精神与器宇》里，作者对那些曾经叱咤风云的人物，投之以现代的同情与理解，以一种熨帖人心的方式，从细节层面观照与思考其行为与命运；在《诸子文人：骨子里的任性与坚守》中，作者不是随人俯仰，而是在具体境遇中理解每个人物可能的定位。相较于以上各种，《社会人情：生存时的温情与残酷》和《自强者成：觉醒后的光明与平静》倒更像一种历史阅读的心得与笔记。作者笔调轻松，风轻云淡间，历史瞬间侧畔而过，王侯将相任其笔墨驱驰！稍显不同的是，作者的解读奠基于已有的文学创作而生成，在参阅正史的同时加以诠释，在亦真亦幻、虚实相间的历史情境中，作者对人物命运的关注和思考，更多镶嵌在一些似乎可有可无的细节品读中。每一个人物，每一个事件，甚至每一句话，每一个举动，每一份内心的悸动，都被放在了历史的显微镜下，成就了既真实而又至为合理的过往人生。

这样的秦代，与我们的刻板印象迥异。面对气势磅礴的兵马俑、精致锋利的秦王剑，我们往往震惊于秦王六合的雄才，感叹统一度量衡的伟业，在荡涤一切的历史大势之前，我们会感受到具体而微的个体命运的渺小苍白，感受到个体的无力与失语，更不用说那些遗失在历史深处的细节了。天下明珠的冒险，就是在边角料的编织过程中，绾合历史大势与个体命运，弥合两者之间的裂痕，在历史与现实的跳跃间，唤起人间烟火的历史温度，打捞人间世情的独有况味。历史的宏大叙事和个体的私语呢喃，两者的交错，成就了平凡如斯却又恢宏壮阔的大秦时代。天下明珠的大秦时代，不是刻板的历史规律的依次展开，而是一种散落在人情世间的、生动的人与人、人与事和人与势的遗珠的收束。这样的大秦时代，才有可能不是永恒的阴谋论的温床，才不至于沦为永远悲观论的修罗场。这是天下明珠的笔力所致！

文如其人。天下明珠在历史和现实之间来回穿越，在细节之中的执着，每每会让我记起和他的初次相见。那是一个朋友组织的聚会场合，在觥筹交错间，天下明珠热情地给大家捧上了五六个小西瓜，让大家尝尝鲜。他介绍说，这是他刚从庞各庄的瓜地里摘上来的新鲜西瓜。那是一个夏初季节，天气还不是很热，西瓜也只是零零星星上市。记得他当时没有开车（因为需要小酌），就是坐着地铁，拖着几箱子西瓜从南城过来的。我感动于他这样的一份用心（分享新鲜西瓜的甘甜），同时也在脑补：这么一个大高个，是如何一路用小车拖着西瓜，一路辗转换乘，穿越大半个城市的。这样的真诚和用心，这样的执着，这样在细节上较真儿，甚至显得有些"端着"，这样的天下明珠，才有这样的大秦时代。

我相信，真实的历史一定不是坚硬的文字，不是冷冰冰的考古实物，也不是某种论说的逻辑展开。真实的历史虽然很难还原，但以一种同情理解之心介入，以一种人间温情去抚触，历史有可能就成其为现在，成为一种我们可以以人心和理智去理解和触摸的未来。在人类本身的内在需求未曾根本改变，在人类社会的根本问题不曾彻底解决之前，天下明珠的大秦时代，就可能是眼下的大秦时代，更可能是未来的大秦时代！

值得一提的是，天下明珠刻意采用了一种世人较为容易接受的诙谐语调，和一种拉开自身与历史距离的调侃姿态，保持置身于历史之外的独立身位，就像在谈论某件事情的时候，显示为转述第三者的意见，以便在可能的时候作出合理的辩护。这样一种方式，是否就是天下明珠在历史与现实切换过程中的人间清醒？是否也是一种在历史与现实间的纠结？

窃以为，可以用天下明珠的一段文字来诠释这样一种对历史的理解，虽然只能算是一种隐喻：

> 看到"洒扫庭除"这四个字，我想起小时候是这样的：东升的太阳把光柱子照进屋里，扫帚在泥地上扫过，灰尘在太阳光中飞舞，扫完地，还要洒点水，顺便给墙角的接地线浇点水——这样有线广播喇叭的声音能大些，虽然住在土坯房里，但心里是一片阳光，感觉暖暖的……

在这样的文字中，在那一刻，我感受到穿越历史的那一片阳光与尘埃，在人心深处永不停息的折射与飘荡……

自　序

人生海海，因果相循。大约十年前，就有好几位朋友向我推荐孙皓晖先生的鸿篇巨著《大秦帝国》，我知道这套书非常宏大，心里有点畏惧，所以一直没有勇气开卷。

事情的转机发生在 2016 年。这一年开始，我有大量的时间在通勤的地铁上，于是开始在地铁上阅读《大秦帝国》，结果一下子就被吸引住了，两千几百年前的人物，在孙先生的笔下好像活了过来一样，文笔厚重朴实，人物形象生动，就如作者亲历了一样纤毫毕现。在读的过程中，有很多的想法、感受、感悟、共鸣涌现出来，阅读体验与自己的人生经历发生碰撞、激荡，从而形成一种创作冲动，就是有话要说的感觉，我就萌发了把这些读后感写出来的想法。这是 2016 年秋天的事。

我下决心，一定要以言为心声，写出一些关于大秦帝国的文章来，向《大秦帝国》致敬。同时，预想了可能出现的困难和迷惑，给自己定了一个写作原则：先悦己，后悦人。

然而，当我拿起笔写的时候，却有种茶壶里的馄饨倒不出来的感觉。"年轻时候往往把创作冲动误以为是创作能力"。好像是这么回事。第一篇文章写得很慢、很艰难，花了将近一年时间，终于在 2017 年底在公众号上发表了，就是本书中的《两个男人之间的友谊》。

从 2017 年底到 2021 年初，我陆陆续续写了 70 多篇跟大秦帝国有关的文章。本书精选了其中的 58 篇结集出版，希望把最好的作品呈现给读者。

在写作过程中，我的思路大致有以下几点：

第一，世界观、人生观、价值观要正。读者朋友们来看文章是对我的信任，我不能去误导信任我的人。

第二，写经得起岁月的文章，做时间的朋友。我想写相对来说生命存续期长的文章，文章的内容和质量要经得起时间的考验，至少在主观上要有这个要求。

第三，永远不低估读者的水平，留有读者参与的空间。好文章一定要有真情实感，作者必须掏心掏肺地拿出点干货出来。这种执着可以有多与少的差别，但一定不是有和没有的差别。另外，有些话点到为止，留有余味，不必担心读者看不懂、琢磨不到。

第四，"先悦己"与"后悦人"相结合。一篇文章，如果首先为了取悦他人而写，那么动作很可能会变形，所以要克制。

把"先悦己"放在前面，心态才会平和，不那么功利。写作首先是私人表达，然后才是社会化表达。读者朋友想看的是我这个"人"的思想，而不是我的取悦行为。自己的心情好了，愉悦了，说出去的话、做出来的事就会自然而然地真诚、实在，悦人就是一个自然的结果，而不是讨巧的目的。与"后悦人"相结合，是指文章公开发表出来就要找两种表达之间的公约数。

第五，要尝试不同的写法。尽量丰富读者的阅读体验，避免单一写法给读者带来的审美疲劳。每一篇出来，最好是让人感觉既在情理之中，又在意料之外。

在写作过程中，遇到的最大困难是对小说与史实的处理。

我写作的缘起是读孙皓晖先生的《大秦帝国》有感。这部巨著虽然是小说，却有非常厚重的历史感，包含了作者对于战国历史的大量研究成果，因此，写作时大部分情况可以直接以原著为基础。小说调整了一些历史人物的出场顺序，遇到这种情况就要斟酌把握，尽量不产生误会。另外，历史资料本身如果存在不同的记录，就尽量合理地取舍。

文章立论的基础如果是在虚构的小说上，会不会是沙滩上的建筑？这是写了部分文章后收到的一个善意的疑问。我认为，确实有这种风险，因此做了一定的防范。

第一，在逻辑上要自洽。人同此心，心同此理，即使在历史上甲没有跟乙说过这句话，甲和乙之间的关系模式在现实中是存在的，在当今是可见的，事情的发展逻辑是确实的，那么阐述就是有价值的，这个价值既包括了创新价值（如揭示了所未知或未广为人知的规律），也包括了参考价值（如指导自身今后的行为）。

第二，适当控制比例。在部分文章中，原著内容作为话题的一个引子，通过起承转合，充实新的内容，自圆其说。

第三，重要人物事迹参考《史记》。孙先生的文笔很好，有一种独特的阅读美感，在引用原著之外，也参考《史记》进行补充；在个别地方，说明是小说还是正史，避免误导读者。

关于写作灵感的来源。本书收录的文章所包含的干货，主要来自过去几十年的生活。我觉得，人生一世，酸甜苦辣咸都应该尝一尝，回过头去看，只要用心生活，踏实做事，认真做人，则百味皆甜。诗三百，大多发愤之作。这也是历史规律。生活有剥夺，也有馈赠，没有白过的生活，用心体验，就是源头活水。

我期盼，亲爱的读者朋友们在读了我写的文章后，会引发对《大秦帝国》和历史的兴趣，增加对生活的热爱和勇气。盛世读史，如今正是时候。

本书主要的参考书籍包括：《大秦帝国》（作者孙皓晖，上海人民出版社 2012 年 5 月版）；《大争之世·战国》（作者孙皓晖，中信出版社 2016 年 9 月版）；《史记》〔（汉）司马迁撰，韩兆琦评注，岳麓书社 2012 年 10 月第 2 版〕。

在写作过程中，我的同学、亲友给予了很大的支持，帮我转发公众号文章，表示欣赏和支持，这些都是我继续的动力之一。决定尽快将大秦系列文章结集出版，缘于我的研究生班同学姜龙先生在 2020 年 11 月的提议和鼓励。有时候，一句话就能改变历史。2021 年 4 月正式开始着手，经过一年多的准备，在众多朋友的帮助下，终于成书。

在本书的出版过程中，研究出版社的精英团队给予了最大的支持，责任编辑安玉霞女士担纲了本书的整体编辑工作，为本书的顺利出版做了大量细致的工作，付出了巨大的努力，展现了高超的专业水准。

中国建筑工业出版社张幼平老师、东方出版社张永俊老师、中国文史出版社窦忠如老师等给予了我宝贵的支持。

在此对以上亲友和老师一并表示衷心的感谢！

借此机会，我也想感谢我的爱人，她帮我承担了大量的家务，让我得以安心写作。我的妈妈在我的每一个时刻，都非常支持我。孩子们经常跑过来问我"你的书什么时候会出来"，他们的话鞭策了我。文章能够结集出版，我的爸爸泉下有知，也会为我感到自豪吧！

本书的出版对我来说是一件非常高兴的事。如果说这算是有一点成绩的话，我想说，这是因为我站在了很多巨人肩膀上的缘故。由于我在史学方面功底一般，书中如有贻笑大方之处，恳请各位读者朋友批评指正。让我们相逢于未来，共同进步！

2022 年 7 月

第一编

王者心经：
深渊里的凝视与救赎

两个男人之间的友谊

一

男人之间友谊的最高境界是什么？每个人心中有不同的答案。也许是君子之交淡如水，也许是割头换颈颈（吴语，即脖子）的交情，又或许是默契，一句我懂了加一句我也懂了，又或许是其他。

有这样两个贵二代男人给我们呈现了他们的理解，时至今日，仍然能感受到他们之间那种亲密和无比信任的感情。

他们俩，一个家世显赫，祖籍山东，在爷爷辈时迁入陕西发展，祖父是军中栋梁，官至上卿，父亲是野战军司令，自己天资聪颖，文武兼通，是很多发明和实用新型的专利所有者，又曾担任过首都最高行政长官，外放边防军司令；一个出身贵胄，生于国外，少年时期随父漂泊在外，受尽歧视，但习武学文均有所长，通悉地理和国家法令，回国后经过公开选拔被确定为君王后备人选，韬光养晦，最后成功上位，开拓了一番前无古人的事业，制定的重要制度至今影响深远。

这两位相识于校武场，后成为同学，相互欣赏、相互支持，工作上配合极其默契，是典型的同志加兄弟的关系。后来，其中一位将寄托国家未来的长子托付给位于抗敌前线的对方照顾培养，只可惜长子不幸殒命，将军叔叔也受迫害而死。

这两个男人，是中国历史上少有的几个有可能改变重大历史进程的人物之中的两个，他们的决策稍稍变化，后世的历史便将改写。他们既是世交，又是同学，还是朋友，更兼上下级关系，无论是哪一种关系，他们都无愧于彼此，做到了极致。

人往往能共患难而不能同富贵。翻开你的通信录，成百上千的人名中，试问又有几个甚至是哪个是可堪托妻付子的知己呢？他俩虽未托妻，但就付子而言，无论是理解还是实施都十分到位，用心之细，分寸把握之适当，恐怕后世少有人及。

他俩是谁？

二

再给点提示吧，前一个男人改良了毛笔，我们现在用的毛笔就是他的作品，甚至有的毛笔种类直接以他为名。后一个男人是中国有信史以来的第一个皇帝，他被我国陕西百姓称为致富恩人。

对了，前一个是蒙恬，后一个就是嬴政，即秦始皇。秦始皇的陪葬坑被发现后，给当地旅游业带来了可观的收入，当地百姓称"翻身不忘共产党，致富不忘秦始皇"。去陕西的秦始皇相关旅游区走走，就明白此话不余欺也。别处需要外出打工，当地人开饭店旅馆卖纪念品，就足以养活子孙后代。蒙恬呢，还有多少人记得？感谢孙皓晖先生，他的鸿篇巨著《大秦帝国》给我们展现了一个活生生的小时了了、大时伟岸的蒙恬。

蒙恬在书中的出场颇具戏剧性。当时，秦孝文王嬴柱驾崩，嬴异人即位，顾命大臣为政坛新贵吕不韦。政权刚刚更迭，局势上有很多不明朗之处。时任秦国上将军的蒙骜正在思考朝局、人事，不禁露宿胡杨林。天亮了，传来一阵童声："菲菲林下，酣梦忽忽，何人于斯，原是大父！"大父就是爷爷，言语之间极尽俏皮。蒙骜大喝："大胆小子！"小孩松开揪弄胡子的小手，跳到一边，拔起插在地上的短剑道："吾乃大将蒙恬是也！不是小子！"——看来这个孩子小小年纪就有强烈而明确的未来职业规划和前景设定。爷孙俩唇枪舌剑，一个说："大父夜不归营，该当军法！"一个拱手问："甚等军法？末将领受！""罚修鹿砦（zhài）三丈！""错也！是拘禁三日不得与操。狗记性。"一个"狗"字，写出了爷爷对孙子的疼爱和祖孙之间的亲密。"旧制不合军道！此乃蒙恬新法。"小小年纪就有创新意识，这可是神童标志之一。"小子翻天也！甚处不合军道？说不出子丑寅卯看打！"总角小儿蒙恬趄趄拱手："丁壮拘禁，不操不演，肥咥（dié）海睡，空耗军粮，算甚惩罚！罚修鹿砦，既利战事又明军法，还不误军粮功效，此乃军制正道！"创新而能自圆其说，说明其能融会贯通，左脑和右脑之间连接顺畅。

对于成名人物的少年儿童时代，我们总是充满了好奇：是小时了了，还是小时不了了？从书中如此描述来看，蒙恬是属于小时了了的类型，小小年纪，就思维敏捷，超凡脱俗，口齿伶俐，直让人不禁喊一声："自古英雄出少年！"吕不韦初见蒙恬即说"此儿不可限量也"，理由是："谚云三岁看老。此儿发蒙之期有勃勃雄心，根兼文武，天赋神异，来日定是一代英杰。"千古之下，英雄所见略同。

他的好朋友嬴政的正式亮相也不俗，当时他的名字还是"赵政"。遴选储君的十王子大考校分文武两场，文考三问，如果回答不出就被淘汰。第一问：秦国郡县几何？有地几何？人口几多？一问之下，王子们大多披靡，其中一个王子成蛟答得上人口，但土地郡县记不得，赵政却全答上了：秦国有郡一十五，有县三百一十三；秦国目下有地五个方千里，华夏山川四有其一；秦国目下人口一千六百四十万余，成军人口一百六十余万。考官蔡泽追问：知道十五郡名么？答：十五郡为内史郡、北地郡、上郡、九原郡、陇西郡、三川郡、河内郡、河东郡、太原郡、上党郡、商於郡、蜀郡、巴郡、南郡、东郡。三百一十三县为……乖乖，连几百个县都记得！

后面两考一样精彩，武考先问兵事战事，再考骑射，"人众屏息注目，便见身材并不显如何高大雄峻的阴山白马骤然如飓风般掠过红马，其灵动神速直如草原飞骑，蛰伏马背的少年骑手突然拈弓开箭连连疾射。场中一班以目力骄人而此刻自愿做'斥候'者当即大叫起来：'至少五箭四中！绝非三箭两中！''白骑嬴政（武考前，秦王嬴异人指令认祖归宗，故改赵姓为嬴），五箭五中——'外场司马正式报靶声随风传来。"如此何其酸爽！可以说，嬴政从十个王子中脱颖而出绝非偶然，文考武考的难度绝对超过现在的国家公务员考试，国情知识、申论、体育、军事都涉及且门槛很高，如果没有平时的积累，绝难在众目睽睽之下靠灵机一动轻松过关。

三

和世间大多数男人之间友谊一样的是，嬴政和蒙恬之间友谊的基点是相互的欣赏，所谓不打不相识、英雄惺惺相惜是也。林冲和鲁智深的头一面也是以后者的一声"好枪法"开始的。嬴蒙之交始于上述那场大考中的武考，只不过蒙恬是蒙面与之考校兵书学问，也目睹了骑射之后另一蒙面卒与之比拼剑术、摔跤的情况。两人都不是弱鸟，这场考试真是一场好战。可以说，虽然没有"面对"，但四目之间一定有相互欣赏的电光闪过，这从后来两人的见面交谈可以看出。事后蒙恬强烈地想要结识这个王子然后共同游历，并暗下决心只靠自己的本事悄悄找到对方的行踪线索才开心。仿佛不约而同，这时嬴政同学派人递了张小纸条过来："蒙面亦知音，承蒙不弃，敢请一晤。接书次日按图索骥可也。"像不像两情相悦谈恋爱的感觉？第二天在芦苇湾中的小舟上，两人神秘约会，喝酒吃肉直说到太阳西下，这感觉好不好？蒙恬劝他一起游历天下，不要纠缠于太子之位，嬴政笑骂道："太子个鸟！我是想做事。兄弟只说，大事若是可为，你果真愿意做高山流水？"第一句话好比在说"你叫我领导就是不把我当兄弟"，第二句话意思是"要是真当了领导你可要来帮衬我啊"。说到正事，嬴政提议回庄说话，"晚来还有一人"。这像极了好朋友之间的桥段，三人行，喝酒正好。蒙恬脱口而出："是那个蒙面卒么？"嬴政哈哈大笑："兄弟神异也！"两人真是心有灵犀一点通。

晚上相见，原来那个当过蒙面卒的英挺人物是后来在灭六国大战中赫赫有名的王翦！比嬴政"只年长几岁"，相当于高中二三年级的学长，看上去明显要成熟许多。这三人的一番交谈犹如后世的隆中对。王翦提出的战略是"但为储君，讷言敏行，勤学多思，以不变应万变"。如果继承大位，又按时间不同提出不同的方略，几乎就是三年规划和十年规划都有了，"要说目下，倒是真有一事当做"，便是搜罗人才，这是当年行动计划了。

蒙恬自告奋勇承担了此事。他说："此事唯我做得。王子离不开咸阳，王翦大哥离不开军营。"从书中这一段描写可以看出，蒙恬和嬴政的关系是以兄弟相称开始的同志加朋友关系。对蒙、嬴、王三人来说，酒肉只是交流的媒介，志同道合才是根本。可以说，这样的饭局含金量很高，蒙嬴两人交往的起点很高。

和世间大多数男人之间稳固的友谊一样的是，嬴政和蒙恬之间还有"世交"这一层关系。往往上一辈人是好友、盟友，这一辈人更容易成为好友。世交传递的是上一代的背书和这一代的呼应。佛说，你这一辈子的修行决定了下一辈子的活法，在这里至少可以得到部分论证：你这一辈子的友谊可能决定了下一代人的友谊。你的下一代就是你的下一辈子。

嬴政的爷爷嬴柱和蒙恬的爷爷蒙骜也是关系很好的，"嬴柱做太子时便与他敦厚交好，几乎是无话不可说无事不可托"。两人甚至是有点相互欣赏，"蒙骜喜欢这样的嬴柱，甚至不乏赞赏。根本处，在于蒙骜觉得嬴柱与自己禀性有几分暗合，政道命运与自己的军旅命运更有几分相像。蒙骜也不止一次地觉察到，这个老太子同样赞赏自己，几是惺惺相惜"。

嬴政的父亲嬴异人年少时，曾经在蒙家和蒙恬的父亲蒙武一起上学，两人是同学。荣登大位之后再游故地，在蒙家是不敢随意，在嬴异人则是真心想看看小学同学，这是通家之好。其实蒙骜自己也把和嬴柱的关系定位在了通家之好，"嬴柱给他这个最是堪托的通家'老友'竟连只言片语的叮嘱也没有留下"。什么是通家之好，看看胡雪岩和古应春的关系就知道了：内眷不避嫌。但凡同学聚会从来不见配偶同行的，你俩关系再好也只是同学。有这一层世交的关系在，所以在关键时刻，嬴政和蒙恬的关系可以更进一层。后来当嬴政面临可能遭到嫪毐（lào ǎi）的阴谋杀害时，蒙恬爷爷的一句话让蒙恬坚定了扶助这位好友的决心。

和世间大多数男人之间高质量的友谊一样的是，嬴政是个强者中的强者，蒙恬也是个不世出的世事洞明、人情练达的大英雄。沙丘宫之变后，蒙恬的所思所想、所作所为，绝对可以照耀千古。如今即便是我们有了几千年的历史知识可以去翻，有无数的历史教训去吸取，有德智体美劳微信、微博、公众号的全面熏陶，我们中的大多数人，不，绝大多数人，如果穿越到那个年代，面对皇帝责怪和命令自杀的诏书也无法像蒙恬那样冷静应对，尽管也许有更好的选择，但蒙恬选择的做法已经非常厉害了。要知道，在他前面可以借鉴的历史是那么短，君王的命令具有的权威是那么大，他居然敢怀疑、敢抗命，这是他的光彩之处，也是他与嬴政友谊的高质量之处。如今读来，内心顿时通明，蒙恬真不是一般人！

沙丘宫之变的时候，蒙恬和扶苏在九原戍边，并不知道始皇帝已死，并且已经发生了惊天动地的改诏阴谋。皇帝特使到达，蒙恬得知来人是不知何许人的阎乐，而不是和往常一样是重臣大员，就先产生了疑惑，迎面相对，一看仪仗和礼仪倒是真的。尽管如此，他还是作了冷处理。

一是在场面上镇住对方，既不下马也不说话，僵持片刻，问过对方何时任职后，蒙恬冷冷给了一句"特使请入城"。这是只有贵胄之后才会有的气场。

二是推迟接诏，特使求见时，以缓兵之计待之，"先教他在驿馆住下，说待公子酒醒后老夫与公子会同奉诏"。这就为会商争取了时间。

三是及时会商。好多人在大事上被蒙被骗，就是忘了会商，大事要过夜，和家人聊聊，很多骗局就会被识破。蒙恬对扶苏直接说明了疑虑："长公子，这位特使来路蹊跷，老夫深以为忧。"之后，与王离（王翦的儿子王贲的儿子，彼时王翦、王贲已先后过世）一起从人事异常、皇帝行营异常等方面分析，提出了拘押特使、率兵行动的方案。王离提出："由末将率兵五万，秘密插入泾水河谷，进入中山要道，截断甘泉宫南下之路；而后蒙公统率五万飞骑南下，包围甘泉宫，请见皇帝陛下面陈国事；若有异常，蒙公靖国理乱，拥立公子即位！"可惜扶苏情志不足，沉浸于以往被父皇责备的阴影中，也不忍让蒙、王二人背负可能的灭门之罪，痛哭而否。此时，蒙恬的一声长叹让人千古之下依然动容。

秦始皇的车队从琅琊郡回程，过济水、漳水、黄河，一直进入上郡，前往九原的意向很明显，走"高速公路"（直道）从上郡到九原郡只有一天的路程，在此突然折向咸阳，引起了蒙恬的怀疑。

阎乐宣读赐死诏之后，蒙恬要求亲看诏书："特使大人，老夫耳聋重听，要眼看诏书。"一般人敢么？看诏书是要辨认笔迹，蒙恬熟悉皇帝的写字习惯，一看之下，确实是皇帝亲笔（实际是胡亥代笔，他临摹得很像，难以分辨）。一百个人中恐怕有九十九个人到了这步也就心如死灰认命了，但蒙恬依然保持了冷静，要与特使一起还国，面见陛下。

实际上，特使阎乐和蒙恬双方比的就是心理，谁强谁赢。别看特使来头大，其实阎乐心里也害怕得很，能不能活着离开九原都难说，倘若蒙恬和扶苏不愿意自杀，他不能也不敢动手杀他们，否则结果一定是自己被杀。为了获得逼死扶苏、蒙恬的这张投名状，向准岳父赵高请功，阎乐只能采用威逼的做法，只可惜扶苏此时真是充当了猪队友的角色，情绪失控，被阎乐察觉了机会，厉喝一句：

"蒙恬！你敢违抗皇命么！"这话是说给蒙恬听的，却击垮了扶苏。蒙恬当然不会吃这一招，他派人护送扶苏回去，转身警告阎乐："老夫正告特使大人，近日匈奴常有骚扰劫掠之举，特使若派信使出城，被胡人掳去泄我国事机密，休怪老夫军法无情！"可谓杀气腾腾，在这种情况下，蒙恬还不忘防备阎乐通风报信。之前委派王离亲自去行营探听虚实，以及之后的上书陈情都显示了他极为冷静的优点。很可惜的是，百密一疏，没能想到看住扶苏。结果在这场心理战中，扶苏的精神先崩溃而自杀了。没有了扶苏，蒙恬失去了硬碰硬的精神支柱。尽管如此，在这场战斗中，蒙恬的所作所为仍然可圈可点。

和世间大多数男人之间的友谊不一样的是，蒙恬和嬴政之间除了有同学、朋友关系，还有君臣关系。蒙恬无疑是忠诚于君上的，蒙家本身就是根红苗正的帝国栋梁。秦国的君臣关系，固然有君要臣死臣不得不死的成分，比如秦昭襄王赐死抗命不从的白起，秦始皇逼死吕不韦，但也有很多是事业合伙人的关系，甚至会有君上屈尊求助的情况。比如安国君嬴柱因夫人牵涉泄密大罪而备感煎熬，见到蔡泽后，关上书房门就是一个长躬："纲成君救我！"他的儿子嬴异人因拜谁为相一事与太后意见不合而备感压力，拿着父亲留下的密书交给蒙骜，"拭着泪眼起身肃然一躬道：'目下朝局，尚望老将军鼎力襄助！'"这些情节说明：在特定情况下，君臣之间存在合作者关系的可能性。当然，因为有了这一层领导和被领导的关系，可能很多人会怀疑嬴政和蒙恬之间不是友谊。友谊是什么，不就是人格平等基础上的相互欣赏之情么？君臣只是地位不等，对于嬴政和蒙恬来说，本身都是自信满满、昂然自立于天地之间的男子汉，在人格认知上是平等的。而蒙恬也很好地履行了自身的职责，和弟弟蒙毅同朝为臣，一外一内辅佐嬴政，嬴政对蒙氏兄弟可谓信任备至。

人世间的友谊，不外乎来自两大关系：同学、同事，除此之外，则有战友（战友实际上也可理解为是同事的一种，只不过较为特殊）、同乡、亲戚。这是由人的社会性决定的。通常来说，关系加叠得越多，友谊深厚和牢固的可能性就越大。但可能性不等于现实，实际情况要复杂得多，然而本质的东西却是相对简单和恒定的，那么友谊的密码是什么呢？

四

真假友谊之间的区别在于是滋养型关系还是消耗型关系。

滋养型的关系，而不是消耗型的关系，是友谊之树常青的密码之一。单方面的索取，是不可能形成长久友谊关系的，这种索取，物质还是第二位的，精神是第一位的。勿谓贫而无力，一万块钱有一万块钱的请法，十块钱有十块钱的请法，心到了，都不是问题，心不到，纵有百万照样无措。勿谓穷而无识，上市公司老板有自己的发财路，引车卖浆之流有自己的生意经，即或是种点花草买点小菜，何尝没有心得。有心说，都是一样的谈资，无意谈，终究难免陌路。就如路遥在《平凡的世界》中所讲，一切的关系，父子母子，等等，都要像朋友那样相处才是最棒的。"以利相交，利尽则散；以势相交，势去则倾；唯以心相交，方成其久远"。所谓心相交，不仅仅是指心相近，而且指互有贡献，或观点，或思想，或方法，或气魄。无论是蒙恬还是嬴政，在拥有良好天资的条件下，都有着主动规划和找机会历练的特性，其识见、能力长期处于上升曲线，两人的相处状态不是一方献媚另一方的场景，而是形成一个相互交汇、互有激荡的正能量场，双方都从这个场感受到了新的能量。而在消耗型的关系中，系统内部耗能，外部产出为零或负，恐怕只有热闹的假象，而无友谊的真情。

相互滋养之外，共同的经历是友谊之树常青的第二个密码。以前说两大铁，一块同过窗，一块扛过枪，从人的心理来说，这两种情况都会形成共同而深刻的回忆，少不了会有种种喜怒哀乐、伤痛冒险、施恩受恩之类的情感在这期间发生。从某种意义上讲，真正的铁，伤痛是不能缺席的一课。你相信有一辈子从不吵架的模范夫妻吗？那不正常，说明从未试探过底线，就如两种金属仅仅是接触而未发生原子级的渗透，那只能叫搭伙。伤痛之于友谊，就如肌肉拉伤之于渴望健壮的你我，在细微拉伤后的自我修复，使肌肉纤维变得更加粗壮、有力。泰拳的练腿练脚也是如此，即便是特种兵用啤酒瓶滚脚面的练习，也是让骨骼承受轻微的断裂，继而自我修复，从而更加坚硬强固。蒙恬与嬴政自年少相识到知天命之年，有太多的共同经历，而共同的经历往往是无法量产的独一份的友谊依附体，具有排他性而弥显友谊关系的不寻常。两个人，没一起喝过酒，没一起旅行过，如果再没别的一起，那就不太可能有深厚的感情了。

适当的神秘感是友谊之树常青的第二个密码。月圆则亏，大盈若缺，什么都透明就失去了吸引力。如果你是付出了时间、凭借你的能力感知到对方的信息，而不是因为对方"全透明"，这样的"明白"有技术含量，你就会觉得有意思。这是人性。因为友谊也是人类的若干重要情感之一，是情感就有情感的规律。友谊不是无需密码的提款机，即便贵如嬴政，该输密码还是得输密码。嫪毐事件中，嬴政的母亲赵太后与嫪毐私约——秦王死后立两人的私生子为王，嬴政面临严峻的政治斗争和生死考验。让我们看看嬴政夜入军营后是如何寻求支持的：

他一进门就扶住勉力起身行礼的老蒙骜，深深一躬："上将军戎马数十年未曾歇息，竟一病若此。嬴政探望来迟，深有愧疚！"中军司马请其入座，嬴政摇手制止，"只肃然站在蒙骜榻前，汪着嘤嘤泪光默默无语"。旁人也是明戏的人，都离开了现场，只留下蒙恬和中军司马。待到蒙骜感慨时光飞逝时，嬴政突然拜倒："秦国将乱，敢请上将军力挽狂澜！"一躬、一摇、一站、一拜，嬴政都极尽谦恭，并没有因为和蒙恬关系好就自以为是，理所当然地认为蒙爷爷就应该帮自己。

这是非常必要的，要知道，即便是忠臣能臣蒙骜，也有自己的一番考虑，这是蒙爷爷政治上成熟的表现。请看一下他在此之前和疼爱的孙子蒙恬的对话："你小子说，秦王尚未亲政，最终能否亲政，目下亦未可知。你，决意与他相始终？"蒙恬明确表态"正是"。老蒙骜喟然一叹："天意也！夫复何言！"姜还是老的辣，即便到了亮出底牌的时候仍不忘谨慎，蒙骜又问道："仲父摄权，秦王何舍近而求远也？"把个蒙恬憋得说不出话。

再说回那晚的相见。蒙骜是个熟悉业务的老江湖，嬴政是个绝顶聪明的主。蒙骜从兵符絮絮叨叨说起，蒙恬又气又笑，直说爷爷"絮叨半日，终无一举"，对老朋友的关心溢于言表，而嬴政已然听明白："不。上将军已经给了我一条路。"双方是信任的，但在信任的前提下依然要走一个试探和表态的场，是场，不是过场，没有这层铺垫，就不可能达到绝对的信任。蒙骜和蒙恬的支持是实质性的，但并没有和盘托出给嬴政，蒙恬说："但出任何差错，都与秦王无干。"这是对嬴政的爱护和保护，也是自己的担当。神秘么？神秘。对嬴政来说确实神秘，但心里是踏实的。神秘感是表象，分寸感才是本质。

友谊是一种长期、持续的关系。那种"真正的朋友是平时不需联系，需要时一旦联系就为你两肋插刀"的调调简直是毒鸡汤。只要是情感关系，都是脑回路越多越好，脑回路多的大体上好于少的，深的大体上好于浅的。脑回路多，说明双方交叉点多，平时没有联系，急难时联系，对方挺身而出也是有的，不过这是在用过去的情感账户支出。暂时的透支可以有一段时间的免息期，但不是永远。保持适当的联系，这是友谊之树常青的又一个密码。这还用论证吗？在结婚、生娃、迁居等重要人生节点，在有正常外交关系的状态下没有通知你，就是一个明确的信号：你不是第一重要的朋友人选，至少当时是这样的。蒙恬和嬴政两家的交叉点足够多，脑回路也足够多，这一点毋庸置疑。嬴政把扶苏托付给蒙恬，蒙恬参与秦国接班人的培养工作，可以说是非常有深度的介入和联系了。

五

试玉要烧三日满，辨材须待七年期。关键时刻不掉链子，这是可靠友谊的必然背书。蒙恬和嬴政之间有几个关键节点事件。

第一件是为即将成为储君的嬴政未来的主政大事搜罗、预备人才，这是嬴政、蒙恬、王翦三人在"隆中对"中，确定的一件当下大事。蒙恬是很明显的"太子党"。嬴政还不是储君的时候，两人就已经是兄弟长兄弟短了，属于入股时间比较早的原始股东。两个年轻人相识之时岁数都不大，也就十三岁左右，相当于上初二时认识的。那年那月，蒙恬看到了嬴政蒸蒸日上的朝气，主动化装潜入荀子门下寻觅人才，后来成功将李斯引入秦国。此番历练也使蒙恬开阔了眼界，增长了阅历。要知道他在荀子门下的两个同学李斯和韩非都不是一般地牛，至于老师荀子，更是一代大师。李斯出身寒门，年轻时从茅厕中的老鼠和粮仓中的老鼠的不同境遇感悟出人生要奋斗，要逆袭。毕业面临就业选择时不知道是应该南下还是北上，蒙恬则不落痕迹地引导他。去秦国？李斯说"倒也未必"。去赵国？李斯说这是"刻舟求剑"。去齐国？李斯说这是"胶柱鼓瑟"。去燕国？李斯说这是"南辕北辙"。至于魏国，则是"歧路亡羊"。楚国呢？李斯说："印明月而太息兮，何所忧之多方！"毕业前夕的李斯同学其实对于去向在心中已经有了打算，虽然手里已经有了楚国的一个 Offer（录用通知），但心思如何，没有明确公布。李斯同学和韩非同学常常辩论得好像吵架，韩非出身韩国贵族，从不为生活费担心，只为祖国的未来忧心，观点偏激，在卧谈会上常常和李斯针锋相对。而蒙恬这位可爱的小师弟则是两位师兄之间的润滑剂，属于团队中的"协调者"。现在想来，学生时代的卧谈会其实是夜幕下的第二课堂，不卧，思想怎么流溢而出？不谈，怎能锤炼三寸之舌？不会，怎能铿锵出同宿情谊，或者怨仇？李斯和韩非也是如此，在卧谈会中砥砺成长，不断进步。在这种环境下，我们的小蒙恬相当于是参加了大专辩论队的板凳队员，假以时日，自成一番气象。当然，命运又是那样诡异，当初自己竭力引进的外国专家，后来却成了自己的索命之人，这是蒙恬想不到的。同样，当初的李斯也想不到，那个奉己为杰出外国专家，在逐客令事件中甘于在边境背负自己下山，恭敬引入大内的赵高——小高子，竟然在多年之后也成了自己的索命之人。这些都是后话，按下不提。总之，蒙恬为嬴政搜罗人才的所为，近乎爱情，为爱做什么都心甘情愿。

第二个关键节点事件是铲除嫪毐。当时的情况是吕不韦摄政，秦王嬴政没有实权，母后赵太后不是摄政，但和嫪毐搞在了一起，对吕不韦已经转为怨怒，脑子已经失去了一个帝王母亲应有的水准，在如狼似虎的年纪连嬴政这个亲生儿子都快忘掉了。嫪毐自称假父，职位从给事中逐渐升为长信侯（封号和吕不韦的文信侯针锋相对，不知道是不是太后由爱转恨的表现），身边聚集了一批文武之人，能调动一部分非正规军武装力量。秦王即位时仅仅十三岁，而母后也罢，吕不韦也罢，嫪毐也罢，都是成年人，成年人之间搞的事情，秦王未必清楚，也必然管不了。但九年之后秦王已经二十二岁，瞒是瞒不过的，嫪毐已经筹划要进行斩首行动，时间就定在秦王亲政典礼之时，地点定在蕲（qí）年宫。双方剑拔弩张，一场生死之战即将展开，而秦王，并没有兵权。正有点像《易经·系辞》所说的"贵而无位，高而无民"，所以才有见蒙骜时"但能有两千锐士听命于嬴政，大事可安"的说法。这个时候，军方的态度十分关键。

另一方面，吕不韦已经感受到了嫪毐的致命威胁，悔不该引狼入室（嫪毐是他推荐的，而且是违规推荐：假冒太监入宫），吕是这场战斗的同盟者。蒙恬去向李斯咨询，李斯当时在文信侯吕不韦手下做事，他的答复是：远观秦国朝局，唯文信侯可撑持大局，秦王不宜疏远。事实上，蒙恬的两千锐士（精中挑精的一线作战部队）和吕不韦安排的王族密兵对于平定叛乱起到了关键作用。在这一事件中，蒙恬坚定地站在了嬴政一边，成功支持了秦王亲政。经历了这一场生死与共的考验，可以说两人之间的关系已经坚不可摧了。《史记》记载："始皇甚尊宠蒙氏，信任贤之。而亲近蒙毅，位至上卿，出则参乘，入则御前。恬任外事而毅常为内谋，名为忠信，故虽诸将相莫敢与之争焉。"蒙恬和弟弟蒙毅一个主外一个主内，相当于一个是野战军司令，一个是朝廷中枢主管，"诸将相莫敢与之争焉"写出了其所受信任之深。

第三个关键节点事件是逐客令事件，即嬴政下令驱逐所有来自山东六国的人士，请注意，是"所有"。起因是主持修渠的著名水利专家郑国被查出是韩国派来的间谍，目的是让秦国修建天下大渠耗费国力从而保全韩国，这件事引发了嬴政对举荐人吕不韦（原籍卫国）的不信任和对其势力坐大的担心，加上王族元老的起哄，秦王嬴政大怒之下发布了逐客令，要遣返所有外国专家、官吏、商人。

王的怒如海啸一般，人挡杀人，佛挡杀佛。朝中君臣谁也没想到这种情况下蒙恬居然私下与诸将作了两项部署：第一，以大战期间不宜多事为名，暂冻结逐客令；第二，在出秦的三条主路专门拦阻离秦的官吏士子，将这些人扮作军吏，暂养在军营，总数超过了两千人。如果一个月之后逐客令不废除就将其放行。逐客令事件中，蒙恬实际上是抗旨了，否定的是嬴政的令。说得严重点，蒙恬是抗旨欺君，这是要冒很大风险的。这件事体现了蒙恬兼具原则性和灵活性的优点，且在度的把握上已经炉火纯青。

李斯委托蒙恬提交了著名的《谏逐客书》，嬴政看后知道错了，且错得很严重，一身冷汗之后听到蒙恬说士子官吏大多未流失，那种感激就像对救命恩人的感激，因为秦国的国运就是他的命。即便如此，蒙恬也是小心做了铺垫才说出真相。蒙恬敢作如此部署，有格局、有胆量，放在现代如果让德鲁克看到，估计会说：嗯，蒙先生就是一个主动工作的有效管理者。

至于他的小心可以说是高情商的体现。因为秦国是法治国家，法治到不近人情，荆轲刺秦王时，最终救了秦王的不是卫兵，而是一位中医夏无且，是他把一个药囊砸向荆轲，让秦王得以脱身。卫兵不上王台，是因为不奉令不能上王台，如果上台救了秦王，事后有可能仍然以违法治罪，所以不敢上，他们习惯了这种不敢。因为你是小兵，很难说不被作为法治典型处理，以彰显秦国依法治国、奖罚分明。另外，过去的交情不等于现在可以大肆挥霍，想想朱元璋的发小见了朱重八大说当年糗事而被杀的事情，就知道蒙恬的认知水平很高。我们且看蒙恬在说出真相前是如何铺垫的：

嬴政看了李斯上书之后顿时清醒了许多，赶紧派赵高追回李斯，自己与蒙恬、王绾三人一起等候。这时蒙恬"目光一闪"，问："君上，要废除逐客令？"目光一闪，说明心中欣喜，有机会说了。令是皇帝下的，皇帝自己废自己的令这话还不太容易出口，蒙恬这话既是试探，也说出了嬴政内心的一个念头。球到了嬴政这儿。嬴政的领导艺术也不低："你说呢？"球又回到了蒙恬那儿。嬴政说这话时的不高兴的情绪传递过来，在蒙恬这里迅速得到了正确的解读。秦王当自己是知己，向来有话直说，自己却还来试探，这是不高兴的原因。但蒙恬有自己的顾虑，甚至想到了家族的安危。蒙氏本身是山东籍，在逐客令的有效射程内，爷爷和吕不韦关系好，而吕不韦已经被打倒，爸爸还主张厚葬吕不韦，用的军吏很多是六国人士，自己还擅作主张抗令，这些要追究起来可了不得，所以他一再审慎。于是说道："臣有一事，需待秦王明断而后报，尚望君上见谅。"这相当于评书里常有的"请皇上或将军先饶恕我死罪我才敢说"的桥段，没有这个桥段过渡，皇帝一怒之下，自己说不定就被拉出去砍了。

第四个关键节点事件是沙丘宫政变。这一段的描写，是《大秦帝国》中最最扣人心弦也是最最精彩的一段。秦始皇去世前留下了一份打算给扶苏的没写完的遗诏："以兵属蒙恬，与丧会咸阳而葬。"

意思是让蒙恬统兵，让扶苏赶紧回咸阳主持葬礼，这等于是说由扶苏继位。但赵高与李斯、胡亥密谋不发皇帝遗诏给扶苏蒙恬，也不发丧，同时伪造诏书指责扶苏和蒙恬工作不力并要其自杀。蒙恬根据自己的政治经验，从秦始皇一开始朝着九原来而突然变向，以及弟弟蒙毅的信中传递的不寻常信息嗅出了异常，决定说服扶苏不执行自裁命令而面见始皇帝。这时，他所忠诚的君上、信赖的战友和朋友嬴政实际已经发病而死，但他不知道，可贵的是他具有很强的政治敏感性，想到了有可能已经去世。在整个过程中，蒙恬在政治敏感性上可以得十分，在谋划上可以得八分，在执行上可以得七分——毕竟要看住一个心死之人不寻死在古今中外都是高难度的事。

有时候兄弟之间是血脉相通的。蒙毅本来是负责掌印的，被始皇帝派去"还祷山川"，他写信告诉哥哥已经完成任务回到咸阳，并告诉哥哥皇帝受了风寒，可能在琅琊休息几天后继续大巡狩，最后一段话让蒙恬觉察出了不寻常："陛下大巡狩行将还国，或西折南下径回秦中，或渡河北上巡视长城，兄当与皇长子时刻留意。"这是兄弟之间的密书，涉及敏感词，不敢说得太露骨，但蒙恬已经感到"脊梁骨发凉"。巡视长城四字含义深刻，始皇帝如果带病前来，那很可能会宣布接班人的人选。最高权力的交替往往是在血雨腥风中进行的，蒙恬对此非常清楚。虽然眼下远离权力中心，但是自己和蒙毅显然已经被贴上了"太子党"的标签，"诸将相莫敢与之争焉"，那是不敢，让人不敢，本身就是一种势能，弄不好就会转化为可怕的动能。蒙恬的压力很大。他的判断和决策基本上是正确的，后来的事实也证明了如此，只可惜扶苏扶不起，蒙恬不够猛，不然，先下手为强，拘审阎乐，揭开真相，扶苏可活，秦国可活。扶苏是看不住的，但阎乐是审得出的。说到底，判断正确，但心里还有一个声音在说：始皇帝还活着。是呀，他能咒自己的兄弟死吗？不会的，只能是一闪念地猜测始皇帝已死，而不会也不敢一直这样想。

其实，从沙丘宫之变到李斯被下狱，始皇帝、蒙恬、李斯等人都没有看对一个人，这个人就是赵高。这个人隐藏之深、权术之高，千古少见。赵高的大胆之谋、胡亥的野心之贪、李斯的一己之私、蒙恬的一念之善、扶苏的短见软弱，加上始皇帝的一时大意，凑在一起，促成了沙丘宫政变的成功。后来，扶苏自杀，蒙恬、蒙毅被杀，胡亥即位，接着杀皇子、公主、大臣，然后赵高杀李斯，杀胡亥，子婴杀赵高，刘邦冲进来，子婴投降，奇迹般地让不可战胜的秦帝国突然之间土崩瓦解。而几十万精锐部队居然一个在南中国，一个在北中国无法发力，帝国在关键时刻靠的是临时武装起来的犯人和苦力。蒙恬啊蒙恬，你当初要是狠一点，哪有后来刘邦跟项羽的机会呀！

这四个关键节点事件是蒙恬与嬴政几十年交情的集中写照，充分体现了蒙恬的忠诚、精干、可靠。至于嬴政，以皇帝的身份说忠诚于蒙恬有点不妥，但他对蒙恬的信任、重用就是忠诚于友谊的特殊表现，至于精干，嬴政是无愧于此的。亲政前的韬光养晦，亲政后在嫪毐事件、《吕氏春秋》事件以至去除吕不韦中的表现，最最重要的还有统一六国，其大局观、其谋略、其城府、其用人之术等，都称得上是一代雄主。他已经远远超过了自己的爹和爹的爹。这第四件事发生时，嬴政已经去世，蒙恬与其的交联可称之为灵魂的沟通，人虽不在，但犹如人在。

六

这两个贵二代男人之间的友谊是难能可贵的，难在知音难觅，难在旗鼓相当；嬴政和李斯，嬴政和蔡泽，嬴政和赵高，嬴政和吕不韦，都不可能有这种关系，即便是与同样是蒙家小子的蒙毅，也不可能。贵在虽不能尽得、易得、必得，终可以向往之、赞叹之。嬴政亲政之后，他俩之间的友谊似乎自然消失了，其实不然，它仍然是连接君臣之间坚固信任的纽带，只不过如草蛇灰线，时隐时现。

所有的友谊秘诀都指向了一句经久不衰的老话：英雄惜英雄。关键在一个"惜"字，能惜，不是英雄又何妨？难不成世人皆成英雄，那动物园的熊园岂不变得空荡荡？能惜，则巴山夜雨可共剪，千里婵娟能同赏。

人世艰危。"不出户庭，无咎。"有时候，往前多走一步未必比不走好。一步天堂，一步地狱。三观正，或可在坠向地狱之际获得一线生机；三观不正，则万死不复。人与人之间的交往，本质上都是用自己的认知水平在交往；认知达不到，就根本看不到对方看到的世界，也就无从谈起共鸣。鸡同鸭讲也就在所难免，故不如一笑了之，不复再讲。

儿时喜欢喜剧，不喜欢悲剧，也不理解喜欢悲剧的人。及至而立、不惑，才知喜剧那是闹闹，悲剧才是包含了智慧的正剧。以蒙恬、嬴政之才之能，结果一个被害，一个暴毙，万丈高楼轰然倒塌，在历史上一个几乎湮迹，一个被钉为千古暴君。汉制多承秦，而今人不念秦，以后的历史中，有光复汉室的，但从来没有听说过要光复秦室的。这不是悲剧是什么？个中蕴含的启示，不知有多少。古人不见今时月，今月曾经照古人，战国、秦、汉离我们有点远了，金戈铁马、滚滚红尘都已褪色为黑白照片，隐约存留在记忆中。然而，有秦一代，嬴政和蒙恬这两个贵二代男人的友谊，却犹如一道闪电，照亮了秦汉交替时代的天空，让我们窥见历史中的温情。

股肱不如手足

兄弟如手足，重臣如股肱。股，不是指屁股，而是指大腿；肱，指胳膊由肘到肩的部分。这两样跟手脚比起来哪个厉害？好像是股肱的力量更大一些，不过手脚更灵活一些，双方各有千秋。既然兄弟和重臣都是既重要又亲近的关系，应该都是值得信任的，但读了《大秦帝国》，我感觉到这两种信任不一样，秦始皇嬴政欣赏、重用李斯，也欣赏、重用蒙恬，对两人都信任，但比较之下，很明显对前者的信任是有限的，对后者的信任是明显大于前者的，即便不是无限的，也是很大的。

嬴政和李斯，相识时已经成年，而嬴政和蒙恬，第一次见面时还是少年。人越大，越不容易交到知心朋友，这是普遍的心理现象，三观已立，成长未参与，是主要的两个原因。嬴政信任李斯，但无法彻底信任，毕竟，面对的是臣，一旦这个臣的权力变大，嬴政是很担心的。从上帝视角来看，嬴政完全可以信任李斯丞相，而李斯也是一个会以国士相报的人。在这两人的博弈模型中，任何一方的不信任都会被敏感的对方捕捉到，从而得到响应。如果这种响应是负面的，结果就是双输的。现在已经分不清第一个不信任的行为是他俩中谁先作出的，我比较倾向于是李斯，理由是，李斯不可能像蒙恬那样跟嬴政称兄道弟，他的视角只能是下级，他太在意功名了，怕失去，怕失宠，免不了去揣摩上意。而揣摩带来的吞吞吐吐在嬴政眼里很容易被解读为有所戒备、有所保留。李斯是兼具大开大合和谨慎细腻特点的人，他的身份、阅历、抱负决定了他在不信任方面后发制人比先发制人更有利。所以，他俩是职场上不可多得的好搭档，但成不了兄弟。也就是说，他俩是不太可能在午夜的街头一起撸串的——虽然一起撸串的不一定是兄弟。

人生美好都在当初。当初，嬴政听了蒙恬的报告，很兴奋地说："只要李斯入咸阳，便是秦国人才！那个韩非，日后再行设法。哎，你说，这李斯会直奔王城见我么？"急切求才之情溢于言表。后来的裂痕不能说明现在的欣赏就是虚伪的，现在的盼望也不能保证今后的无隙。亢龙有悔必定是在飞龙在天之后。

李斯再好，在嬴政这里只是一枚棋子，而蒙恬是参与摆棋的人。嬴政在被催婚后，专门把蒙恬叫来问他："蒙恬，你可尝过女人滋味？"蒙恬说，你叫我来就是讨论这个，这也算国家大事？嬴政不要蒙恬一本正经地如"国事应对"，因为这样"没劲道"！今天"不要君君臣臣"。这说明什么？说明在嬴政心里，蒙恬是可以就恋爱、结婚等私密话题征求意见的，而他肯定不会去找李斯或其他人问。跟蒙恬说了，也不用担心他会说出去。

这种关系的亲密程度，是李斯可望而不可即的，恐怕和努力也无关。嬴政在李斯说明关中老秦人已经不足的情况后，敏锐地感觉到李斯早就知道，只不过是在"选择进言的时机"，想起王贲遗言"丞相李斯，斡旋之心太重，一己之心太过……"——突然发现这个李斯二十多年一直和自己这个领导意见一致！这说明什么？一贯的一致，一贯的没有不同意见，这是不是也让人感到一股寒气：莫非有所谋？这种思考如同楔子一般打入了两人之间，就像电影《盗梦空间》里所说，一个想法就像种子一样，植入大脑后总有一天会自己发芽生长。另外，再高明的算计，也防备不了同样亲近和受信任的人看出并说出来，比如嬴政的爱臣王贲。

所以，当嬴政在梁山宫半山腰看到李斯丞相的车队规制甚大时随便说了一句，结果过些天再见到，发现规模小了很多，他担心身边有李斯耳目是很自然的，尽管他可以从管好身边人这个角度来解释将随从全部杀了的行为，但难免让李斯有所猜测。李斯呢，见了面好像啥事都没有一样，而不是找个机会私下问一句："你干啥呢？杀那么多人，你到底想干啥呢？"即便是在最后一次离开首都大规模巡视重要省份（大巡狩）期间，发现嬴政有几件大事都没有告诉他这个丞相，他也只是忍了。第一件，胡亥（也是李斯未成婚的女婿）随行；第二件，突然决定改变路线要北上巡边——很可能和继承人有关，因为长子扶苏在北边的九原；第三件，掌管皇帝书房事务的郎中令蒙毅离开后的临时人事安排——让赵高而不是他来兼任。这种情况对于蒙恬来说可能不是个事，也许直接冲到嬴政面前粗言粗语一番就化解了，两人关系中的误会是随着时间且消且行的，而对李斯来说，却是日积月累、积重难返的。

李斯虽然消不了，但会敏感地想，是不是想多了谁也说不好，但不想多，说不定就会是百密一疏。也正是这种猜疑和不好明说的模糊点，一点点撬开了嬴政和李斯之间的君臣信任。

而对蒙恬，嬴政始终是信任的。虽然蒙恬很懂得以人臣的身份尊重领导是一个因素，但是，蒙恬如果有了疑惑，和李斯至少有以下三点不一样：第一，无论如何，不会改变对嬴政的信任；第二，他必定是要去求解的，解不了是会去找系铃人的；第三，他会用他的方式把自己的疑惑传递过去，哪怕是用很含蓄的方式。

为什么有这种差异？除了前述的原因之外，性格也是一个重要因素。而性格，则和先天继承及后天的成长环境有关，一个人一旦步入社会，这两者就基本定型了。

不管怎样，我们看到的规律性的东西是股肱不如手足。

万物皆有裂缝，那是阳光透进来的地方。所有的友谊，如果跨不出信任那道坎，或者说没达到阈值的话，都会有裂缝。有光照进来是好事，但如果有种子在那儿，就可能长出一棵树来。

不是说有树不好，黄山的迎客松就挺好。只是，要懂得识别是大腿还是胳膊，是胳膊的上半截，还是下半截。至于手足，数量上多又能多到哪里去呢？有的话，且行且珍惜吧。至于有太多的手足，那是蜈蚣。没有的话，就不要妄求了——因为这几乎是由基因决定的。

一个"普通人"的自我救赎

一

认识自我、完善自我、超越自我无疑是很好的人生哲学，但对大多数人来说第三个就不要去想了，因为仅仅是认识自我，就可能要用一辈子的时间。

每个人的人生各不相同，各有精彩，也各有不堪，只不过剥去繁杂的现象之后，所呈现的哲学内涵是差不多的，无非是在上述的前两个阶段中打转。"自我"就像是如来佛的手掌，孙悟空在哪根柱子底下撒尿差别不大。这也是我们看历史、看他人故事的意义所在。

《大秦帝国》里有一位超长待机的老后备干部，37岁从备胎的备胎变为备胎，51岁进入试用期，52岁转正，三天后去世，说得上是后备干部中的幸运者，虽然曲折了点，但毕竟修成了正果。他就是嬴异人的爸爸，嬴政的爷爷嬴柱。嬴柱的一生说不上跌宕起伏，但在十四年的正式待机期间，也有一些惊心动魄的经历。笛卡尔说，我思故我在。嬴柱的惊心动魄，主要在于"他的思"。

二

嬴柱是个普通人，一是体质普通，二是资质普通，三是想法普通。

战国时代的君主劳心劳力，身体不好的难以胜任工作。嬴柱的父亲秦昭襄王在位56年（前306—前251年），这是身体好的例子。嬴柱的哥哥以太子身份出国访问期间发病去世，没能为国家作出更大的贡献，这是身体不好的例子。嬴柱的身体也不好，长平大战后基本上处于病休状态。

他虽然是秦昭襄王的次子，贵为安国君，但很多人对他评头品足，当太子前没把他当回事儿，当太子后也没什么顾忌。范雎对其的考语经由士仓之口而出："精明无道，愚钝有明，学而能知，可教也。"大概意思是，既精明，又不那么聪明，好在愿意学和求教，还有点希望。士仓对其的评价是"善走权术小道"，差不多是格局不大的意思。嬴柱的族叔嬴贲则直接批评他："君受公器，不思清新奋发，沉湎女色而自毁其身，何堪嬴氏之后！何堪大秦雄风也！"一点都没把他当成未来的领导。至于他的父亲，秦昭襄王，则说"未栽培得一个雄强太子"，直言嬴柱偏弱。在他眼里，这个接班人"只知唯唯保身而对国事退避三舍"，"孱弱多病深居简出"，但在看了其治蜀策略后也有刮目相看的意思，称之为"鱼龙变化"，那之前就是一条鱼了。范雎的后任蔡泽说过嬴柱"拘泥"，有当局者迷的意思，说到底还是格局、视野不够；另有一句"多疑成癖安国君也"，更是直言不讳。

对嬴柱继承王位构成威胁的只有同父异母弟嬴辉。在嬴柱猜测可能自己要被废、父王要另立嬴辉为太子时，也没想要搞个什么阴谋阳谋，而是"不禁一阵悲伤，此人为君，我门休矣……"——一副随它去，走到哪儿算哪儿的样子。

嬴柱的普通，使得他的所作所为所思所想更具有标本意义，而不像英雄人物那样高而难及。

三

嬴柱的思可分为三个阶段：想得到，怕失去，已放下。这三个阶段在心路历程上泾渭分明，在时间上有所重叠。在前两个阶段中，由于水平有限，他想象出了很多的危险，他努力过，挣扎过，其中的辛酸和痛苦只有他自己明白。但唯其如此，他才在一番修行之后到达了平静的彼岸。

第一个阶段：因为焦虑而多疑。

嬴柱被确定为后备干部（太子）后，担心最终止步于后备，因为历史上这种后备干部最后变成废电池的例子太多了。对此他有自知之明，影响他从备胎成为正胎的主要因素有三个：第一，老秦王决定换胎。第二，弟弟嬴辉要爆他的胎。第三，他自己身体撑不住，自己爆胎。这三个还都是实锤。

成为太子之后，他无疑是想继承王位的。镇守咸阳时全力以赴，得到各界好评，长平大战后秦国三次大败，他终于病倒，说明他是用心的，是认真对待工作的。他和华阳夫人、华月夫人的谋划，为嬴傒的培养不遗余力，都是希望能有个能干的儿子，增加自己上位的砝码。

但他的焦虑是始终存在的。

蔡泽新任丞相后，嬴柱秘密造访打听，绕来绕去，就是担心自己的储君地位。他跟蔡泽说："父王年迈无断，丞相新入无威，我虽储君，游离于国事之外，如此等等，嬴柱寝食难安。"长期的病休和不上班，让他很担心有一天会在医疗期满后被安排其他工作或被公司解除合同。

听士仓分析，蔡泽很快会封爵，嬴柱就忧虑自己目前只是司礼大臣，将来权力交接时自己会控不住场。这在局外人看来确实十分可笑，自己是张小王，却担心别人的 A 大过自己。

几天见不到父王就开始乱想，跟蔡泽说眼睛睁着却看不见太阳，真是个悲剧！（"开目不能见日，不亦悲乎！"）又说自己是"心盲"，好像是被人抽着的陀螺，"茫然飞旋，身不由己"。立嫡泄密案发后，嬴柱的怕失去达到了顶峰。回国途中看到戒备森严，他首先想到的是可能要废太子了。而此前，老秦王已经安排他去接嬴异人回国了。

就是说，形势好的时候，一有风吹草动，他也先往废掉备胎的方向想。得而怕失，不得而怕得不到，这些都是他真实的写照。好在他愿意把这些担心表现出来、说出来，愿意问范雎、问蔡泽、问士仓、问夫人，别人一解释，茅塞顿开，就轻松上一阵，仿佛多年的鼻炎今朝终于通气了。过上几天，又会为别的事焦虑，仿佛鼻炎重犯。

第二个阶段：因为清新奋发而自信。

在士仓"谋国有大道，根基在功业"的告诫下，嬴柱逐渐认识到自己的种种焦虑来自自己以权术立身的价值观，他决心以公心正道为本，走实事求是的道路，不愧储君重臣的名号。于是有了让老秦王耳目一新、让蔡泽猜测是士仓指点的治理四川的策略书——按其自述，版权是属于他的，士仓只是启发和激励了他。这种因了价值观的重建、思路廓开、说真话实话，而有了扎实接地气的谋略，是在很多人身上都能找到共鸣的。

说实话，本性难改，嬴柱的权术之心并没有全部放下。但当他有了更高层次的境界，这也就是小疵了。

让嬴柱真正焕然一新的转折点是"太庙勒石"，相当于被公司下了正式文件通报批评。嬴柱知耻而后勇，决心要用实际行动洗刷耻辱，不再"在太子位随波逐流再生事端"，他要去掉"庸常无断"这个标签。每天鸡叫就起床，忙到半夜才休息。太子府以前是七点钟还不见开门的，现在是四点钟不到就已经灯火大亮，中门大开，佣人们洒扫庭除一片忙碌，可以说是气象一新。奇怪的是，虽然劳累，嬴柱的精神却更好了，"一个月下来虽说清瘦了许多，却也自觉精神矍铄，另有一种未曾经受过的新鲜"。人就是这样的，叫醒你的不是闹钟，而是梦想。相信很多人有过这种体会，当你有了一个高的精神追求，那么体力上的辛苦也就算不上什么了，甚至苦也变成了乐。

对于送来的书简，嬴柱不仅每篇都看，而且都有批注，相当于以前从来不看微信朋友圈各种群的，现在都一丝不苟地点赞、评论、转发分享。他把"批书公文当作未来为君的磨炼"，关键是这样做上一段时间后，他的精神也发生了变化，"每日清晨坐在书案前便油然生出一种肃穆，心下大为感慨，愈发地认真起来"。这就是长期的假积极变成了真积极，慢慢地自己的精神也就脱胎换骨了。

第三个阶段：因为看透、超脱而豁然开朗。

这是经历了第二阶段的必然结果。很多的放下是因为经历过，要不怎么说"曾经沧海难为水"呢？说是必然结果，因为他是循正道而求。若是不择手段，那么结果应该是坟墓——得而不惜则如此必然。前面说过，嬴柱是个爱思考的人，败也萧何，成也萧何。思考让他焦虑，也让他升华。在老秦王安排孙子嬴异人——也就是嬴柱的儿子——在太庙行加冠之礼的时候，嬴柱应该就如释重负了。王位的追求，有一部分因素是因子而得，正如范雎所说，"子辈皆平，当看后"。据说康熙选择雍正，有一个因素也是看到乾隆这个孙子很不错。下棋要看三步，传宗多看一代也是对的。这一点，嬴柱是非常清楚的，也是坦然接受的，他认识到他的使命之一就是传宗接代，做好过渡，甚至他已经意识到了，自己的儿子嬴异人也可能肩负一样的使命。没有什么显赫的功业，把 Y 染色体的基因顺利地传下去也是大功劳。

嬴柱到这一刻，是真的看透了、想开了，所以才有那一番和嬴异人的"父子对"："你，才是秦国真正的储君。明白么？"对于自己，他也有深刻的认识："当国莫怀旁观之心。为父时而能说得几句明彻之言，根由便是没有当事之志，而宁怀旁观之心也。隔岸观火，纵然说得几句中的之言，又有何用？"

我觉得，此时的嬴柱，已经放下了。他完成了自我救赎，从那无边的苦海中脱离了出来。他升华了。没过多久，待机十四年的老后备干部嬴柱即位，一年后服丧期满转正，正式即位，三天后去世。

四

嬴柱能够自我救赎，升华自己，我认为有两点非常关键。

第一点，也是最最重要的一点，他非常善于听取他人的意见，补自己的拙。他很谦虚，被批评了也最多脸红一下，态度很诚恳，使得别人觉得"可教"，愿意指点一下。其实哪有那么多天生的牛人哪！大多数是因为站在了牛背上和巨人的肩膀上。我们来看看嬴柱听取他人意见的几个例子吧。

前面说过，嬴柱曾密访蔡泽求教，一大收获是蔡泽反驳了"父王年迈无断"之说，告诉他："安国君所虑者，子虚乌有也！秦王沧海胸襟，大事孰能无断？蔡泽新入无威，亦有国家法度在后，安国君稳住自己便是，无须杞人忧天。"被人反驳，听了反倒舒服心安。蔡泽的话让嬴柱吃了定心丸，自己先前是忧虑过度了，另外也给出了策略：稳住自己便是。自己不稳，那些人脉什么就都是虚无。

其实，类似的话三年前范雎到太子府考察下一代后备干部时也说过。临走前，嬴柱谦恭求教——请注意，这个"临走前"大有玄机，现在心理学家对此已有深刻研究，善用"临走前"，你的人生将大不一样。范雎说了一句话："明君在前，谋正道，去虚势，储君之本也。"范雎这番话说了当前的形势：明君在前，说了当前的战略：谋正道，去虚势，说了关键点：抓根本。嬴柱听后立马明白，接下来专心读书、认真调理身体，对外不用太子名号。换言之，他开始专注于增强革命的能力、积蓄革命的本钱、减少革命的阻力。

嬴辉事发后，嬴柱惶恐回都，自己不明白，也没法打听确切，又感觉是出了不好的事。向士仓请教，士仓告诉他"此情此景，必是肘腋之变"。理由是"北坂驻军，咸阳定街，查官不查私，此三者足证非敌国之患"。那么是什么肘腋之变呢？士仓说，要么是权臣生变，要么是王族内乱，而现在也没什么强权重臣，所以事情应该是很清楚了。士仓知道嬴柱的心病在于废储立储后，指点他说："安国君身为储君，不明国政大道，却如庸常官吏学子，心思尽从权术之道求解政事变化。此非不可也，却非大道也。适逢明君英主，尤非常道也。"可以说是很直接地批评他过于专注权术而忽视大道了。对于这些，嬴柱明白的不明白的都铭记在心，从善如流。后来士仓帮他判断危机已过，参谋治蜀良策，在父王面前大放光彩，功劳很大。

至于嬴贲，前面已经说过，对嬴柱说话也是很不客气。但他也送了嬴柱一句很好的话："功业在己不在天，好自为之也。"不要忘了前面是嬴柱的殷切表态："侄儿不肖，若不能洗心革面，愿受族法！"所以说，谦虚使人进步，骄傲使人落后。不谦虚者，犹如捧了一杯满满的水，不要说人家愿不愿意倒水，就是愿意，又倒到哪儿去呢？

至于华阳、华月夫人，嬴柱也是听取了不少意见，比如立嬴异人为嫡，比如劝他去"追"士仓。

第二点，也很重要，嬴柱并不是很笨的人，他愿意思考一些问题。你看他找蔡泽问路，吞吞吐吐之间实际上脑子已经转过几个逻辑推理的弯：蔡泽如果对立储废储不知情，问了也没用；如果知情，问了他也不能说，私底下再和他谈论，也不妥。至于范雎，必然知道离职后不泄露老东家秘密的规矩，倘若他真跟蔡泽说了，自己再问出来，也是坏了别人的事。所以结论是，不问了，"叨扰丞相，告辞了"。能有这一番逻辑推理的，都不能算在笨的人里头。有时看到有的人问东问西，不知轻重不着调，能说人家笨么？"这事你就别操心了"就行了。所以，不要嘲笑嬴柱庸常，嬴柱真不笨。

嬴柱身边的人愿意指点他，原因之一也是他"可教"，间接说明他不笨，只不过有点懒。别人点拨一下，他能明白，还能马上执行，能做到这一点的，已非众人。

嬴柱见父王，说嬴异人托做生意的朋友带回书信，希望祖国能召他回来，或者资助十万生活费（千金，一金算一百块钱吧）。秦昭襄王问了一些情况后突然问一句，托做生意的传信？身边没有侍从吗？这时候嬴柱的表现很有智慧，"没有说话，只默默地低着头"，心里的计较是"唯其不说，才是对父王最好的提醒"。因为秦昭襄王和自己的母亲也是当过十几年人质的，嬴柱的这个心思，不是一般的聪明人能想到和很自然地做到的。秦昭襄王问能召回吗，其实是在考察他的见识。他的答案是——不能，理由是"秦赵两困，寒铁僵持，彼不为敌，我不破面"。让父王难得赞叹，相比之前他"起赳老秦，共赴国难"的表态，老秦王认为有这等认识更高明，"舍身赴难，义士之行。王者大道，要洞察全局而决行止。你能窥透秦赵奥秘，以大局决断异人去留，比赴难之心高了一等"。

这里，嬴柱实际上还表现出了一点应变能力，这绝不是能靠身边谋士提前出策应付的，老秦王是何等的人精，骗不了的。

嬴柱就位后做了一件事，这件事已经不是不笨了，简直是很聪明，让人眼前一亮的那种感觉。所以我们说大智若愚，就是说平时不要显得那么聪明，降低一下周边人的期望值，然后给个大惊喜，效果会很好。这是件什么事呢？

嬴柱举行第一次朝会的时候，老将军蒙骜和纲成君蔡泽当场吵了起来，一个主张统兵三十万大战六国，一个说时机不成熟。蒙骜听到什么"仓促兴兵""鼓荡朝议"的话觉得分外刺耳，火冒三丈，但他也没能做到就事论事，开始人身攻击，说蔡泽"谋国不协力，专一无事生非，焉能居相摄国……"等等，相当于新任总经理第一次主持会议，前面都顺顺当当，主要的议题都说完了，就要说"本次会议到此结束"了，结果被这两个人搅黄了。嬴柱的身体本来就支撑不住这种长时间的会议，当场就咣当倒了，分明是被这两个人的争吵给刺激的。幸好华阳王后现场急救，背走了（找老婆不要光挑苗条的瘦的了，关键时刻背不了你）。结果到了晚上，吕不韦在密室见到嬴柱时，气色比白天刚开会时还要好，说看到我王身体恢复得这么快，臣心安了。秦王嬴柱这时有四个动作：叹息、摇头、苦笑，然后说："无奈出此下策也。我若不发病，这朝会如何了结？"

这应该是半真半假了，这假的部分真的是有点急智的。你还能说嬴柱笨吗？

五

王阳明说，人须在事上磨。嬴柱经受的磨炼无论是客观的还是臆想的，都是成就他的各种"难"。在这一番番的痛苦中，他逐渐认清了自己，在完善自我的过程中找到了自己的使命，最终在精神上实现了升华。自加压力、负重奋进、团结拼搏、敢于争先，这十六个字用在嬴柱身上也是合适的。

还是用士仓引用的老墨子的话来作结吧。"虽有贤君，不爱无功之臣。虽有慈父，不爱无益之子。"人生一世，能救赎自己的首先是自己。苦练七十二变，才能笑对八十一难。

欲成大器局，请先洒扫庭除

家里有把在绍兴买的戒尺，上面刻了一篇《朱子家训》，开篇讲的却是普通不过的扫地："黎明即起，洒扫庭除，要内外整洁，即昏便息，关锁门户，必亲自检点。"看到"洒扫庭除"这四个字，我想起小时候是这样的：东升的太阳把光柱子照进屋里，扫帚在泥地上扫过，灰尘在太阳光中飞舞，扫完地，还要洒点水，顺便给墙角的接地线浇点水——这样有线广播喇叭的声音能大些，虽然住在土坯房里，但心里是一片阳光，感觉暖暖的，所以开篇这几句，读来倍感亲切。

家训把扫地放在开篇，用心良苦。世上最难是修心，扫扫地，静静心，是个起步的好方法。身体力行，阳光中飞舞的灰尘总会沉落下来，心也就静了下来。人体的很多方面都是协调的，比如走路的时候手臂摆动快了，脚步自然也会快起来。其实身体和精神也是有这种关系的。扫地，把地扫干净了，一个人精神也会有相应的振作呼应。反之，邋里邋遢的，大概率是和颓废的内在相呼应的。"扫帚不到，灰尘照例不会自己跑掉。"（毛泽东：《抗日战争胜利后的时局和我们的方针》）——这是千真万确的。

小说《大秦帝国》中讲到嬴柱的振作，也提到了扫地。嬴柱早起晚睡，自励勤奋，人变瘦了，精神却变好了，"另有一种未曾经受过的新鲜"——这应该是很多人有过的感觉吧：勤奋会带来快乐的感觉。因为嬴柱的变化，太子府的风气也发生了大的变化：

"素来慵懒松懈卯时还不开中门的太子府，忽然变成了天色蒙蒙的寅时三刻便灯火大亮，中门隆隆大开，仆役侍女洒扫庭除一片忙碌，连大门前归属官府净街人洒扫的长街与车马场也打扫收拾得整齐利落一派光鲜精神。"

这种情况甚至引起了各官署的振作效仿。所谓风气，就是相互传染、相互感染、相互影响，像风一样看不见却感受得到。一个单位，一个家庭，莫不如此。即便是一个人，在一个方面的振作也会带动其他方面的振作。

扫地僧为什么能那么厉害？因为他扫好了地，抚平了心。你心若平，也会不凡。人跟人之间的差别，若要从精神层面来说，就是心平不平的问题。所谓的气质，是不会从一颗不安定的心里传递出来的。所有厉害的人，都是驭心的高手。

反过来说，心不平静，乱了，这个人也就快完了。就在嬴柱振作的同时，吕不韦就有点"心亡"的迹象了，首先是头发全白了，其次是只顾下棋，对来访的秦王使者蒙武将军只是冷漠地客套，一开始还认错了人，在毛公提醒后依然故我，茫然又淡然。从后文可以揣摩出，他的心结在于对嬴异人自顾自回秦的失望，而这种失望又不能言明。吕不韦、嬴柱的状态，都是关系到了"心"或者说"心智"。

俗话说，哀莫大于心死，说的就是这个意思。一个人，对另一个人或者一件事如果已经完全失望，就会很冷漠，你说酷也罢，不酷也罢，都爱谁谁了。

那么，修心的目的又是什么？我思来想去，有四个字闪现了出来：不忧，不惧。试问，在这世上，谁没有被信任的人骗过呢？谁没有过恐惧呢？谁没有过担忧呢？谁没有被冤枉过呢？——且先不管这是客观的真，还是内心的真。忧惧之下，是没有自由的。若得不忧与不惧，何愁修心不得？

然而，仅此仍不具足。世上的恶人，或者做了坏事的好人，没有几个会自觉地认为所行不善，反而会讲出一套套的道理来，自认为一生向善，从来修心。所以，内在而言，要有向善的愿望，外在而言，要有通行标准或法则的检验。

好在，扫地也不会坏到哪里去。作为一种劳动，大有累了身体，养了心神的功效。劳力者，不是无忧，但忧郁的人确实少，累得躺下就睡了，哪有工夫去忧郁。忧郁和精神的紧张大有关系，就像长时间地端着一碗水，看似轻微的负担，有了时间的乘积，就变得不堪其重。所以，如果不是到了严重的程度，参加一些出出汗的劳动，忧郁的情况是可以改善甚至痊愈的。

又云：一屋不扫，何以扫天下？扫地就是修行，修行就是修心。扫地僧是在扫地，也是在练功。羡慕扫地僧的功夫和他的不鸣则已一鸣惊人，不如先扫地吧，从扫地中感受扫地僧的感觉。事情可以平淡，但人不能平淡。

让一个人"能够"厉害的，是能力以外的东西。使能者，一是不忧，一是不惧。在不忧、不惧中成大器局，得大自在，可也。如有忧与惧，当喜曰：修炼的机会来了。

拐弯的时候要拐大弯

一

成熟就是既憋得住尿，又憋得住话。放眼人的一生，这样的日子似乎并不长，这是一顿美餐中最舒服的一道，这是一天中阳光照在身上最舒服的时刻。倘若能长期地做到憋得住，最终能不憋而住，则可渐渐养成一种叫"沉稳"的气质。

我们要品尝人生醇厚的味道，不可没有这一气质。

商鞅变法以商鞅为名，其实也可称为"秦孝公变法"。秦孝公在变法之中的作用非同寻常、不可或缺。他为行变法所做的种种准备、铺垫，可谓思虑深远，其中表现出来的沉稳气质令人折服，其父选其为继承人而非嬴虔，不可不谓眼光老辣。

秦孝公和商鞅要做的这件事，注定会有很多保守势力跳出来反对，区别只在于时间早晚和激烈程度。商鞅是笃定要执行的，十条法令分两次实行，已经是他的"圆通"之处了，朝局的运筹帷幄既不是他所能为，也不是他所能想。如果说他是杰出的管理者，那么秦孝公就是杰出的领导者。他们之间的区别就在于领导力，这是一种把握全局、综合运用资源的能力。

秦孝公这个年轻的老司机开着老秦这辆车打算拐弯的时候，总的指导原则是尽最大可能让保守势力晚一点跳出来、跳得少激烈一点。

如果你去采访他，他很可能会沉吟片刻，然后告诉你：

"年轻人，拐弯的时候要拐大弯。"

二

拐弯的时候要拐大弯。因为拐得太急容易翻车。

让我们来看看秦孝公是怎么拐大弯的吧。

从时间上看，秦孝公拖得很长，着急的事慢慢做，他理解得很透。他和商鞅长谈三昼夜之后，甘龙、公孙贾、孟西白家族或多或少有点紧张，但他却只是封了商鞅为客卿，没有公布什么方针或措施，之后三个月都没什么动静，直到开春启耕大典之后才正式启动变法。这期间他所做的，概括地讲，是"疏导"，而且是"不着痕迹的疏导"。

从手法上看，他把权力先从甘龙等人身上转移到嬴虔，再从嬴虔身上转移到商鞅。也可以说，他先把权力从上大夫等职位转移到左庶长这个职位，然后任命商鞅为左庶长。这的确是一个大弯。试想，如果直接把甘龙等人的权力转移给商鞅会怎么样？恐怕甘龙等人会受到直接的刺激而有激烈的反应吧。这就好比，张三从图书馆借了书，然后应图书馆要求归还给图书馆，你再从图书馆借到同一本书，你和张三就没有一毛钱的关系，也没有一毛钱的纠葛。但如果是你在图书馆办了借阅手续，图书馆要求张三把书直接给你，那么存在一种可能，张三会觉得是你太想要这本书了，导致他能借阅的时间缩短了，张三和你之间就有了至少一块钱的关系，那可是十毛钱呢！

所谓"不着痕迹"，是温水煮青蛙的另一个说法。秦孝公第一步，拜商鞅为客卿，相当于聘为顾问，这是虚的一面；同时任命招贤馆所留士人为实职，比如县令、郡守，这是实的一面。一虚一实，让人挑不出理来。

第二步，过了些日子，和嬴虔沟通好后，将上大夫甘龙升为"协理阴阳、融通天地、聚合民心"的太师，把长史公孙贾升为太子傅，左庶长嬴虔也加太子傅，中大夫杜挚升为太庙令，享受上大夫待遇，甘、公孙、杜三人原来管的"琐碎政事"交给左庶长嬴虔和内史景监。这番操作下来，甘龙等人职位虽然提高了，但权力转移到了左庶长嬴虔那儿。同时，军队方面一个不动并且还分别晋升一级，这是稳定军心。

第三步，和景监、车英商量好后，将景监由内史调动到左庶长府长史职位，卫尉车英调动为栎阳将军，都是降级使用，但又都是实职。这既给甘龙等布了个迷魂阵，让其心情愉快而精神放松，又让可靠人选掌控了枢要。

所有的这一切，商鞅一概不知，这是秦孝公"决意不让卫鞅过早地在前期疏导中显露锋芒，树敌于元老重臣"，可谓一手掌握，了然于心，胸有成竹。

第四步，冬天过去春天来了，秦孝公在启耕大典的第二天安排朝会，由商鞅以客卿身份与诸大臣对变法大政进行正面交锋和讨论，最终达成决议变法的一致意见。顺其自然地，商鞅被任命为左庶长，主持国政、推行变法，嬴虔改任上将军，并将代表无上权力的穆公剑赐予商鞅。至此完成全部的关键权力转移。

甘龙虽然不是到了最后才明白，但也无可奈何。这就好比和一个上手在下棋，每一步都觉得被动，总想着抽出手来抢个先手，却被牵引着无法脱身。职位的名称不重要，重要的是赋予的内涵。秦孝公给予客卿很高的礼遇，包括内侍隆重报号、贵位就座等，客卿就有了很高的隐性权力。上大夫杜挚任太庙令，实际上离核心远了一层，这个上大夫就缩水了。秦孝公实在是运权的高手！

甚至朝臣巷议都是在他的意料之中，并有适当的用处："教他们说去，吹吹风也好。"

秦孝公这个大弯转得实在是高明。如果说有什么不足的话，那就是似乎从来没有想过争取甘龙，而直接给他贴上了"肯定不会真的合作"的标签，这一点让甘龙有点失望。

至于原因，秦孝公很可能是这样想的：

你支持变法也罢，不支持变法也罢，你都是要给商鞅同志让路的。

有时候，真的是连解释的机会都没有，毕竟当初太子之位未定之时，甘龙站的是嬴虔的队。

三

不管怎么说，秦孝公是用绣花针的功夫在完成这一切，确实是沉稳之极，一招一式都是稳扎稳打、步步为营。

有这样的弟弟，当哥哥的嬴虔也多了几分沉稳。虽然对新法有些不理解，但口风把得很严，对于孟西白三人的来访"绝口不提栎阳国事"，借回绝求见的宗室老少表态说"我素来不在家中见族亲和臣子"，让孟西白三人知难而退。意思是在家里绝不谈公事，公事只在办公室谈。

其实，沉稳、不乱说，是因为说了只会惹事，不能解决问题。本来是思想上、情绪上的问题，过几天想通了就好了，若是在想法尚不成熟的时候想说就说，话一出口就成为"某人在某时某地说过某话"的事实，无论你将来真实的意见变化为如何，这始终是个小辫子。历史问题，常常会成为现实问题。

这一点上，秦孝公嬴渠梁也罢，前左庶长、现上将军嬴虔也罢，都有值得学习的地方。

当然，秦孝公的这一番操作，多少有一点"术"的味道，这不用为他辩解。换作商鞅，很可能做不出来。所以这两个人，真的是各有所长，相得益彰。

术，好比是工具，本身没有好坏，发挥作用的好坏取决于用的人，所以孔子说过："君子不器。"就是说你不要拘泥于固定的程式，好像拐个大弯就是搞阴谋，你也可以说是尊重客观规律。

我们谈论秦孝公，重点不是看他这个"术"，而是注意看他的沉稳心态。他那么急于希望秦国强大，遇到了命中的能臣，又有了基本明确的施政思路和措施，却仍然能够沉得住气，不急于一天两天，一月两月，而一旦出手，则迅如闪电，坚定无比。我们要学的，其实是每临大事有静气，抑或是一句老话：

"静如处子，动如脱兔。"

"对抗"因果与无常的办法：修好童心

一

君子之交淡如水，小人之交甘如醇。这句话相信大家都耳熟能详，倒背如流。是淡如水好，还是甘如醇好？实话说，我以前还是喜欢甘如醇多一点。真水无香，寡淡无味，有什么好喝的？没有推杯换盏，哪来情深义重？所谓的朋友，有几个不是喝酒喝出来的？

酒桌上的"兄弟"一定比茶桌上的"兄弟"多，与其说这是一种要约和确认，不如说这是一种美好的期待。有时候爹妈调侃我，"你的那几个酒肉朋友……"酒肉朋友便是：有酒肉就是朋友，无酒肉就不是朋友，这自然和我们常说的"兄弟"是差上一大截的。

然而，即使是真的兄弟，又如何？世上亲兄弟反目的并不少，儿时的亲密，并不能保证有了自己的家业以后还能亲如一家。本来是一家，到最后，能"如"一家已经不错了。引起这种变化的大多数是利益，各种各样的利益都可以，这样的故事很俗很常见。

因为常见，所以要写出好故事不容易。好的故事，应该是既在意料之外，又在意料之中。小说《大秦帝国》中秦孝公嬴渠梁和他的哥哥嬴虔之间由亲兄弟到"反目"的故事便是如此。"反目"两字加引号，是因为我觉得他俩到最后的关系很难表述，既没有吵架或打架，或扬言要如何如何，也没有贬损对方如何如何，听说嬴虔突然暴亡后，秦孝公还亲自登门慰问，看到那张熟悉的面孔时，有一番真情流露：

> 秦孝公一阵心酸，眼中热泪夺眶而出，挥手哽咽道："入殓吧。以公侯礼安葬。我改日祭奠……

这绝不是"兔死狐悲"。秦孝公与嬴虔之间的感情是很深的,在《大秦帝国》刚开篇就讲到了两人血浓于水的感情。嬴虔是庶长子,秦献公决定将国君之位传给嬴渠梁后,要求嬴虔断指明誓:"若负君弟,天诛地灭!"嬴虔毫无怨言,照做不误。最终兄弟俩合力稳定了献公去世后的朝局,在商鞅变法中也是相互支持、配合默契。

然而,秦孝公要嬴虔死,也是真的。

二

这两个人其实没有发生过直接冲突,嬴虔说起来也是商鞅变法的冤大头,只因为担任了太子的老师,太子犯法,老师受罚,被商鞅判处了劓刑,就是被割了鼻子。这对于嬴虔来说不仅是身体的痛苦,更是精神上的大辱,从此闭门谢客。

但他内心并不反对变法,而是自觉地与守旧的世俗大臣保持着距离。但他对商鞅的恨是毫无疑问的。用他的话来说,他对商鞅的仇恨不是私仇,而是"国事仇恨",所以,报仇的方式不是刺杀商鞅,而是要"国法明刑"。

嬴虔的这一想法秦孝公并不知道,但秦孝公却断定:如果自己早逝,嬴虔一定会成为对商鞅不利的存在,从长远看也是对太子嬴驷执政不利的存在,理由在于他对于朝局各方力量消长的分析。

所以,他决定先动手,除掉嬴虔。而嬴虔敏锐地感觉到了危险,在接到宴席邀请后按计划"假死"以蒙混过关。在电视剧中,我记得嬴虔甚至还想过必要时取而代之,这自然是违背当初的血誓的。但秦孝公要除掉嬴虔,不也是手足相残、违背了父亲的期望吗?然而,这两个人的转变却是循着情理发生的,小说和电视剧的刻画可以说是非常成功的,很值得读者品味和思考。如果说真有"艰难而正确的决定"，这两个人内心对于对方的判决应该算是了。

合上书想想，这可是亲兄弟加钢铁同盟啊！最终还是顺理成章地到了你死我活的地步，或者说到了"你死先"的地步。从始至终，两人之间没有什么直接的利益冲突，也没有什么理念观念观点的冲突。

要说有什么，就是两人中间有个叫商鞅的人，为了彰显变法的威严，牺牲了嬴虔。这是打开潘多拉盒子的动作。商鞅的功绩固然很大，但刻薄寡恩也是事实，牺牲嬴虔的做法从结果看很不聪明。

万法皆空，唯有因果不空。你如果摸熊熊燃烧的火炉子，结果必定是"哎哟喂"，这就是因果的必然关联性。种了前因，不想要对应的后果，情感上可以理解，但实际上就是掩耳盗铃，缘木求鱼，吃西家住东家，是不可能的事。如果可能，一定不是帕累托最优。

商鞅是谁请来的？秦孝公。所以，从无量因缘的角度说，真的是生生不息，世间的事情，无常是常，能体会到这一点的一定是中年以上的朋友。

三

所以，你能做什么呢？

无为而为是很自然的想法。任何所谓聪明的想法，并不能保证最后不是"自作聪明"。蝴蝶飞的时候，如果想着往左飞有很大的好处，就往左飞，想着往右飞有很大的好处，就往右飞，一定是飞不好的。铺纸作画，树枝的前后左右并不易分布恰当，但如果看实际的树木，并没有任何不协调的长相，无论它怎么旁逸斜出，都透着一股自然，绝不会让人觉得是一位蹩脚的画者的败笔。

蝴蝶飞，是循着它的本性；树木的生长，也是循着它的本性。本性如果不合适，早已在地球上灭迹。它们的本性，并不受教育而来，唯有人类的本性，部分可以受教育而来。

除了无为而为的想法，为，也是可以的。只不过，好的为，必定是中正的为。初心比后念重要，动机比行为重要。

四

不知道爱因斯坦说过没有，我最宝贵的品格都是在幼儿园里学会的。如果没有说过，那一定另外有人说过类似的话。

人的本性，最为自然和原始的部分，在幼年阶段体现得最为突出，也只能是在幼年阶段才可以做些许的加工。那个阶段，是在上小学。

成年人的种种行为，如果说有什么长处或短处，优秀或者拙劣的话，归结到性格也好，脾性也好，基本上都可从童年找到原始的印迹。所以，从某种意义上来说，越了解自己的童年，也就越能了解自己。

反思一下的话，也差不多如此吧，不管是真的具备了的，还是没有具备的优秀品格，总有一个遥远的因在童年。俗话说，基础不牢，地动山摇。现在想想，小学真的很重要啊。

回到开篇的那句话，说句实话，我现在喜欢淡如水多一点。随着年龄的增加，我逐渐理解了"君子之交淡如水"的意义。距离产生美，过近则容易不逊。有了期待，也就会有失望。不如淡淡如水，如有似无。

美酒虽好，对月也佳。有参加酒局的工夫，还不如补一补小学的课。我现在只想好好复习，天天向上。

秦武王举鼎：世系传承中一次危险的颠勺

一

煎鱼的时候，先在锅里倒入菜油，可以稍多一点，点火加热，待到油温升高到噼里啪啦时，转一下锅，让油均匀分布在锅底，然后将洗净的鱼下锅，热油炸鱼，转动锅子，时而让鱼头浸入油中，时而将鱼尾浸入油中，炸透一面再翻一面，炸得差不多了可以调小火势，加入食醋、料酒、食盐，厨艺高超的甚至整个过程都不用加水就可将鱼烹熟。盛鱼入盆，两面鱼皮均完好无损，为佳品。如果是铁板煎五花肉或者牛羊肉，也大致如此，铺油加热，食材入场，细心烹饪，既不要太老，也不要生了，恰到好处味道最好。

治大国如烹小鲜，这倒不是说要经常翻面，而是说要小心火候，徐徐而为，急躁不得，要不然，鱼弄焦了或者肉煳了味道就不好了。这选厨师的事就是每一个国君的大事，往小了说，是为了自己能吃上冷猪肉，往大了说，是为了江山社稷后继有人。

一代传一代，好比一楼摞一楼，你怎么能保证不歪楼不倒楼呢？其实这是很难做到的，一代雄杰的下一代是一代雄杰，然后顺利接位，再下一代还是一代雄杰，也顺利接位，如此不断进行，怎么想这都是小概率事件。所以有的时候就需要等待，比如这一代不行，就希望这一代不要出事，能把 Y 染色体先传下去，等待雄强之主诞生。这就有点惊心动魄的赌博的意思了。

有的时候选错了厨师，这厨师喜欢猛火热油爆炒，有可能国家就煳了。前面的厨师炒菜炒得再好，也前功尽弃化为乌有。后面的厨师炒菜炒得再好，也没有机会出世操勺了。

以前我以为秦始皇统一中国，主要是他炒菜炒得好，看了《大秦帝国》才知道，是因为在他前面有好几位炒菜炒得好的，还有几位虽然炒得一般但至少没有颠勺翻锅，再往前几十位，不管炒菜水平怎么样，至少把锅和勺顺利地传了下来。一路看下来，真心觉得实在是不容易，就算这是打游戏通关，也是必然中包含着很多的偶然。不信看看秦国的世系表：

秦仲（前844—前822）——庄公（秦仲子，前821—前778）——襄公（庄公子，前777—前766）——文公（襄公子，前765—716）——宁公（文公孙，前715—前704）——出公（宁公子，前703—前698）——武公（出子兄，前697—678）——德公（武公弟，前677—前676）——宣公（德公子，前675—前664）——成公（宣公弟，前663—前660）——穆公（成公弟，前659—前621）——康公（穆公子，前620—前609）——共工（康公子，前608—前604）——桓公（共公子，前603—前577）——景公（恒公子，前576—前537）——哀公（景公子，前536—前501）——惠公（哀公孙，前500—前491）——悼公（惠公子，前490—前477）——厉共公（悼公子，前476—前443）——躁公（厉共公子，前442—前429）——怀公（躁公弟，前428—前425）——灵公（怀公孙，前424—前415）——简公（怀公子，前414—前400）——惠公（简公子，前399—前387）——出子（惠公子，前386—前385）——献公（灵公子，前384—前362）——孝公（献公子，前361—前338）——惠文王（孝公子，前337—前311）——武王（惠文王子，前310—前307）——昭王（武王弟，前306—前251）——孝文王（昭王子，前250）——庄襄王（孝文王子，前249—247）——秦王政（庄襄王子，前246—前221）统一六国，开始改称皇帝

（引自岳麓书社《史记》中《秦本纪第五》后的"秦国诸侯世系表"）

这一段文字，概括了六百多年的历史，看寥寥数字便可猜出其中的血雨腥风和风雨飘摇，那些在位年数短甚至极短的，那些直接传给孙子的，那些兄终弟及的，那些谥号里带"哀""悼"的，都是有故事的。《大秦帝国》是从秦献公开始讲的，到秦王政传了六代七任，其中秦孝公、秦惠文王、秦昭王（又称"秦昭襄王"）、秦始皇（秦王政）是厉害角色，武王、孝文王、庄襄王是过渡角色，武王只在位3年，孝文王1年，庄襄王2年，在这个击鼓传花的游戏中，只要这三人中有一个把花掉在地上，这世上就没有秦始皇的戏了。

二

秦武王嬴荡就差点把花掉在了地上，好在临死前及时地传了出去。

所以，前一眼看他，是个败家子，后一眼看他，是个有功之人。

有的人一看就活不过两集。看《大秦帝国》的时候，为秦国前途考虑，真担心秦武王活的集数太多：这一位实在是太不稳重了，用他爹的话来说，"天生好武，却是稳健不足"。登基后不久竟然亲自带了五万铁骑前往周天子所在的洛阳，要把九鼎搬回咸阳，倒是年轻的周天子回答得好：

秦王想搬便搬了。周秦本为同宗，咸阳洛阳，原本一样。

周已经是完全没落了，天子只是虚名，攻周夺周灭周只能让秦国过早地成为天下公敌，这是严重的政治不正确和冒进主义。早年秦武王还是储君的时候，当众举起一头河象展现大力，就让持重的司马错和张仪顿感错愕和忧虑。秦武王登基后，司马错、张仪两人都离开了秦国，辅佐秦武王的是一样急盼建功立业的甘茂。攻宜阳，通三川，进洛阳，是战术上的成功，却是战略上的失败。

电视剧中秦武王当着外国使者的面布置秘事，浑然不知里外有别，这是为了表现他的粗线条。其实在小说中他并没有这么糟糕，并非做事不经脑子，只不过对于一国之君来说，还远远不够。

在洛阳，秦武王问了周王一个千古问题：这九鼎有多重？问了周朝的老太师两个问题：这九鼎原来就是周室的吗？雍州之鼎是哪一座？

问便问了，谁能想到，贵为一国之君的秦武王竟然任性到想要去举鼎！

三

同去的两个大力士，一个叫乌获，先去举鼎，鼎纹丝不动，发力过大送了性命，从书中的描述看是受了致命的内伤吐血而亡。另一个叫孟贲，将雍州大鼎抬离了基座，但是最后双手断裂也送了命。这个时候，秦武王不是就此止步，而是要亲自举鼎。丞相甘茂抱他的腿，一群人跪倒劝阻，白起出面请他三思：

> 臣启我王：一国之威在举国合力，不在匹夫之勇。大王纵能举起九鼎，于国何益？敢请我王以国家为重，三思后行！

结果怎样？不但不听，还打算"举鼎后再杀你不迟"。

秦武王果然神力，双手钳紧雍州大鼎拔起了半尺多，谁料想这时候腰带断裂，战靴裂开，"充血的一双大脚从战靴上滑出，双腿骤然从鼎足下伸出"。

出事了！身子滑倒的同时大鼎一足切向大腿，"一声沉闷的惨嚎，千钧鼎足轻轻切断了一条大腿，切口白亮，带着铜锈的斑驳与肉色。"

谁能想到，谁能想到竟然出这种事！一国之君冒险举鼎，失足失手将自己的大腿切断了！

到此他是一个败家子。但他在去世前坦陈自己错了，勉励甘茂善后和安定秦国，擢升白起并委托他将在燕国做人质的弟弟嬴稷接回来继位。他还是个明君，只不过醒悟得太晚了。他说的最后一句话是：

九鼎九鼎，来生，再会了……

这个时候，距离他继位，也就三年左右的时间，正当壮年。

四

刚强易折，柔软长存。放在诸多帝王之中，秦武王至少处于中流，资质、智商、体能都不算差，但放在秦国历代君主之中，尤其是放在秦献公、秦孝公、秦惠文王发奋图强之后，秦昭襄王雄武之前，秦武王的存在对秦国来说就是非常危险的。秦惠文王将王位传给他而不是嬴稷，很重要的原因是嬴稷那时年纪尚小，况且嬴荡勇武有力，这对于战国时的国君来说是很好的优点。问题是嬴荡的个性特质无法吸引和团结前朝将相，也没有将相对民主的秦国君臣议事文化传承下来。好在他在位时间不长，又恰巧他无后，更重要的是他并不昏聩，临终前直接指定由嬴稷继位，保证了秦国在晃悠之后尽快恢复了进退自如的大国风范。

秦武王的暴亡，对他个人来说无疑是个悲剧，对秦国来说却是个好消息。然而这样的速亡无论如何是有很大的偶然性的。若非如此，后面的秦昭襄王、秦始皇这两位"特级厨师"可能就没有颠勺做大菜的机会了。

其实，秦仲之前，还有很长的一段历史。最早秦国的祖先效力过商，在周武王伐纣时差点消失，后来又以善于御马而得到周王赏识，再后来西戎反周，秦仲勤王有功，其子才被飞封于西陲，成为西陲大夫，这时候开始才逐渐形成秦国的雏形，就这么辛辛苦苦又经营了六百多年，到秦始皇才于公元前221年统一六国，而秦帝国建立才十五年，传至二世就亡了。千年的功业十五年就毁了，真是一座森林可以做千千万万根火柴，一根火柴可以烧掉一座森林。创业一万天，烧掉就三天。

要知道，周朝封了71个诸侯国，到了春秋时期有109个诸侯国，到了战国最后只剩齐、楚、燕、赵、韩、魏、秦七国，最后六国归秦，秦是最成功的、硕果仅存的创业公司。然而上市才十五年就匆匆退市了，秦国曾经挖了楚国王陵，最后楚霸王把阿房宫给烧了，如果他能找到秦始皇陵，估计也会刨出来。"楚虽三户，亡秦必楚。"所以，同志们，千万不要惹楚人。

五

秦帝国亡于公元前207年，至今已有两千两百多年。总的来说，历史是在螺旋式发展，波浪式前进。这里面既有积累的因素，也有不断试错、探索的因素。在中国，几乎所有的老字号最后都传给了外姓人，西方诸多的著名公司最后都交给了职业经理人，这是历史的必然：一家之中，每隔几十年掷一次骰子，都是大，这是不可能的事。感谢科学的普及，让我们回看历史时不再茫然。

还是回到两千三百二十多年前的那个夏天说说秦武王吧。

公元前307年的夏天，洛阳，周天子王宫外，威武的秦武王倘若举鼎成功，或者挺举失败后侥幸逃过一劫，难保他不会说：

"扶朕起来，朕还能荡。"

东周灭亡：一个衰落平台的标本意义

一

"秦人不暇自哀，而后人哀之；后人哀之而不鉴之，亦使后人而复哀后人也。"

这是杜牧《阿房宫赋》里收尾的一句话。今日复今日，明日复明日，千百年来盛衰更替，周而复始，都是似曾相识燕归来，儿童相见不相识，让人依稀看见 Y 染色体的半衰期是个客观存在。

有一个王，宠爱一个美女，搞酒池肉林，挖大臣心肝，最后断送了国家，自己自焚而死。还有一个王，宠爱一个美女，烽火戏诸侯，废了王后和太子，结果被丈人带人杀到王城，最后断送了国家，自己被杀。

这两个人，前一个叫商纣王，后一个叫周幽王，都是成功把祖宗基业断送的末代国王。虽然商纣王的种种劣迹是随着时间的推移逐渐堆积起来的，有人怀疑是后人为了政治需要而抹黑的，但他终结了一个时代是不容争辩的。周幽王也差不多，有没有烽火戏诸侯不重要，重要的是他的确是被愤怒的儿子、丈人以及丈人的朋友们掀翻了。"终结了一个时代"常常是褒奖之词，但关键是商纣王和周幽王终结的都是自己的时代，开创新时代的另有其人。

前一个王的祖宗是英明无比的商汤，正是他带领人民推翻了荒淫无道的夏桀的统治，取夏而代之，建立了商朝，根据夏商周断代工程，这一年是公元前 1600 年。

然而，子孙不贤，传到商纣王这里，已经变得和夏桀差不多了。于是被前面说到的后一个王的英明无比的祖宗周武王推翻，这一年大约是公元前 1046 年。

也就是说，这两个败家子的祖宗都是好祖宗，但这种一姓之国的传承是击鼓传花的游戏，花儿长期不掉地是小概率事件，花儿永远不掉地则是零概率事件。因为"孤立系统总是存在从高有序度转变成低有序度的趋势"，这就是熵增的原理，此处或可戏称为 Y 染色体半衰期客观存在原理。

二

曾经代表先进的，逐渐变成代表腐朽的，然后再被代表先进的代替，周而复始，怪不得黄炎培会得出历史周期率的结论。黄先生的话虽然说的只是时代的一个切片，但实际上是笼盖四野的：

> 我生六十余年，耳闻的不说，所亲眼见到的，真所谓"其兴也勃焉，其亡也忽焉"，一人，一家，一团体，一地方，乃至一国，不少单位都没有能跳出这周期率的支配力。大凡初时聚精会神，没有一事不用心，没有一人不卖力，也许那时艰难困苦，只有从万死中觅取一生。既而环境渐渐好转了，精神也就渐渐放下了。有的因为历时长久，自然地惰性发作，由少数演为多数，到风气养成，虽有大力，无法扭转，并且无法补救……总之没有能跳出这周期率。

我觉得黄先生的话中，"到风气养成，虽有大力，无法扭转，并且无法补救"最具振聋发聩的力量，两个"无法"斩钉截铁，身处其中，个人有的只是无力感。

《大秦帝国》里描写的东周就是这种感觉。《史记》记载，苏秦初见周显王时很不受待见，当他衣锦还乡时，"周显王闻之恐惧，除道，使人郊劳"。从周显王恐惧和讨好的描述看，当年很可能对苏秦不但看不起，还说了一些不中听的话。小说作了艺术上的改动，周显王还是赏识苏秦的，只是东周已经没有改革的希望了，最后只能礼送出周。我觉得这一段情节对无力感的细节描写很好，让人感同身受。

苏秦进王宫时，看到地砖上的荒草，九鼎里寄宿的鸦雀，无不说明了周朝辉煌不再。

"宫殿依旧，九鼎依旧，这里却变成了空旷寂凉的宫殿峡谷，白玉地砖的缝隙中摇曳着泛绿的荒草，铜锈斑驳的九鼎中飞舞着聒噪的鸦雀，檐下铁马的叮咚声在空洞地回响，九级高台上的王殿也在尘封的蛛网中永久地封闭了。"

暮气沉沉的周显王不是生来就是这样的，刚刚即位的时候也是想做一番事业的，只是"试了几回身手，却都是自讨没趣"。翻译过来就是说努力了几次没有得到正反馈，这里的反馈既包括结果，也包括过程中手底下那些人的态度。梁国来争灌田的水，周显王兴师讨伐，结果大败而归。治下东周公、西周公两个诸侯（加上周显王是"三周"，很奇特的存在）相互矛盾，周显王想干脆收了他俩取消分封，结果在殿前办公会议上没有一个中层干部赞同他的，反而替东周、西周请命，说分封是祖宗定的，不能变。周显王气得要走，还被人拉住说不能失了仪态。总之，大事干不成，小事也不让动，三十二年时间终于把朝气勃勃的小周变成了暮气沉沉的老王。人生也没什么想法了，有的只是"活着"。

苏秦一番慷慨激昂的说辞后，周显王说，以前也有人劝我振作起来做一番事业，不是我不想做，实在是做不成。要能做，我还能等到今天吗？他劝苏秦还是找一家大公司试试吧，周公司"已经是一座坟墓了，无论谁在这里，都得做活死人"。

看看，不是不明白，更不是一点都不明白，只是哀莫大于心死。国家是什么，国家首先是个抽象概念，当天下人都觉得周这个概念不行的时候，那就真的不行了。西周刚开始封的七十多个诸侯国中有五十多个是姬姓自己人，那可是一呼百应，江山杠杠的，但随着血脉的疏远，诸侯国的坐大，自己控制的土地的变小，周天子的威信越来越差，就跟黔之驴似的，已经没人真的怕了。《警察故事续集》里张曼玉写给成龙的分手信里说："我问自己，为什么当初喜欢你的原因，现在会变成我要离开你的理由？"估计清明节的时候周天子给祖宗转账时也在问："为什么当初成就祖宗伟业的分封制，现在会变成让我逐渐肌无力的原因？"

心中明白，手脚却动不了，只能眼睁睁地看着油尽灯枯。这就是周朝的下半场——东周——末代几位王的感觉。夏和商都是嘎嘣一声嗝屁的，周是死而复生，只不过复生的树枝总是不如原来的粗壮，苟延残喘而已。这个平台已经不行了。

三

一根绳子扔在地上，不值一分钱；同样一根绳子，绑在大闸蟹上，就能卖出阳澄湖的价格。这说明，平台很重要。

苏秦也明白，在周王畿这个平台上，他是无能为力的，连周天子也像粘在蛛网上的一只昆虫，只能象征性地挣扎几下，甚至于已经甘心享受在蛛网上最后的惬意了。

个人的才能再大，没有好的平台等于零。好风凭借力，送我上青云。靠一个点子就能建功立业的时代多半只存在于幻想中，商鞅这般大才，也要依靠秦国君臣总体来说不错的基本面来支撑。所以，苏秦最终还是在山东六国的庙堂之上找到了发挥自己所长的机会。

周显王显然也是明白的。小说中的他，似乎比正史中的他更有人情味一点。他送了苏秦一辆破旧的凯迪拉克（青铜轺车），希望他为家乡人民争光。这种好言谢绝再附送一份优质推荐信的做法，显示了这个衰落的平台还有一点人性的光辉。看到这里，我仿佛看到一个快要溺水的人用力托起另一个尚有前途的人。

比起后来的两个子孙周慎靓王、周赧王，周显王至少还是有点体面的。周慎靓王只在王位上待了六年，还好，小学也就六年，中学也不过六年，忍一忍就过去了。可怜的末代国王周赧王待了五十九年，弄得面红耳赤，真是不好受。赧，就是羞愧脸红的意思，这帮定谥号的人真是不给面子，怪不得始皇帝决定取缔这个行业。

七国乱战，天翻地覆，卡在中原要道的周王畿被视为无物，后勤队伍就在洛阳的郊野砌灶搭锅生火做饭，所有的热闹与己无关，却又耳闻目睹不能避开。这就好比邻居天天聚会欢饮，地板踩得咚咚响，音乐声震耳欲聋，美味佳肴的气味顺着门缝儿飘进来，但和自己一点关系都没有。

"战马嘶鸣号角震天喊杀昼夜不绝，洛阳国人夜不能寐日不能作，欲逃无门欲哭无泪，犹如身处汪洋大海的一座孤岛，只有听任狂涛巨浪拍打冲击。虽则如此，洛阳王城却始终平安无事，无论鏖战各方胜负如何，都没有一国兵马试图攻取过洛阳。"

别人都不想搭理你，这是最大的悲哀。这样的平台处于衰落的斜坡无疑，在这样的平台上尸位素餐倒是其乐陶陶，若是有一点有所作为的想法，收获的只有无力感。像是棉花，无处着力、无处用力；又像是大网，疏而不漏、无处可逃。

四

周的衰落，表现出来也就两件事：众叛和亲离。不管什么人，什么组织，一旦出现这两件事，情况就不太妙了。唯物主义认为，内因决定外因，外因要通过内因发生作用。所以，周的衰落，怪不着别人，更不是月亮的错，都是自己的错。

小说的读者一般都是上帝视角，看东周末期的熊样儿，是有看客的快感的：你不是自以为很牛吗，你不是自以为很对吗，你不是想造反吗？好吧，让秦来虐你吧！

西周公听了韩国的乌龙计，打算偷袭秦军，结果呢？

"嬴摎得书，以重甲步军封住了山谷出口，在两山架起六千具大型弩机，毫不留情地对'王师'发动了狂风暴雨般的弩箭攻势。无论山谷中的周军如何吼叫我乃周人，最终都与八万韩军一起葬身峡谷。"

经此一役，西周公一切交公，秦军搬九鼎时周赧王撞鼎身亡，周朝正式灭亡，只保存了一个小东周用来收留遗民。对于秦国的治理，这些遗老遗少很不习惯，首先是要办身份证，还要把这块木牌挂在胸前，然后是所有人都要服徭役，原来的主人和奴隶一起劳作。族老们起来闹事，结果被罚先服徭役两期六个月，"如不服罪，罚为终身苦役；其余人众若再拒服徭役，死罪无赦"！再后来，太子使用欺骗和暴力手段，导致一名民女死亡，政府依法查清后张榜公布："姬桁食言而致女死，以律斩首不赦！"看着真是酸爽无比。至于严惩缺斤少两、道路遗撒更是让周人无比的不习惯，等到执行连坐法，终于无法忍受，东周公联络韩国等打算设下埋伏，袭击前来抚慰东周的吕不韦，结果被早有准备的吕不韦、司马梗大虐，送礼的牛车掀开苫盖伪装后全是大型弩机。

"说时迟那时快，只听一声奇特的长号，一千多张大型弩机箭雨齐发，正正对着原野上的红色骑兵铺天盖地地浇了过去。"

请注意，作者用的词是"浇"！浇是什么，那是如汤沃雪啊！秦军弩机分大中小三型，其中的大号弩机的箭杆如长矛，箭镞如大斧，想想都害怕。最后周室尽灭，立了一个没有参与动乱的王族支脉少年为周君，民众则异地安置，老秦人填入洛阳。书中写道：

周人终于默然，完全没了脾气，心安理得地接受了上天赋予的命运。

遥想当年，周天子大笔一挥，飞封秦地，如今反被秦迁出洛阳，真是沧海桑田，高岸为谷，深谷为陵。

五

过去农村里用水泵抽水，先要从出水口灌进水去形成水封，然后接通电源，发动电机，才能利用大气压力将水源源不断地抽出来。这些初始灌进去的水量就是一个阈值，必须要大于这个值，才有成功的可能。就如原子弹要发生裂变，质量必须超过临界值，这对于一个平台来说也是一样，也有个发展阈值。

东周基本上已经很难超过这个阈值了，到了苏秦所见的倒数第三个王周显王时代，更是大大低于发展阈值了。低于阈值，你再怎么折腾也是没用，只有满满的无力感。

时来天地皆同力，运去英雄不自由。Y染色体的半衰期到来的时候，神仙也救不了。清朝末年慈禧搞了个预备立宪，十三名国务大臣中，汉族官僚四名，蒙古旗人一名，满族八名，其中皇族又占五人，这是1911年5月的事，10月10号的事大家都知道了。这和进入半衰期的东周是五十步和一百步的关系。

所以说，一个人一个姓的强大都是有期限的，新陈代谢是规律。平台也好，个体也罢，只有不断地吐故纳新，并且明显超过惰性的滋长速度，才可能今日胜昨日，明天更美好。

有句老掉牙的话，经常在电影中出现，此刻浮现了出来：

"识时务者为俊杰。"

两个英雄的"迟暮"之年

英雄迟暮，美人白头，是人生中不得已又不得不面对的事。英雄怕不怕不知道，其实我们是怕的，谁谁谁现在老成什么样了，谁谁谁现在沦落街头，听来总是心惊。我们希望英雄不老，周润发、成龙、李连杰都不要老，那样我们也一直年轻。

英雄惜英雄，英雄和英雄同处一个时代是幸事。有一个英雄，我们在中学课文里就学到过他的光辉事迹，他是一个极具创新意识的改革家，他克服重重阻力，师夷长技以制夷，使自己的国家成为当时最强大的国家之一，一说他的名号大家都知道，他叫赵武灵王，户口簿上的名字叫"赵雍"。他推行的改革叫"胡服骑射"。他在刚即位时就在大臣肥义的帮助下粉碎了楚齐燕秦四国攻赵的阴谋，后来扶植了秦昭襄王、燕昭王，也就是说，没有赵武灵王的支持，嬴稷还当不了秦王，成不了天下闻名的秦昭襄王，可见当时他治下的赵国的强大。

秦昭襄王后来成为一代雄主，你说赵武灵王怎么给自己树了一个强敌呢？这就好比当年的法国人给小兄弟美国送去自由女神像的时候，也没想到现如今美国变得这么强大这么霸道，真是辛苦了那些运输的船只和安装工人。更为离奇的是，赵武灵王居然还曾经乔装打扮潜入到秦国侦察，和秦昭襄王面对面交锋过，事后平安返回，这种勇气和谋略是十分少见的，要知道，这个秦昭襄王可是软禁过楚怀王和平原君赵胜的。

赵武灵王推行的"胡服骑射"十分成功，大大增强了赵国的实力。在北方，他平定了不少胡人部落，也吸收了很多胡人为赵国效力，是比较早的有国际化视野的战国君主。

总之，他是个英雄，他的光辉事迹名垂青史，一度被梁启超抬高到"黄帝之后第一伟人"的位置，然而，他的死却不是重于泰山，而是轻于鸿毛。看看他的谥号：一个武，一个灵，前者是好话，指开辟疆土，平乱灭祸；后者则不是好话，含有荒唐胡闹、胡作非为的意思。战国时有很多死于改革的，比如魏国的吴起、秦国的商鞅，但赵武灵王不是，他是死在自己废长立幼的错误政策上。先立长子，后立幼子，后来又觉得长子当初被冤枉了，又想扶植长子，但丞相不同意，结果长子乘赵武灵王前往沙丘宫时发动政变，被赵武灵王的叔叔公子成（推行胡服骑射时，公子成一开始不同意，后来被赵武灵王说服，转而支持改革）利用，结果长子被杀，自己被围在沙丘宫三个月后活活饿死。英雄居然最后是以这种窝囊的方式死掉的！

废长立幼不是绝对不可以，只是要慎重，赵武灵王轻率地废长，很成问题。第一，不够理智，没有从国家利益出发考虑问题。幼子太小，长子各方面更像自己，选择长子对国家稳定更有利。第二，决策模式过于粗犷，选接班人又不是农贸市场上挑老母鸡。这次买错一只鸡，下次可以买只鸭，但接班人挑错，江山就要变色的哟。这么重要的决策做得很匆忙，也听不进不同意见，基本上就是自己拍脑袋决定的。第三，过高地估计了已成为太子的长子对自己王位的威胁。长子有没有阴谋勾结边将、结党谋权，完全可以花三个月调查一下的。

长子赵章想不想当王？我认为是想的，换作你想不想？但他又不是迫不及待的。最后老赵不还是主动把王位让出来了么，为什么对自己的亲生儿子还这么警惕呢？原因可能是这样的：王位我可以给你，但你不能来抢。这是大多数帝王的思路。其实真正的原因是赵武灵王喜欢吴娃，想把王位传给和吴娃生的儿子赵何。历史上这种例子的结局往往不好。不过，他这么疼爱赵何，自己被叔叔"密封"在沙丘宫后，也没见亲生儿子新王赵何去送几包方便面或火腿肠什么的，到最后可怜的王竟然连宫里的树皮都吃光了，树上鸟巢里的幼鸟都吃光了，在沙丘宫熬了三个月时间，最后被活活饿死了。之后也没有听说赵何对饿死老爸的叔公赵成怎么样。

除了在废长立幼上出问题，赵武灵王超前搞二元结构也是个问题。在立了赵何为王后，赵武灵王自称"主父"，负责军事，这样一来，相当于一个国家有了两个王，这种二元结构相当超前。不过这是违背历史规律的，老百姓都知道天无二日、国无二主，赵武灵王的这种做法很容易造成内乱。

小结一下，赵武灵王犯了三个相关联的错误：废长立幼、二元分权、再扶长子。他死的时候46岁，犯第一个严重错误的时候40岁（虚岁，下同）。从年纪上说不算老，从作为来看，这就是他的"迟暮"之年了。编中学历史书的老师估计也觉得老赵最后太糊涂、太昏庸了，实在有辱英雄本色，所以没有提这些故事。

和他同时代的，还有一位英雄，两人还见过面，他非常长寿，也是一位君主，在位时间长达56年，在历代帝王中能排到前五名，但在他的"迟暮之年"，表现却不那么"迟暮"，跟赵武灵王形成了鲜明对比。他就是秦昭襄王嬴稷，比赵武灵王年轻15岁，却晚逝44年。

秦昭襄王是秦国强大过程中最关键的人物之一，其他人包括二百多年前的祖宗秦穆公、爷爷秦孝公、曾孙秦始皇。著名的等而围之、坑杀40万赵国降卒的长平之战就发生在他任内。他的迟暮之年，一样的老态，坐的时候陷在靠枕里，眉毛长而白，似睡非睡，没说几句话就又睡着了，这和我们看到的老人也没什么区别。对于这种状态，蔡泽、吕不韦、王贲等也看得很清楚，都知道当前处于"暮政"时期，一致认为暮政多变，加上是强君，更易发生突变，理由是"因暮年强君行踪神秘而导致阴谋风行，最易使奸邪丛生竖宦当道，终致身后乱政国力大衰"。孙皓晖先生认为：强君暮政导致的危局是震荡性的，主少国疑导致的危局则是颠覆性的。而唯有秦昭襄王在六十岁之后既保持了君主的神秘感，又保持了清醒，非常罕见。

秦昭襄王当时面临的最大问题是后继无人，太子嬴柱不是雄主，但也没有更好的选择。在太子的儿子中，有一个嬴异人不错，但是在敌对的赵国当人质，其他儿子也不太像当王的种子。长平大战之后，赵国没杀人质已经万幸，嬴异人在赵国的处境很艰难。如果不接回来，秦国传到嬴柱后，往后怎么办，后面没有合适的人是很麻烦的事情。君主统治就好比掷骰子，每隔几十年就要搞一次。像秦国这样的国家，从诞生到成为独强，意味着平均的掷骰子结果不是很坏，不然早就完蛋了。所以，秦国的强盛是必然的吗？也许有必然性，但一定有偶然因素。如果赵国的平原君赵胜预见到秦国的国运系于嬴异人，放弃借此交换利益的期盼，直接杀了嬴异人，那还会有嬴政出生和当政吗？

在这种情况下，秦昭襄王心里急但又不能表现出来，还要有行动，这是很让人煎熬的考验。他给嬴柱下的王命是：公子异人立为安国君嬴柱嫡子，返国事另为谋划。这里面特意强调是对安国君立嫡，不是对太子立嫡，差别在于前者属于家务事，需机密进行。又关照蔡泽、嬴柱"相机"礼迎吕不韦，不得怠慢。"相机"两字，包含了种种可能的假设，确实是老谋。

他的命令既目标明确，在操作上又留有让执行的人思考、揣摩、变通的余地。这说明他是深思熟虑的，分寸感很好。这也体现在对治蜀的指示上：策不乱法，军不二属。这句话对大原则作了要求，具体怎么做没有说，难题要太子、蔡泽、蒙骜一班人去解，后来是一个千夫长解了此题，答案是：国军郡养，常驻巴蜀。就是说军队属于国家，专门驻扎巴蜀，但给养由当地负责。回过头去看，和秦昭襄王的指示是十分吻合的。你说秦昭襄王想到这一招了吗？未必，但他知道红线在哪儿。你能说他的指示对下属没有启发吗？那是一定有的。所以，就这种分层决策模式而言，秦昭襄王很好地贯彻了董事会抓战略、管理层抓执行的方针，那时候没有什么长江黄河渭河学院，这可都是秦老板自己悟出来的。这是赵武灵王不如的地方，两人都是乾纲独断，但赵是一竿子戳到底，底下人没什么想象空间，而工作是需要想象的。

需要说明的是，秦昭襄王的有些做法是比较过分的，是明显的霸权主义。比如，26岁的时候跟楚国的楚怀王举行双边会谈，结果直接劫持对方到咸阳，然后软禁，身为国君，居然连这种流氓手段也做得出来；66岁的时候把平原君忽悠到咸阳，然后软禁；著名的完璧归赵故事里那个言而无信打算骗和氏璧的秦王就是他，那一年他42岁，就已经老奸巨猾了。不要忘了，这原本也是个苦孩子，先是在燕国当人质，后来回国当王却并不完全掌权，时间长达40年，完璧归赵的时候他还没有真正掌握全部权力。权力真的能改变人。

在长期的忍辱负重、暗中观察学习的过程中，秦昭襄王逐渐学会了帝王之术，杀伐决断毫不犹豫。68岁的时候，因为白起不听话，自己坚持进攻赵国又输了，广大群众都觉得这回秦王确实不如白起英明，于是乎，果断逼杀国家干城武安君白起。小说中，因为嬴柱夫人及大姨子卷入立嫡泄密案，秦昭襄王以风瘫之躯（当然是恢复得还行）要亲自主持启耕大典，还带给儿子一句话：本王振事，与汝无涉。汝病能否参礼，自己斟酌。意思是：这是老子要振奋精神办大事，你身体好就来，不好不来也没关系。搞得嬴柱很尴尬。临到正日行礼时，又传令：太子代行大典，本王监礼可矣！总之，你别想猜到他在想什么，老态龙钟了，还大大的狡猾。接着在朝会上，说出"淡淡的四个字：移朝太庙"。相当于在董事会上突然说，下一个议题换个地方，到公司历史陈列室去开，你想想，这一定不是要表扬你，对吧？到了太庙，原来是要勒石，就是竖一块碑，相当于把秦国施政的基本路线固定下来，你太子就是接了班，也要按照这条路走，不然就要换掉你，接着就是公开审判和处决太子的大姨子华月夫人。

可以说，在接班人问题上，秦昭襄王拿到的牌要比赵武灵王差，但他很好地把一手烂牌打出了好次序。权力的交接没有在血雨腥风中进行，这就是成功。在王庭之上看到孙子嬴异人，那种事情办妥心满意足的感觉恐怕是很幸福的。"异人么？近前来，大父看看！"嗯，"尚可尚可"。老王"眯起白眉下一双老眼打量"自己的孙子，你当了二十年人质不容易啊。嬴异人也捧了一下爷爷，您当年在燕国当人质可是在战乱中九死一生，是大苦，相比之下，我当人质只能说是小苦。这时候的秦爷爷那是相当的体贴，嗨，你没逢战乱也未必不辛苦啊，当年爷爷我至少还有娘在身边照顾，你是孤身一人在敌国当囚犯啊，这是真正的磨难。接着他正儿八经地说了一段训导的话，很有意思：

> 磨难成人，磨难毁人，成于强毅心志，毁于乖戾猥琐。子今脱难归宗，当以儒家孟子大师之言铭刻在心，将昔日磨难做天磨斯人待之。莫得将所受折磨刻刻咀嚼，不期然生出愤世之心。果真如此，嬴氏不幸也，家国不幸也！

大意是说，磨难这个东西可以磨炼你，也可以摧毁你，就看你心志强不强，过去的磨难即使成就了你塑造了你，也不必一有空就咀嚼一番，老抱怨过去，如果你要这样，那我们家就糟糕了，我们秦国也就麻烦了。

这段话和周润发在撒贝宁的"开讲啦"节目中讲的是一个意思，当时有个女生说自己家境不好，自己打好几份工很辛苦很憋屈，发哥大致是说，这个过去了就过去了，不要去跟别人说，别人不关心这些事，你做好现在的事，走好将来的路，笑对生活，才是最重要的。

赵武灵王如果这个时候观礼，不知道会不会脸红。为个儿子接班的事搞得家里鸡飞狗跳的，老大不满意，老二也不满意，丞相不满意，自己的老叔叔也不满意，最后自己也不满意，真不知道为谁辛苦为谁忙。看看人家，中风了照样脑子清爽，算盘珠子一拨一拨清清楚楚，人家赢的是官子，自己输的是中盘大龙。

棋盘上一着不慎满盘皆输的情况很多，人生如棋，类似的教训也不少。少而锐，壮而肆，老而严，最后一句对于一个家长来说也是适用的。同时，不痴不聋，不作阿家翁。赵武灵王当初要是做事庄重一点，耳朵聋一点，可能最后也不需要去掏雀。

成功也罢，高光也罢，瞬间即是过往

一

不入虎穴，焉得虎子。说起来容易，做起来难。目前为止，就听说李逵去虎穴掏了五只虎子。放在如今，恐怕也就动物园狮虎山的饲养员敢这么做了。

当然，这句话主要是用来说到危险的地方，尤其是到敌对一方的老巢里，深入虎穴，就是九爷杨子荣这样的勇士做的事。杨子荣是侦察兵，他上面还有代号为 203 的首长，由他去而不是 203 去，这是再正常不过的。所以，如果你听说是首长亲自深入虎穴，会是什么感觉，是不是太冒险了？

而有这么一位，还偏偏是一号首长，居然就这么做了。他就是战国时赵国的王——赵雍。说赵雍可能大家不熟悉，要说赵武灵王就了解了，就是那个推行胡服骑射的赵武灵王。赵雍一生的前 90% 如果拍成电影的话，一定会非常卖座，因为真的非常传奇。他曾经做过一件令人感到匪夷所思的事情，就是化装为少数民族的商人前往秦国侦察，并和秦昭襄王在殿上相见，一番交谈摸底之后，安全脱身。贵为一国之王，居然如此行事，真是令人咋舌。一开始看《大秦帝国》，以为是小说家言，结果居然在《史记·赵世家》中看到确有记载：

> 主父欲令子主治国，而身胡服将士大夫西北略胡地，而欲从云中、九原直南袭秦，于是诈自为使者入秦。秦昭王不知，已而怪其状甚伟，非人臣之度，使人逐之，而主父驰已脱关矣。审问之，乃主父也。秦人大惊。

这段话是说，赵雍化装入秦，不是去旅游，而是带有明确的战略目的。他想从秦国的北方与胡人争地，也方便将来从秦国的北方像云中、九原这样的地方压制和进攻秦国。

赵雍冒这么大的风险，就是希望在实行这样的战略行动前了解秦国的真实态度，看一看秦王是什么样的人，顺便也看看秦国的地形：

> 主父所以入秦者，欲自略地形，因观秦王之为人也。

主父，有点太上皇的意思，因为王位已经传给了他的小儿子，但他还掌握着军权，是事实上的赵王。

像他这样的人物，即使是化了装，气场还是不一样的，这就跟曹操化装为卫士肃立于旁令使者惊惧一样。小说中用了未见其人先闻其脚步声的写法：

> 片刻之间，那坚实清晰的脚步声砸了进来，王稽那急促细碎的脚步丝毫不能掩盖其夯石落地般的力度。秦昭王三人的目光不由自主地齐刷刷聚向高大的木屏，骤然之间都是一惊。

一个"砸"字生动形象地写出了赵武灵王不同寻常的威猛气度。秦昭襄王等人还没回过神，就看到一个胡人转过木屏出现在面前，穿戴自不必说，长相还真是一副胡人相，"粗糙黝黑的大脸膛上一副虬枝纠结的连鬓大胡须喷射得刺猬一般，高耸笔挺的鼻头泛着油亮的红色，深陷的双目中两股幽蓝的光芒"——赵雍真是有天生的演员优势啊！

赵雍进殿后行了个地道的胡礼，自报家门："林胡马商乌斯丹，见过秦王。"秦王赏酒，乌斯丹豪言豪语，提出至少要喝一坛。接下来，无论是言语，还是性格，都非常的林胡，比如说话时善用比喻——这是少数民族的语言特点。乌斯丹通过说明林胡前来交易的目的是向赵复仇，试探出了秦国对于胡人的态度，这一段写得非常的精彩，值得好好阅读原著。与《史记》不同的是，小说中秦王君臣在识破了乌斯丹身份后，依然护送其出境而不说破，甚至白起还陪他参观了军营，增加了趣味性。

更有意思的是，在这之前，赵雍还化装成居住在赵国的东胡人前往林胡人腹地买马，侦察林胡情况，与林胡头领也是面对面交锋。这一段的描写，为其化装成林胡马商前往秦国侦察做了铺垫，情节较史书更为丰满，这是小说的贡献。

二

"林胡马商乌斯丹，参见秦王。"说这番话的时候，演员赵雍先生想必是十分自信的，事后回忆起这一段，想必也是十分得意的。

毕竟，这虽不是高光时刻，却是让人心跳加速的请勿模仿时刻。

可惜的是，不过四年左右，赵雍先生就以一种奇怪的方式离世了——他居然是被活活饿死的。这也是我说他的前90%人生拍成电影是很好的原因。

曾经有人列举了历史上倡导改革的若干人物，得出结论，说这些力主改革的人都为此付出了生命的代价，下场不好，其中就有赵武灵王。这显然是不对的，赵武灵王并非因为推行改革而死，而是死于自身人性的弱点。他因宠爱第二个妻子而废长立幼，后来看到长子赵章可怜巴巴的样子又想扶持其为北赵王，终于违背了权力的规律而引发兵变。本来是赵章发动兵变，想要干掉赵王弟弟，控制赵雍，结果被赵雍的叔叔赵成利用，以平乱的名义干掉赵章，顺便将赵雍围困于沙丘宫，围而不攻，喊话里面的人，如果晚出来就灭族，那些一般工作人员自然都陆续走了出来。可怜的赵雍，孤独地在里面苦苦撑了三个月，连鸟窝里的雏鸟都吃了，最后实在没有吃的了，就此饿死。

谁也想不到，一个英雄盖世的人物，居然最后是这么窝囊的死法。如果是被赵成杀死，也许还算是死得壮烈，结果老辣的赵成既不想他活，又不想背弑君的罪名，胸有成竹地等了三个月，活活饿死了他。而赵雍，则不甘就此死去，在等待可能的救兵中一点点地绝望。这就好比，以前是天天起了床先批阅微博微信，然后下几个单购物，到处飞来飞去呼朋唤友喝酒吹牛，偶尔过一把角色扮演的瘾，过惯这样日子的人，结果给关在一个大别墅里，不仅断了网，而且还断了粮，也没有人陪伴，暖气什么更是没有，灯更是没有，有也只能白天看看——吃都是个问题，还能点油？赵雍能熬下来三个月，真的是有侦察兵的底子，已经不简单了。

不过赵雍并不孤独，85年后，也还是在沙丘宫这个地方，英明神武天下第一的秦始皇也在此失算——未能想到自己走得那么快，没在临死前安排好继承大事——导致秦国快速地覆灭了。

如果赵雍有什么话要对嬴政说的话，有可能是：

千万不要自以为是。

三

骄傲使人退步，谦虚使人进步。虽然从小就知道这句话，但对这句话的理解却在不断地加深。

今人可能无法理解赵国当时推行胡服骑射的阻力有多大，当时赵国的反对力量把这上升到了维护华夏文明传统的高度，强推有内乱的危险。而赵雍的眼界、决心、谋略，乃至具体到做思想工作的口才，都是一流的，能够成功实施胡服骑射，赵雍足可青史留名。而秦始皇嬴政结束战国纷争分治局面，统一全国，也是中华史上无可争辩的大功劳。

然而，上天却并不总是眷顾他们。反思之下，又有什么理由让老天总是眷顾我等平常人呢？

荀子说："天行有常，不为尧存，不为桀亡。"赵武灵王、秦始皇的故事提示我们，过去的成功并不能说明将来一样会顺风顺水，甚至失败有可能在一念之差中瞬间到来，不会因为你是或曾经是很重要的人物而有差别。同样地，老子也说过："天地不仁，以万物为刍狗。"虽然这句话的理解可以有很多样，但如能因此而知道对天或规律保持敬畏和谦卑，应当能受益良多，并避免一些自以为是。

人生如戏，林胡马商乌斯丹这个角色要好好演。

如何搞砸一场务虚会

一场成功的务虚会就如一件瓷器的烧制，需要各种细节的恰到好处；而要搞砸一场务虚会，就简单得多，通常不会比搞砸一件瓷器难太多。然而要砸得专业、精准，尤其是砸那种看似万事俱备只欠东风的务虚会，则不仅要知其然，而且还要知其所以然。

小说《大秦帝国》中有一场务虚会值得我们揣摩研究。这是一场旨在"让秦国再次伟大"的务虚会，发起人兼主持人是秦国国君秦昭襄王，参会人员都是致仕人员，就是离退休干部的意思，包括"大田令（掌农事土地）、太仓令（掌粮仓）、大内（掌物资储备）、少内（掌钱财流通）、邦司空（掌工程）、工室丞（掌百工制造）、关市（掌商市交易并税收）、右采铁（掌采掘铁矿石）、左采铁（掌冶铁），还有一位驷车庶长"，一共十人。这十个人层级不低，都是负责经济的大员，相当于农业部、交通部、央行、建设部、工商总局、冶金部的人都到齐了，可以看出这是一个精心挑选的名单，目的自然是集思广益，共商国是。

秦王一番得体的寒暄后，开宗明义，点明了会议的背景是长平大战后秦国败了三次，国力大大衰减，连出函谷关都困难了。会议的议题是"如何使秦国再起，如何使根基夯实"，发言的要求是"但以国事为重，尽可直言相向，毋得有虚"。应该说这个主持人是做得不错的。"毋得有虚"指的是不要有虚假的或者遮遮掩掩的话。为消除大家疑虑，秦王再次说明，没有邀请太子和丞相参会，就是为了大家说话方便；邀请老庶长参会是"为了做起来方便"——王族封地归他管辖——别无他意。

如此，太仓令第一个发言，对比了长平大战期间和当前粮仓存储的巨大差异，仅仅十年，"秦国腹地仓廪存储不足三成，山东外仓更是压仓犹难。近年关中旱涝不均，土地荒芜，年成大减，庶民家仓消耗殆尽，已成春荒望田之势”。他的建议是，首先要“增加年成，足仓足食”。

太仓令的发言无可指摘，既讲了形势，又说了建议。如果大家都照此发言，将会是一场很不错的座谈会，如果再聚焦聚焦，就大局方针探讨探讨，将会是一场很不错的务虚会。不过，形势很快急转直下，右采铁站起来说，失去宜阳铁山后，铁矿石已经严重缺货，再这样几年，“大秦之强兵将不复在矣”！秦昭襄王说，不对啊，我收到的简报不是这样写的啊。左采铁说，大王能听到多少真话啊。这下，秦昭襄王顿时晴转多云，既然如此，那今天就听听真话，有点发狠地说：“诸位但说，兜底儿说真话，老夫要的便是个真字！”

接下来与会人员纷纷发言，有的说工商萧条，税金大减，有的说国库空虚，有的说原材料不够导致停工待料，有的说良田变盐碱，移民纷纷外逃，等等。这是很熟悉的会议场景，刚开始谁也不敢说不好，一旦开了头，则如滔滔江水，不吐不快。这中间，秦王还解释自己的不快不是针对与会各位，继续鼓励兜底儿说。但到了最后，秦王冷冷一笑：“再难再苦，总得有个出路不是？诸位说说，当此艰危之际，当如何使秦国再起？哭穷哭难，顶个鸟用！”

秦王前两句说得在理，很有把已经跑偏的会议拉回来聚焦到“怎么办”上的可能，但最后一句粗话彻底断送了这种可能。这一骂，既骂晕了老臣们，又骂醒了老臣们。晕是指老臣们不知道秦王到底想听不想听真话，醒是指老臣们意识到过于兜底儿了，“老秦王脸上也实在搁不住了”。但是，说问题容易，讲方案难啊，这是人之常情、世之常情，一来退休多年，二来都是各专一业，要想出个统筹的解决方案，确实有难度。书上接下来这句话写得活灵活现：

更兼原本已经觉得说得太多，谁还敢贸然对策？愣怔错愕之下，都低头盯着案上的酒菜痴痴发起老呆来。

老秦王扔下一句"散会"，自己走了。至此，一场精心筹划的务虚会就此成功搞砸。那么，这是如何搞砸的呢？

第一，及时地把"How（怎么办）"变成"What（是什么）"。太仓令之后的发言全部歪楼了，统统都是在讲问题是什么，而没有提出建设性的建议和意见。不是说讲问题不对，而是在讲完问题后要分析原因、提出建议，否则就成了牢骚会。

第二，主持人沉浸于具体的个别的问题，忘掉了自己把握会议方向的责任。对于太仓令的发言，既可以就此请大家各抒己见，深入讨论，又可以先让人记录下来，等各位老臣发言得差不多了，在茶歇时归归类，聚聚焦，找找牛鼻子，对重点问题再组织大家重点谈谈。

第三，对会议的目标给予过高的期望，或提出与参会人员身份不符的要求。既然都是离退休干部，那就以神仙会为主，无论谁发言，都超脱一点，主持人尤其要超脱，超脱才有高度。从秦王召集的这些人来看，也都是大才，只是离开实务有一段时间，组织他们开务虚会是很合适的，有可能对于战略性的问题可以七嘴八舌议出一个大概其，也有可能了解到不曾注意到的隐患。但要求他们马上拿出通盘的具体方案就是过高要求了，尤其是与会人员还处于发牢骚阶段的时候。如果把老臣们所讲的问题认真记录下来，交给实务官员讨论，再开个双方参加的座谈会，变虚为实，结果会好很多。

第四，付之于情绪，放弃理性的评判。相比"哭穷哭难，顶个鸟用"这种说法，"哭穷哭难，不能解决问题啊"显然要理性得多。前者不是没有包含道理，只是道理都被责骂淹没了，听者只嗅到一股浓浓的情绪。主持人放弃理性而选择情绪化，真的可以极大地提高搞砸务虚会的成功概率。

第五，错误判断形势。这场务虚会虽然说得很热闹，但实际上只是开了个头。虽然听起来全是牢骚，场面好像失控了，但实际上就会议的整体议程来说连上半场都算不上。如果站得高点看得远点，会议进行到这遇到的"危机"是"平台期"的正常表现。老臣们对问题有意见，对秦王并没有意见。牢骚中有真实情况，抱怨中有方案线索，对这种情况如果不能驾驭就是形势大坏，能够驾驭就是形势大好：问题都暴露出来了，接下来就是集中兵力各个击破了。可惜的是，主持人秦昭襄王觉得是撞墙了，血涌口咸，过不去这个坎了。实际上是当局者迷，如果能再忍一忍就风平浪静了，也说不定就柳暗花明了。比如这样过渡一下：

"各位老人，致仕多年风采不改，忧国忧民有过之而无不及，本王甚慰甚感，来来来，先吃点酒菜，喝上一盅，再请诸位议议怎么办。"

所以，我觉得，要想搞砸一场务虚会，还得寄望于主持人。

第二编

将相世家:
功名里的精神与器宇

王侯将相，宁有种乎

"王侯将相，宁有种乎？"这句话从古至今不知激励了多少草根自强不息，乃至逆袭。因为从语法上讲这是肯定反问句，意思是否定的：王侯将相没有种，谁都有可能。刚上班那会，我兴致勃勃地和师父聊起这句话，师父冷冷地问：这句话是谁说的？答：陈胜吴广。又问：说这句话的人后来成为王侯将相了吗？答：好像没有哦……

所以，同志们，当你们想引用这句话激励自己或别人的时候，先想一下上面的这个师徒问答。

老陈和老吴相当于是在秦帝国即将崩溃的时候第一个撕开了口子，没想到风特别大，形成了巨大的创业风口，导致很多人跟风创业。后来有个人创业成功后为此还创作了一首《大风歌》。

这个人姓刘，出场的时候是个街道办事处主任（亭长）。他和宋江差不多，都是身处体制内而反体制，官身犯法，比陈胜吴广还罪大。但现在我们知道最终打进这场全国创业大赛总决赛的就是他和另一个姓项的江苏老乡。

陈胜吴广起义的时候，刘邦还在芒砀山当强盗，项羽跟着叔叔项梁在谋划如何加入陈胜团队。刘邦本来是想混混日子的，虽然有过"大丈夫当如此也"的感慨，但在陈胜吴广打响"第一枪"之前显然并无太多谋图，他是听说了陈胜称王立国之后才发现这个创业风口的，听到樊哙报告后，"刘邦惊愕得一双眼睛都立直了"。可见陈胜吴广打出的反秦旗号所代表的境界远胜刘邦的强盗视野。

刘邦和项梁实际上是回答了陈胜吴广"宁有种乎"的疑问的，虽然陈胜吴广并没有要求他俩来回答。从起义的结果看，王侯将相还真的是有种的，陈胜吴广采用的是呼隆隆做大而忽视掌控能力匹配的模式，失败是必然的。项梁团队成为第一波创业失败后的第二波创业团队的核心有一定的必然性。这是一支目标明确、懂得积蓄力量且冷静洞察形势的力量，而项梁死后刘邦最终胜出残暴无比的项羽也是必然的。就凭他多次屠城、火烧阿房宫的劣迹，"竖子无谋"四个字用于项羽一点都不冤枉。我赞同孙皓晖先生对他的结论：恶欲横流、冥顽不化的剽悍猾贼。如果项梁不死，或许胜出的是项梁而不是刘邦。范增就是项梁起用的，亚父名号也是项梁提出的，就此而言，虽然项梁在战略认识水平上如范增所说慢了刘邦一步，但能知错而改也不是凡类了。所以，种在项梁，种在刘邦。

看《大秦帝国》到秦末阶段，会有一种很诡异的感觉：强大如秦国者，六国不能抵挡，复辟无有可能，却在农民军的冲击下轰然倒塌。我称之为棒子老虎鸡剪刀石头布定理，即构成三角关系的各方，克一方而被另一方克。农民反不了六国，六国反不了秦国，秦国镇压不了农民。以至于最后六国的复辟势力只能不怀好意地投奔陈胜吴广团队，找机会以出征的名义带走一批队伍复辟称王。陈胜吴广一方面需要能人襄助，另一方面驾驭不了局面，只能眼睁睁地看着队伍被这些蛀虫带走，最终走入绝境。而项梁团队既看到了陈胜存在的重要意义——这是天下反秦力量的精神旗帜，又看到了陈胜的不足——只知反秦，而缺乏锤实根基的意识和计划。而项梁团队是各种反秦力量中最接近正规军的力量，在第二波创业浪潮中成为中坚力量是必然的。

陈胜吴广在取得一定的胜利之后，很快昏了头，两人之间也有了隔阂。吴广想见陈胜一面而不能，最终被自己人杀害，而陈胜则过早地享受了宫廷深深的成就感，最后竟然将杀吴广的人还提拔了——我觉得这一点太对不起吴广兄弟了。孙皓晖先生说，吴广的遇害带来的最大损失是：陈胜集团"失去了唯一一个在此时尚能保持清醒的首领，使陈胜成为孤绝的农民之王，几乎是以最快的速度走向了最终的失败"。这种情况让人很容易想到太平天国那个严重脱离群众的洪天王。陈胜最终被自己的司机庄贾和下属朱房杀害，他的生命终结于秦帝国覆灭的前夜。

顺便说一句，给予农民军军事上沉重打击的并不是秦国的正规军，而是由那些在骊山服徭役的罪犯临时组织起来的刑徒军。秦国的正规军 30 万在九原，50 万在南中国，在腹地几乎没有足够的精锐部队，起用刑徒军是不得已，但就是这么一支临时拼凑的军队，在章邯的带领下却战绩显著，可见秦军在制度建设、组织能力、兵械支持方面的不凡，有点像"二战后"日本的老母鸡策略：一旦需要，老母鸡的翅膀一张，小鸡纷纷就位，就可迅速扩军形成战力。当然，有一点很重要，就是章邯的考核激励办法很管用。最后这支军队崩溃，也在于没有办法兑现考核激励的承诺。

陈胜吴广没能走到胜利的那一步，最终为项羽、刘邦作了嫁衣。他们的反抗是走投无路的结果，但他们并非纯凭运气的小人物。陈胜很早就有大志，对于从临时工干起再转正为正式干部这条道路也有过职业规划，接受到渔阳谪戍的命令后反对双屯长制说明他不是庸碌之辈。别的不说了，光看他在历史上留下的那些金句，就知道他不是一个一般的小人物。比如，"燕雀安知鸿鹄之志"是他说的，几千年之后这句话还绊了北大校长一跤，导致离世界一流名校的距离又远了几米；"天下苦秦久矣"也是他说的；"王侯将相，宁有种乎"也是他说的；打出为扶苏、项燕复仇旗号也是他想到的；谁要不服，可以比比自己能在历史上留下几个金句。吴广也非一般小人物，谋划实施鱼肚书（"陈胜王"）、狐人语（"大楚兴！陈胜王！"）少不了他，激怒将尉继而将其手刃的也是他。他可以说是陈胜的亲密战友和积极拥戴者。

然而，即便是如此不凡的小人物，最终也还是为人作了嫁衣。

其实，在这场创业大潮中，还有一些小人物的命运值得注意一下。

一是押解陈胜吴广等九百人的两名县尉和十名县卒。陈胜吴广虽然是屯长，但这九百人前往渔阳的性质是惩罚性徭役，所以还要安排"监工"负责押解。从出发地陈郡（今河南周口）到目的地渔阳（北京密云与怀柔之间）约两千里路，当时没有高铁，也没有高速，全靠双脚走，要求一个月内到达，超期就全部斩首。这几乎是不可能完成的任务——再次说明上帝要谁灭亡必先使其疯狂，等到了大泽乡遇到大雨耽搁，完不成几乎是板上钉钉的事了。这个时候，这十来个人不知道感受到了危险没有：手下九百人已经是即将失去性命的人了！并且这九百人已经知道这一点。两个县尉是死得其所的，因为他俩是把自己放在对立面的——站在秦帝国的立场来说，他们是忠诚于帝国的——而那十个县卒则是在还没反应过来的时候就被蜂拥而来的屯卒乱棍打死了，只因为身上的一张皮，他们连选择革命或拒绝革命的机会都没有。

二是刘邦所在的沛县县令，本来被萧何、曹参两个县吏说服了打算参加革命，结果一犹豫，在刘邦赶回来咸与革命的时候把城门关了——革命又不是请客吃饭，说改期就能改期的——结果被刘邦动员的民众和县卒咔嚓了。在革命的高潮时期，像这种犹犹豫豫的"革命者"很多，但沛县县令显然是个倒霉蛋，有点像梁山的王伦。也能够理解，刚拿到驾照的人是驾驭不了越野车的。相比之下，黎元洪就幸运多了，一开始也不敢革命，犹犹豫豫，藏来藏去，最后被胁迫着当上了武昌首义的首领，最后还成了民国的副总统、大总统。

但有时候不犹豫也没有用，比如说项梁所在的郡守大人，他是积极主动地要革命的。他跟项梁是这么说的："老夫明告项公，天下已经大乱矣！江西皆反，此乃天意亡秦之时也。当此大乱，先举制人，后举则为人所制。为此，老夫欲举兵反秦，欲请项公与桓楚为将，项公必能共襄大举也！"意思是打算要创一番事业，想邀请项梁和桓楚作为初始合伙人。结果呢？项梁说，好好好，我侄儿项羽知道桓楚在什么地方，你叫他进来问问他吧。郡守一见项羽，赞叹其威猛，正问他事情，项梁突然说"可行了"，项羽顿时一剑刺死郡守，割下人头。可怜的郡守，连一声"为什么"都来不及说就翘翘了。项梁一手官印一手人头，大呼："复辟楚国，杀官反秦！"你说这郡守冤不冤？愿意参加革命仍然不行，照样被咔嚓。也许项梁要的就是"杀官"这个效果，就如曹操向管粮的王垕借人头一样。千年之后的阿Q，想着白盔白甲的人叫他"同去"，却不料最后郁闷地被假洋鬼子"不许革命"。这个郡守，虽然是官身，其实也是个没法掌握自己命运的小人物。

当然，还有一个小人物也是必须要提的，就是那个被扶上楚怀王宝座的放牛娃芈心，说出了项羽"剽悍猾贼"几年后，不幸被项羽杀害。

小人物，有时候连造反的资格都没有。

拉住你的袖子的我的手

有些时候，年轻人需要的不仅是扶一把，还需要拉一把，不是往上拉，往上的话扶就行了，是往后拉。

有这么一个年轻人，力大无穷气盖世，放在今天参加奥运会的举重项目应该能得抓举金牌，练兵打仗所向无敌，就是脾气暴烈看不进书，仗着有本事有实力谁也看不上，在职场上很不受待见。此人失败过，发达过，不过到最后还是彻底失败了。他姓项，名籍，字羽。这里不说导致他失败的那些原因，在导致他成功的那些原因中，我看到了一只苍老的手，拉了几次他的袖子。

第一次是在项梁死后，楚怀王芈心封赏众人，将项羽排在最后，封为长安侯，号鲁公，兼领本部军马，又命令项羽军和吕臣军直属楚王。防范和排挤项羽是显然的，这也是芈心想要增强王权的举措。项羽脸色阴沉，心中怒骂芈心忘恩负义，几乎就要发作的时候，背后伸过来一只手，"轻轻扯了扯项羽后襟"，项羽才憋住了。回到家里，那只手的主人范增告诉项羽"人不自辱，何人能辱"——境界直逼当今鸡汤文水准，"少将军之盲，在一时名目也"。范增认为，当前重点在于务实，"聚结流散，锤炼实力，以待时机"。而后，为项羽制定了白天应对楚王各方，夜里秘密练兵的策略，为后来种种准备了条件。

第二次是在秦军夹击河北赵军后楚怀王召集各路人马商议如何救赵时。上大夫宋义提出虚实配合，封魏豹将军为魏王，各方送些人马给他成军，凑成六国联军。刘邦赞同，吕臣赞同，这时候范增见项羽黑着脸不说话，帮他说了一句"我少将军自然赞同"，相当于前面两家都说"跟"，范增也赶紧跟——我估计项羽是对拨出军马给魏豹不舒服。

接下来，一帮人商量谁来当救赵主帅，说来说去就是不提项羽，这时候有个叫田显的人跳出来说现在就有个很厉害很厉害的将才，完全可以担任主帅。项羽心想，这说的不就是我吗？太含蓄了太能卖关子了！结果，这个人推荐的是宋义，还把宋义曾经劝谏项梁并且预言项梁兵败的事说了出来，真不知道他是想帮宋义呢，还是想害宋义。这件事大家都知道，但一般都不会当着项羽提，毕竟这壶水不开。

然后众人表态。刘邦很有意思，他说自己"无异议"，很耐人寻味。然后楚怀王决定拜宋义为上将军，统率各部，项羽为次将，范增为末将。你不是能干么，我偏不安排你主持工作。项羽心中是失望、愤怒都有，听到说宋义劝谏项梁的旧事估计杀心都起了，一切的一切都显示在屏幕上——项羽脸色阴沉而入神，这时候，背后又伸过来一只手，扯了扯项羽后襟，项羽赶紧回神，一起作礼领命。回到家中，这只手的主人回答了项羽"如此不明不白也能救赵"的疑问：楚王不再续议，是心思未定；刘邦不说话，是另有自家谋划；吕臣父子不说话，是踌躇不定。范增看人的本事确实让人佩服。范增又讲了不宜马上进军关中的理由：项羽威望不足，无论是楚王还是宋义都不会让项羽方面独得灭秦的功劳，如果执意进军，粮草恐怕不可能痛痛快快地得到支持，到最后连彭城根据地都可能丢掉。范增的判断是，当前战略上的天王山在河北而不是关中，谁能在河北大战中赢得章邯、王离的秦军，谁就是天下盟主。

这个楚朝廷，除了项羽一方面，其他各方面有一点是团结的，就是不想让项羽成功，包括"先入关中者王"的约定都是明摆着气项羽的：项羽去河北，刘邦进关中。但如果项羽沉不住气，恐怕玩不过这些人。

第三次是宋义缓慢行军，要在安阳休整，等后勤供应充足后再救赵。项羽心想这不是白痴么，"怒不可遏，当时便要发作"。好在他发火前大屏幕上都有显示，有时间差可以利用。这时候，身后又伸过来一只熟悉的老手，"硬生生扯住了项羽"，项羽憋住了转身大步走了。回到家里，这只手的主人跟项羽说："宋义固然误事，然众怒未成，不能轻举也。"范增的策略是，一方面团结大多数，做好宣传工作，让大家都了解宋义不行；另一方面通知之前秘密训练出来的新军继续潜伏待命。接着，宋义的长子得到了齐国高管的好工作，宋义不但送到齐国边境，回来后又举行盛大宴会庆祝，不要说项羽诸将，连楚王都看不下去了。失去了楚王的支持，宋义的末日也就不远了，果然，在一番动员之后，项羽手刃宋义，楚王不得已拜项羽为上将军。

范增每一次拉项羽的袖子，项羽都领会了。终于忍常人所不能忍，成就了一番霸王事业。只可惜后来在一个叫鸿门的地方举行的重要的饭局上，项羽没有领会，或者说没有听他的，结果放过了一个强劲的对手刘邦。这是为什么呢？

请看《史记》上关于鸿门宴是怎么说的："项王即日因留沛公与饮。项王、项伯东向坐，亚父南向坐。亚父者，范增也。沛公北向坐，张良西向侍。"项羽朝东坐，范增朝南坐，两人没有坐在一起！范增扯不到项羽的衣襟啊！可怜的范增几次使眼色都不管用，"范增数目项王，举所佩玉玦以示之者三，项王默然不应"。项羽只接受拉袖子这种传统信息传递渠道，不接受使眼色这种多媒体信息传递渠道，范增纵然足智多谋，也没有考虑到这一点啊。

这当然是玩笑了，还是说点正经的。孔夫子曾经曰（yuē）过：少之时，血气未定，戒之在色；及其壮也，血气方刚，戒之在斗；及其老也，血气既衰，戒之在得。意思是说，像我们这种上有老下有小的中年人，还是不要打打杀杀的好。即便要斗，也要智斗，不要武斗。

刚强虽然不易，其实柔软更难。关键时刻，不要吝惜你的手，伸出去拉一下袖子，也许就能消弭一场无谓的争斗。也不要穿无袖装，以便别人在关键时刻提醒你时有袖子可拉。

两个相互错过的男人

一

战国时代最有意思的是，秦、楚、燕、齐、赵、魏、韩中，最终灭掉六国一统天下的是在一开始最最穷困潦倒的秦国，而那些开局时很强悍的了了国家，比如魏国、齐国、赵国，却最后落得个亡国的下场。尤其是魏国，当初那可是想着是把秦国搓圆了吃呢，还是搋成面条吃呢，考虑的只是吃法，从来没考虑过能不能吃下。这真是像极了一个小时了了大却未必的可怜人。机会曾经在魏国长久地徘徊，但魏国没有珍惜，一次又一次地错过。

所以说，有时候牌太好也不是好事。赵魏韩三国是由三家分晋而来，可以说是一棵大树上长出的三个大枝杈，起点很高。燕国是周天子的后代建立的国家，根红苗正，比秦国早活了一个西周。齐国是姜太公开的国，后来被田家篡了国，但也继承了原来的雄厚家底。楚国虽然是散装的，但它的熊祖先（芈姓部落的一个酋长，名字里有个"熊"字）在周文王时已经为国家服务，在周成王时被"封以子男之田"，开始有了楚国的雏形，长期经营，根深叶茂，国力不凡。相比之下，秦国还要到周宣王时才有了一块飞地作为今后发达的根据地，和楚国相差了 200 年左右。所以秦国起步很晚，在当时有点像现在的美国，而且秦国一开始的那块飞地很糟糕，说是划了块地皮可以当宅基地盖房子，但能不能真正拥有还要看自己打得下来打不下来，相当于周天子只是发了个执照，能不能开油条店贴麻尖角做点生意养活全家还得看跟地头蛇比谁厉害。

就这么一个班里上学最晚、条件最差的同学，最后当上了后战国时代统一公司的董事长，你说励志不励志？魏同学要不要气得吐血？不过话要说回来，正所谓一切过往皆是序曲，上学时班里排在后面或条件差的同学真不要轻视他。这样的同学一旦下了决心要赶超，往往会有更强的内在驱动力，比如马云同学、俞敏洪同学。您解多元高次方程的水平再高，每个月不还是要老老实实地在数学考试不及格的马同学的某宝里花点钱；标准普通话说得再好，听的人也没有讲苏南普通话的俞老师的多。不说这两个超级名人，就说我曾经打工过的一家公司，老板是班里成绩最差的，总经理是班长，这是身边的例子。怎么说呢，企业家精神就是一种不可多得的软实力，经常在逆境里发芽和生长。

言归正传。如果上天给魏同学一次翻盘的机会，他会选在哪一天呢？

这应该是一道多选题，魏国的机会就跟树上的果子那么多，但大的他基本上都没捡到篮子里。还是我帮他选一个吧，多往前翻些日历，就翻到魏武侯召见吴起那一天吧。

二

那一天想来应是风和日丽，良辰吉日，因为魏武侯打算向自己的爱臣、能臣吴起提出把自己的小妹嫁给他。

《大秦帝国》中白雪说："与公主成婚，远远胜过千万条盟誓。这种婚嫁，意味着一个人进入了亘古不变的血亲势力范围。"就吴起这件事而言，对魏武侯、对吴起都是非常重要的，一旦结亲，君臣之间将成为牢不可破的血盟，吴起在魏国也就生了根，变法强国的路前景可期。要知道，吴起不仅是名将，也是政治家。对吴起个人而言，也是事业爱情双丰收，绝对是一件好事。

结果，没想到的是，吴起婉言谢绝了！从此魏武侯疑心他要跳槽，夺了他帅权；吴起疑心老板妒忌他功劳要害他，逃到楚国去了。

他这一走，估计在魏武侯心里也就坐实了"不忠"的判断。

一件好事，就此泡汤，真实的原因是魏武侯的大妹妹夫妇在捣乱。大妹夫是丞相公叔仑，担心吴起功高震己，抢了自己丞相的位置，就和老婆设计了一个圈套，先劝魏武侯找机会跟吴起提亲，然后自己邀请吴起到家中做客，席间自己在老婆面前表现得低声下气任凭打骂，怎么窝囊怎么来。他的公主老婆谈笑风生，还不经意地说，要是我小妹，还不知道怎么折腾呢。吴起哪知道这是一场戏啊，只当是真的，愤而离席，小说中还说了一句话："请公主自重。大臣，不是臣奴。"

要不怎么说名将吴起还是个了不起的政治家呢，从他这句话可以看出，他骨子里有读书人的那种清高；同时他还有容易被现象蒙蔽的弱点，而公叔仑夫妇抓住了他的要害，神不知鬼不觉地给他洗了脑。吴起以为，眼见为实，自己看到的这大公主的跋扈是事实吧，自己怎么受得了。我本来就是靠本事建功立业，不是靠裙带关系升官发财，这个罪不受也罢。

他以为公主都是按模子批量生产的，一个样本不满意，就认为全体样本不可信。所以当魏武侯提亲的时候，他的内心十分抗拒。问题是他肯定不会说我已经见过大公主如何如何，所以我要如何如何，多半是"祖国尚未统一，没有心思成家"之类的话。看破不说破，是他成熟的一种表现。也有的书上说他推说已经结婚之类，这属于欺君，魏武侯这样身份的人提出合伙之前，不可能不作必要的和充分的尽职调查，吴起撒这样的谎是会有大麻烦大问题的。

在美好的机会面前，吴起，就像在实验中不断被电击的狗一样，有了"习得性无助"。公叔仑夫妇近乎完美地搞掉了吴起这个竞争对手，也成功地给魏国搞掉了一次国运。

魏武侯和吴起有没有破这个局的可能呢？

三

可能性，还是有的。也没多么复杂，就像卤水中毒，民间多用灌服豆浆法解毒，一碗豆浆才多少钱？有卤水的地方就有豆浆。

魏武侯要是多问一句吴起："爱卿啊，一般人听说公主下嫁都是欢喜得不得了，我觉得你说的理由有点扯，不像是真话，今天也没有外人，你我喝两杯，说点真心话。你老实说，到底是什么原因让你推托？"

或者吴起多问一句："王啊，好是好啊，就是不知道公主的脾气好不好，会不会喜欢当将军的将军？"

这样聊下去的话，很可能君臣两人就能慢慢把话说开，消除掉误会，甚至讨论讨论公叔仑夫妇的那场奇怪的宴请也不无可能，结果很可能是圆满，非常的圆满。

聊天不就是这么聊的么？

那么，为什么无论是魏武侯还是吴起都是点到为止，没有像东家的姨西家的姑那样说点家长里短的事呢？说了不就能点着了吗？

四

这两个人都是高自尊的人。

这是基因决定的，没办法。表面上看，把事情看开一点，没皮没脸一点，不就好办了吗？问题是，没皮没脸的话就是另一个人了，不是自己。吴起看到公叔仑那般窝囊都生气，可见他是多么敏感，又是多么不敏感。别人家夫妻的事，实在用不着这么感同身受，此为一。再者，老公受压迫的，一般不示于外人，更何况是在职阶比自己低的同事面前，吴起就没有多想一想这里面的怪异吗？事出反常必有妖。

　　但没办法，这就是吴起。上天把兵家奇才的优点给了他，总会搭配点短板，一个人总不能占尽便宜。吴起只看到了个人的婚姻，没有看到联姻后的前途，也没有想到联姻后的魏国，心态上只是个打工仔，没有意识到一个事业合伙人的机会正在来临。所以，在感情上备受折磨的他选择了逃避，这也许是之前在鲁国杀妻求将的心理阴影带来的后遗症吧。

　　而魏武侯毕竟是有着赫赫战功的一国之君，向吴起提亲也有试探其是否忠诚的成分在里面。既然是试探，就说明不是百分百信任。魏武侯作为阅人无数的领导，吴起的不情愿不会看不出来，你还支支吾吾不老实交代情况，我就是问了还不是多听些假话？再说了，将公主嫁给你，是寡人对你的信任和重视，你如此这般不是有点不识抬举？罢了罢了，不愿意就算了，难道我还要强嫁不成？

　　不要说君臣之间，就是普通的人与人之间也是这样。关系的加深以分享秘密为代价，这好比马克思说的商品"惊险的一跃"，成功了，两人关系加深，不成功，没跃过去，就哐当一声掉沟里了。更多的时候，是掉进沟里也没什么声音。到达下一个稳定平台前的人际关系就如逆水行舟，不进则退。

　　就是分子和分子之间，也不是亲密无间的，中心点之间至少有个原子的距离。而高自尊的人，则是大分子，他想够着对方，也不能。

五

　　后来，在楚国，某一天夜里，孤独的吴起也许会想起那天面见魏武侯时自己没有说出口的话，要是说了多好。真是错怪魏武侯了，辜负了一片好意。

　　在魏国，某一次的战斗间隙，忙碌的魏武侯也许也会想起那一天召见吴起时，自己没有说出口的话，要是说了多好。吴起是多么难得的人才，多关心一下，温暖一下，就是皆大欢喜的结果啊，自己也许能少辛苦一点。

当然，他们也可能在回忆时意识到了对方欲言又止的神态，对方到底有什么话没有说出口呢？现在看来一张窗户纸的事儿，当年怎么就像一堵墙呢？

两个本可以相爱的男人，就这样遗憾地错过了。

不过，这又怎么样呢，用某个大统领的话来说，"这就是人生啊"！

一个企业家的初心和宿命

一

金庸先生的《书剑恩仇录》中，乾隆赠语陈家洛：情深不寿，强极则辱，谦谦君子，温润如玉。这十六个字用来形容战国时期一位杰出的民营企业家可谓十分贴切。他出身经商世家，手腕圆润，人情练达，擅长长线投资，在相中的一只潜力股成功上市后，转为执行董事兼公司的首席执行官，事业一度风生水起，却在董事长更迭之后陷入了权力旋涡，最后被迫服毒自杀，死后万人相送、极尽哀荣。留下一部自任总编辑的著作，为我们奉献了奇货可居、一字千金等成语。他传奇的一生令人赞叹、感慨和惋惜。

他就是著名的民营企业家和政治家吕不韦先生。

作为民营企业家，他从家传的纺织行业转而进入盐、铁、兵器乃至百货行业，奉行义在利先的价值观，通过资本运作大开大合，创业十年，积累的现金盈余达三十万金，四十多家分公司遍布国内外，旗下合同制员工超过两千六百人，三十多岁就实现了站着赚钱的愿望。作为政治家，他辅佐了秦孝文王嬴柱、秦庄襄王嬴异人两代弱主，完成了从一代雄主秦昭襄王嬴稷到始皇帝嬴政（应其本人要求，没有谥号）的惊险过渡，主政发展最快、国力最强大的秦国九年。晚年倡导以法治国和以德治国相结合。如果没有他，商界不过少了一个成功的商人，但秦国能否从强大走向强大、从成功走向成功则非常难说。

这是一个长期以来被误会的男人，几千年来扔在他身上的臭鸡蛋早已堆积成山。吕不韦主要的"劣迹"有两条：一是在政治上投机，通过政治献金谋取政府高职；二是生活作风不好，民间传说他曾经借巢生蛋，说他实际上是秦始皇的生父，他阴谋想当皇帝的爸爸。

二

他是一个有初心的人，并一以贯之。

不是说发一个愿就算是有初心，能称之为初心的必须具备以下条件：第一，价值观正确；第二，目标足够远、足够高，但不虚妄、不狂妄；第三，有相匹配的执行力，包括意志和方法论。

从外在表现形式看，他的心迹是有个变化过程的。他大专毕业刚子承父业时，想的是赚大钱，遇齐国田单后立愿站着赚大钱，做一个有道德、有理想、有信用、有义气的四有商人，这是第一阶段；资助嬴异人，向老父袒露拥君掌国的战略，想的是当一个红顶商人、做全国一级代理发更大的财，后来如愿以偿就职丞相，这是第二阶段；摄政九年到还政于王，最后黯然退场是第三阶段，想的是发挥才能，为国家谋发展，为天下谋统一。

概括地说，这三个阶段是赚钱，赚大钱，不要钱。看似在第三阶段发生了突变，其实他的价值观内核是稳定的，即使在丞相这个位置上，他的所作所为用"有道德、有理想、有信用、有义气"来衡量依然是符合的，所以不是不变，而是稳定，如同咏春拳守住中路那样守住了价值观，这就足够了。这种否定之否定，是其对自己理念的坚持和自我完善，吃瓜群众理解了这一点，就至少能部分地理解"后悔创业杰克·马"说"我对钱没有兴趣"的意思了。

初心可贵，初心可贵了。拥有一样东西，不仅要看价格，还要看持有的显性成本和隐性成本。美人可爱，但还有美人税对不对？吕不韦的"四有"每一个都是昂贵的，他所拥有的优点，不仅持有成本高昂，在一定条件下也会成为他的弱点。

吕不韦擅长阳谋，不搞阴谋。非不能也，乃不为也。他喜欢把牌都放在明面上，一方面是自信，一方面是守中，攻防兼备。以"奇货可居"为例，按说这是他心中的秘密，实际上在当时却是公开的秘密。"奇货"本身也清楚吕的用意，吕在初次见面时就坦然承认想要通过客户的发展实现自己的发展。在竞聘丞相这个高管职位时，秦公司采用的是集体面试方法，对吕过往政论和公司价值观不一致的问题，吕都大大方方地承认年轻时确实对秦政有不同意见，但本着发展的观点，他如今已经不再同意过去的观点，即现在的我已经不是过去的我了。至于主动拜访落选的蔡泽，蔡泽一开始说："不见！甚个丞相！奸商！"吕化敌为友的应对处理可谓是教科书式的。搞阳谋的人往往从利己出发，最后却实现了利他。

按照秦的制度，秦王嬴政十三岁即位后由吕不韦摄政。王在亲政前是没有实权的，吕如果搞阴谋的话，秦王是很难对付的，而实际上吕在预计的秦王加冠之年没有到之前就提前安排交权了，目的是支持其平定嫪毐叛乱。此时吕已经认识到在嫪毐事件中的错误了，他想用实际行动尽可能挽回影响。这也是搞阳谋的人的特点：坦荡做事，不会为了一个错误用更大的错误来掩盖。

吕不韦的群众基础好，擅长以德服人、以理服人、以技服人。初入秦国时，当着秦昭襄王的面，一辞政府高级顾问（上卿），二辞帝国后备领导人导师（右太子傅），坦言了解秦国按功分配制度，不想凭关系上位，愿意从基层做起，凭业绩晋升，最后只愿意当个办事人员（太子府丞）。后来，在与六国的商战中以官市丞身份展现了非凡的才能，让六国商家输得都想卷铺盖走了。而在此时，他又主动让步，不仅退回赚取的利润，还予以补偿，与六国商家握手言欢，衷心地希望六国商家相信秦国的投资环境将保持持续稳定，今后会继续在互利互助的原则上发展贸易，推动经济发展。

嬴政即位后因年龄尚小，暂不亲政，国事由太后、仲父吕不韦处置。嬴政自作主张搬到了郊区居住，是吕不韦冒险沿着冰雪覆盖的山路赶到，一番推心置腹的话帮助嬴政认识到了太爷爷秦昭襄王当年未亲政前的有所不为不是无所作为，管理培训生不是说脱离现场，而是要身临管理第一线，成功地劝回了谁也劝不回的嬴政。早在嬴异人时期，吕不韦无论是在"管"还是"理"方面都体现了杰出的才能。比如在论证对山东诸国作战可行性的时候，他深入后勤供应一线，带领骨干迅速、准确地摸清了库存军需物资的数量、质量以及存在的问题，让资深的上将军蒙骜心服口服。这种杰出的理事才能即使在 MBA（工商管理硕士）、EMBA（高级管理人员工商管理硕士）满街走的今天也是凤毛麟角。

　　杰出的管理者往往也是杰出的酒精考验通过者，吕不韦也不例外，他是一位酒德好、酒量好的双好同志。这样的同志应酬多，也喜欢应酬，爱热闹，怕冷清。孙皓晖先生在《大秦帝国》中写到商战后六国商贾与吕大宴一场宾主尽欢时说："令吕不韦无法预料的是，数十年后（注：此处应为'十数年后'，商战这一年是前 250 年，吕去世之年为前 235 年——作者注）他被贬黜洛阳闲居，六国大商名士感念他当年义举，竞相赶赴洛阳抚慰探视，车马塞道门庭若市，为自己招来了杀身大祸。"吕的人缘好、好热闹使得他忽视了嬴政的感受，被贬黜了还有如此影响力，还如此高调——尽管是被动接受的，但你毕竟没有拒绝，王发出了最严厉的警告：立即马上迅速迁居巴蜀。最致命的是这两句话："君何功于秦，封地河南十万户尚不隐身？君何亲于秦，号称仲父而不思国望？"意思是，你觉得你功劳大是不是？封赏你河南十万户还不够吗？还不知道低调一点吗？你这么高调群众怎么看我这个王？你又算是我们老秦家的老儿，号称是我的干爹，行为做事却不考虑影响？吕不韦应该知道这时候要低调，很可能是架不住这些人的热情，你想想六国都是什么人啊，山东人、河北人、湖北人、河南人、山西人，都是能喝酒能劝酒的，吕不韦一个招架不住就此惹来了大祸。

　　当然，重感情、讲情义也是吕的优点。这自不必说了，正因为他是如此一个老想着别人感受的人，最后深陷于跟赵太后的情事中，满盘皆输。除此之外，他与夫人陈渲、西门老管家、保卫干部荆云等都是感情很好的。

总之，这个男人是个深受群众爱戴、同事喜欢、家人支持的温润如玉的谦谦君子。

初心成就了他，也决定了他的宿命。

三

回到他的两个主要"劣迹"。第一点政治上投机基本属实，一开始他是看中了一只在生死线上挣扎的别人眼里的垃圾股他眼中的潜力股，想做个长线投资。本来想当个股民，结果炒股炒成了股东，还成了执行董事和首席执行官，但要注意的是：其一，他没有利用公职为自己的公司输送利益，反倒是倒贴了不少，比如六国商战时把全部家当投了进去。其二，他不仅是个劳模，还是个能人。当丞相后，利索地完成了尽职调查，除留任两个德才兼备的大拿，其余人员安排到基层任职或作内退处理，又清理了全部待办、未办事项近千项，相当于完成了一次拨乱反正。此后更是披肝沥胆，鞠躬尽瘁，他真的是一个没有读过 MBA 和 EMBA 的杰出管理人才。放在今天，应该是能经常上 CCTV 的。什么叫投机？别人的投资就叫投机。什么叫投资？自己的投机就叫投资——所以这只不过是角度不同。秦公司的首席执行官吕不韦先生可能是假积极，为名为财为自我满足都有可能，但我们经常说，一个人如果假积极一辈子，那就是真积极。当然，按小说中的说法，吕不韦帮赢异人也有受人之托的成分，范雎曾经请他到邯郸后找一个人，就是赢异人，"视情况援手些许"。

关于第二点，生活作风主要是指：他在赢异人去世后，以丞相、仲父身份总领朝政这段时间和赢政母亲赵太后之间的事情。两人曾经谈过恋爱，后割爱给赢异人，赢异人去世前向吕不韦表明心迹，关照他和王后同权摄政当国，可名正言顺相处。那一年，嬴政十三岁左右，赵太后三十多岁，吕不韦四十多岁。赵太后对垂帘听政不感兴趣，但在情感上是属于激情燃烧的那种，用嬴异人的话来说，就是"多情不羁"。她以一起讨论工作为由，经常召吕不韦到太后宫。吕不韦有半推半就的成分，也有不得已的原因，一开始觉得，行吧，反正还有点余粮，到后来发现地主家也没多少余粮了，再加上嬴政逐渐懂事，虽然战国时期风气开放，但吕不韦也有点害怕出事，所以就找了个猛男嫪毐以太监身份掩护送入宫城代替自己——这完全不像是成功人士吕不韦平常的智商水平——可能人被榨干了就会变笨吧。吕不韦用嫪毐代替自己这件事说明他已经不堪其扰，被太后纠缠得不行了。他"进献"嫪毐仅仅是为了脱身，因为他觉得秦国火热的建设事业更需要他。

　　他仓皇逃离太后宫时，心中很可能唱起了一首脍炙人口的歌：

　　　　你就像那冬天里的一把火

　　　　熊熊火焰燃烧了我

　　　　每次当你悄悄走进我身边

　　　　火光照亮了我

　　　　你的大眼睛

　　　　明亮又闪烁

　　　　仿佛天上星星最亮的一颗

　　　　我虽然欢喜

　　　　却也受不了

　　　　丞相府里还有公文要处理

　　　　……

　　总之，吕不韦还是知止的。只不过为了逃脱虎狼的追捕，他把灵魂卖给了魔鬼。

至于说他是秦始皇的爸爸，多半是当时的谣言。嬴异人不会不知道自己的娃是几个月怀胎出来的，他嬴弱但不傻。例证之一是：他第一次见吕不韦的时候直接反驳了吕的"吾能大公子门庭"的推销："请先自大君之门庭，而后再来大我门庭可也。"相当于推销员说我能治你脱发少发，主人说算了吧，你先治好你的秃头再来弄我的光头吧！可见他是个明白人。例证之二是回咸阳后说吕，"情事之间公却迂腐也"，自承当日已看出"赵姬与吕公并不相宜。赵姬多情不羁，吕公业心持重。纵是婚配亦两厢心苦。否则，异人纵是痴心钟情于知音，也不会与公争爱。"简而言之，他看出赵姬多情豪放，而吕则是事业为重。这番话说得连吕不韦都吃了一惊，顿时茶盅跌地，茶叶溅身，完全是惊愕和被说中心事的表现：你还真的是异人啊！另外，秦国专门有驷车庶长管理王族事务，对血统问题不会不审查，所以，吕只是嬴政的仲父，相当于亚父、干爹、不是爹的爹，但真的不是爸爸。

是时候把吕不韦身上的臭鸡蛋拿走了，再换上鲜花，这是一个历史地位不亚于商君的首席执行官。无论是经商还是从政，他都是一个有着强大内驱力的人。

四

命运的诡异之处在于，复盘时看似能够逃脱悲剧的结果，但实际上并没有选择，是一本道。仿佛蝉钻出地面爬上树干脱了壳，鸣叫十数日便是死期，蜻蜓在水中长成一跃而飞之际，也就是生命倒数的开始，这都是宿命。悲剧是吕不韦的宿命，他的要害就是用情太深，心劲太强，而"情深不寿，强极则辱"。

吕不韦一生中最大的污点和败笔就是：为了还太后旧情，起用嫪毐，继而被卷入宫廷丑闻和谋反事件。这也是他在政治上陷入全面被动的开始。司法部长公开指证吕不韦深涉嫪毐谋反案，首都最高长官蒙恬追问是否属实时，吕不韦"面色苍白"，艰难站起，对这幕戏的总导演秦王"深深一躬"，又对担任群众演员的其他大臣"深深一躬"，一句话没说，"径自出殿去了"。痛苦、羞愧、后悔的心情吞噬了他，此时无言更胜千言。

对于年轻的秦王，他有如父亲一般注视着他，看着他长大，培养他。仲父之名可不是虚妄的，当年冒着路面打滑的危险开车到郊区的山庄劝回秦王，他是爱护他的。即使秦王出招传递出明显对着干意图的时候，他依然是欣赏的："小子，也为一策！"只不过，他不知道，王与臣，上级与下级，是不对等的，在上者拥有绝对的合法伤害权优势。父爱如山，情深义重，他以为是父子之间的意见分歧，打断骨连着筋。秦王却认为是严重的政见分歧和执政危机，是东风压倒西风还是西风压倒东风的严肃问题。

对于秦国，他寄情深厚，他实在是急于想纠正他认为的秦国的严法了。虽然他声称和商君的治国思路一致，但在秦王君臣眼里却是在"打左灯，向右拐"。他的"化秦"之心一如他的阳谋策略如日昭昭，再加上他超高的人望和极大的影响力，导致的结果是：用情越深，猜忌越深。

他的心劲太强明显地体现在《吕氏春秋》的发行上，典型的明知不可为而为之。样书呈上后许久没有消息，其实不评价就是一种评价。吕心里是明白的，只是不甘心。以他过去的情商智商，是不会有"不甘心"这种情绪的，可能是他真的老了。

他转不过弯。拐弯要拐大弯，但他已经没有了拐大弯的从容心态，他急于拐弯，一个原因是他没有拐过弯的信心了。将未经批准的《吕氏春秋》公布于世，声称能改一字者赏千金。那一刻我真的为吕不韦惋惜，这实在是过于勉强了。谁都知道文章不厌百回改，一首诗一个字不能改还有点可能，一本阐述观点的书不能改一个字，对作者的要求太高了。谁都知道没人改的真正原因是畏惧吕的身份和地位。这种通过发动群众而对王形成舆论压力，进而使其改变治政之道，不仅是犯忌的，而且是螳臂当车蚍蜉撼树，实在是危险的做法。嬴政派蒙恬在挂大书的城墙附近圈出一块地，竖起了一座商君石像，将围观群众与张榜的《吕氏春秋》隔离开，玩的也是阳谋，实际上是提醒吕差不多得了。吕强撑数日，只能撤去大书。

不过，我从中看到的却不是权斗，而是一个接近绝望的父亲在用自己的方法试图唤醒自己的儿子，希望他能因此而找到他谈一谈，共剪西窗烛，再话夜雨时。哪怕是当面吵一架，辩论一番，当父亲的也就收摊儿回家了。至于自己，由于在嫪毐事件中实在是不硬气，他已经没有脸面主动去找那个当王的儿了。

虎毒不食子，而子未必慈父。父对子，那是在欣赏一件作品，子对父，那是在看一件模具。所以盗墓界父子结对的，都是子下盗洞，父在上守候，无他，父不会弃子。

他兼具成功商人的圆融，知识分子的清高，士侠的追求，悲天下的情怀。他怎么能不悲剧呢？他的底子还是个读书人，与范雎见面时的熟知古礼、出典，以及家里挂的、刻的那些"天计寓""利本堂""坚白石"无一不在显示其价值观的同时暗示了学识不浅，大专学历是至少的。这些骨子里的东西决定了他宁折不弯。不是不会拐弯，是不愿意拐弯，这也是嬴政生气的地方。

秦王最后的责问其实有何道理呢？吕当然两样都当得起，但他在嫪毐事件中深受挫折，心已经是脆的了。嬴政的两句刻薄话立刻要了他的命。两人的应对都是气合之着。那一刻，吕不韦可能想起了从邯郸舍命救出嬴异人的事，想起了咸阳商战的情景，想起了亲信李斯、王绾的"叛离"，想起了毛公"秦法在前，只宜事功，不宜事学"的告诫，想起了种种，但"事已至此，夫复何言"！

当局者迷，他为别人出了多少进退之策，却对自己束手无策。

他如果坚持理想，就必须死；如果放弃理想，他觉得还不如死。

有些人生来就是为了燃烧自己的。这是他的使命，也是他的宿命。

交友当交吕不韦

俗话说，天下熙熙，皆为利来；天下攘攘，皆为利往。又云：江上船来船往，千帆竞过，放眼看去，其实不过是两只船，一只叫"名"，一只叫"利"。生于俗世，何能免俗。既然如此，该坐船时就坐船，该上岸时就上岸，俗虽俗，却不失一个"真"字。

茫茫人海之中，就这一个"真"字，落实在生意人身上，我在高阳先生描绘的胡雪岩身上看到过，也在孙皓晖先生刻画的吕不韦身上看到过。这两人要说经历自然不同，一个是依靠官场，一生在商，一个是由商入仕，折翅在政，但就其待人接物而言，却是非常相像，都是圆融到了极致，与之接触之人无不全身舒泰——交朋友不就是为了愉悦么，即便是净友，也不能每一天都来逆耳吧。

在《大秦帝国》的文本里，吕不韦几乎是个完人，感觉出作者孙皓晖先生对他是十分的赞赏。那么，吕不韦有哪些好呢？以下排名不分先后。

一

第一，他出手大方，十分体贴，是个明显的利他主义者。

鲁仲连到吕不韦的天计寓赴约时，有一道菜原料是岭南伺潮鸡，叫声清亮贯耳，但跟平常的鸡在天明之前叫不一样，只在大海涨潮的时候叫，所以得名伺潮鸡。这种鸡很难得到，一是岭南本身就远，二是潮退的时候叫声最高最悲切，这时候抓到肉质才好。你想，在特定时间特定地点抓到该有多难？三是这种鸡离开海超过十天就会声音变哑死掉。而吕不韦算准鲁仲连的行程，刚好在第八天上桌。

这番用心，连在场的范雎都不由得感慨"难得也"。做到这种程度，还"神色郑重"地说，作为生意人能跟有名望的知识分子交往，尽点心意，那该是多么幸福！

鲁仲连之前一直在六国运作合纵，此时有点心灰意冷，打算回家过过老婆孩子热炕头的生活。吕不韦提出给他一笔钱，说这事的时候非常自然。之前赵国曾经想奖励鲁仲连两万金被拒绝了，就在吕不韦说了上面那段话后，和鲁仲连同来的小越女开玩笑说，别说仰慕他风骨了，他再要逃我可跑不动了，范雎接过话说，这里又没有两万金，逃什么呢？吕不韦就是在这时候切入话题的，他说了一句好像开玩笑又好像很正经的话："我只备了千金之数，是否太少？"鲁仲连一时分辨不清真假，但惊讶是显然的，"陡地睁眼，目光炯炯地盯住了他"。

这说明，眼睛不但能够见钱而开，也能听金而开，千金之数，就算一金值一百块钱，千金也有十万元了，更何况一金不止值一百块钱。朋友跟你喝酒时听说你打算离开北上广到乡下种种菜养养鸡，轻描淡写地说我只给你准备了十万块钱，哎呀不知道会不会太少，你作何感想？

明明正经的话，偏要好像开玩笑地说，反倒让人不好马上拒绝。明明是很重的礼，偏要自责会不会太轻了，让人第一感不是谢绝，而是要安慰他一下，宝宝乖，不要难过，千金不少了。我感觉吕不韦是很懂心理学的。

这还不算什么，最让人佩服的是他接下来的两段说辞，说的时候看着鲁仲连，坦诚而面带笑容。第一段话的意思是，你的高风亮节自然不必说了，视金钱如粪土的态度也是了解的，不过呢，过犹不及，即便是孔老夫子这样的圣贤，也要有衣服穿有东西吃有地方住有辆两三万的车开开，这样才有心思操心天下大事。鲁兄和越姐姐平时也没什么积蓄，现在去海边隐居，哪能没有点钱呢？你真要变成挽起裤脚整天下海捕鱼操劳不息的渔夫或者扛着把叉子打猎的猎人，你鲁仲连还有什么价值？

鲁仲连没有打断吕的话，说明听了在思考。吕不韦感叹了一声，轻轻敲着桌子，好像是在敲摩尔斯电码，又好像是在做二进制计算——哈哈，这是我编的——说道，这千金的钱啊，大概能弄一个高级的农家院，再造一艘船，养两辆30万以上的车，生活个十年没有问题。这样的话，仲连兄才可以安心看书养生，江湖上有什么需要你的，也可以开了车直接出去看看，继续你的行侠仗义事业。要不然的话，在山林里只能忙于生存，哪有什么精力去关心山的那边海的那边还有没有什么蓝精灵啊！原话是：

> 千金之数，大体建得一座庄院，打造得一条好船，养得两匹良马，维持得十年衣食无忧。但能如此，仲连兄方可读书修身，亦可闻警而出。否则，闭塞山林，只做得衣食囚徒也。

诸位听完这番话不知作何感想，反正当时鲁仲连、小越女、范雎都沉默了。为什么沉默呢？还不是因为人家说得有道理。鲁仲连是什么样的人？你要给他钱，他是说不定就觉得你太俗掉头就走的人，对这种人在这种场合，劝不如不劝，所以范雎和小越女都不说话。没想到鲁仲连想了一阵，很感慨地一拍桌子：“不韦千金，我受了！”

这真是太阳从西边出来了。所以，不是说鲁仲连绝对无法说服其收钱受礼，而是吕不韦说得实在、真诚，沙盘推演得合情合理，他找到了打开这把锁的钥匙。你看看这礼送的，简直是天衣无缝，受了礼还好像帮了对方一个忙。

其实，吕不韦说的这一番和我大学班主任当年说的意思是差不多的。我们大学里很多同学喜欢去打工，老师跟我说，打工锻炼一下也好，如果你家庭困难，要靠这个完成学业，那一直去打工也好，但如果你家庭条件可以支持你完成学业，你又何必一直去打工呢？

你完全可以在更高的起点去过好大学生活，多看点书多上上课。

打工的乐趣，拿到工钱的满足感，是很好的，但相比之下，还有更重要的事。对鲁仲连来说也是。首先你要能活下去，将来说不定还要和越姐姐生一胎、二胎，要是从赤贫开始，那么生活的压力将是很长时间的主题，等到你能喘口气了，不知道你还有没有才气和精力去写诗作画了，更不要说听到有个好的演出、展览，能没有后顾之忧地买张高铁票或飞机票去看一看了。想起来就去机场坐十来个小时的飞机到伦敦，在广场上喂喂鸽子，然后再坐飞机回来，这是要有物质基础为前提的。吕说的就是这个理。

吕不韦为什么真诚？因为他是利他主义者，帮助鲁仲连，是因为欣赏他，认同其过去的作为，不是为了今后可以利用鲁帮到自己。吕是入世的，鲁要是真的隐居了，那是很可能不相见的。为什么有利他主义存在？很可能利他的行为也会让人分泌类似让人愉悦的多巴胺的物质，所以说女为悦己者容，男为悦己者赞，你高兴，我也就高兴，这不是一句客套话，很可能有生物化学原理在里面。

二

第二，他仗义守信，以心换心，是个有温度、可信赖的人。

吕不韦早年遇到田单，受到田单"商德唯信，利末义本"的影响，彻底颠覆了原来的从商观，他说："今日得遇先生，方知商战有大道，不循大道，终将败之也！"并且立下誓言："终生与先生同道守本，但违商德，天诛地灭！"

有的人说话当放贷，以为就可空手套白狼、占尽便宜，许过的诺，立过的誓，都不当回事。吕不韦不是这样，他是个有初心的人，并且不忘初心。他立下的上述誓言，是真正当作誓言的。在多年以后的咸阳商战中，他以官市丞的身份展现了非凡的才能。六国商家乘机涨价之时，他开南市以低价还击，总是比六国商家的价格低半成或一成，然后看时机成熟，就派人化装成百姓大举买入六国货物，等到六国商家如法炮制进入南市采购时，发现价格已经从平价的两成涨到了平价以上两成。几番下来，六国商家自认失败，准备离秦，这时候吕不韦派人请这些人喝酒言和，退回本金，并送一成利金，了结了这场商战。

这不仅表现了他大局观很好，而且体现了他誓以遵守的"利末义本"的理念。这一场商战，赢得了自己人的信任和敬仰，也赢得了对手的尊重和认可，真正做到了化敌为友。

吕不韦的仗义突出体现在解散义士马队这件事上。义士马队是他为了保护商队组织起来的一支民间武装力量，成员都是他救出来的服刑人员或苦役人员。在他决定弃商从政之时，他决定给他们找个好的归宿，一方面打通关节，从官府删除犯罪记录，另一方面每个人给予三百金加两百亩良田。但这些人觉得不能这样一走了之，恩人还没有平安离赵呢，应该要报答了再说。这时，吕不韦说了一番感人肺腑的话，最后说到报答不报答的时候，他说：

> 十余年来，义士马队战死者十三人，负伤者九十六人。每念及此，不韦痛心负疚无以复加。此等流血拼杀之大功大德，报偿吕不韦昔年破财救难虽百次而有余！谈何不报而走？纵是专诸、聂政、豫让再生，谁个敢说诸位义士不报而走？

接下来，他又解释了为什么不能带大家到秦国。因为自己马上要当公务员了，是不能有私家马队的，再说大家和秦国或多或少有仇恨，去秦国肯定会有心理障碍。所以，他只想让各位大侠回归故里好好过日子，还请各位体谅。用他的话说，他这番话是"说透"了。所以大家也就没话可说了。不过，后来这支马队偷偷地保护了他，绝大部分牺牲了，为了不暴露身份，事先还自毁面容。连追击吕不韦和嬴异人的平原君都感叹：人怀必死之心，此等侠士举世无匹矣！能使百余侠士舍生取义者，诚大英雄也！

从结果看，如果没有这支马队，吕不韦的脱赵计划虽然考虑周到，但仍然不能逃脱平原君的追击，吕的解散马队之举是感情用事了。这是仗义守信之人的弱点，为一个情字、一个义字所缚。

三

第三，他视野开阔，胸怀大局，是个有智慧、能解惑的人。

嬴异人初回秦国暂居吕庄时有点沉不住气，感觉前途渺茫，吕不韦一语点醒了他，如果不识大局，不解秦国政风，那么即便是上了位，心还是被囚的。现在秦国是一王两储三代国君，要有十年二十年的打算，但是，"秦国后继大势已明，只要公子沉住心气，事无不成"！

就私交而言，他对蔡泽的帮助最大。

蔡泽长时间高爵而无权，相权并不全掌握，因此他的心态常常起伏。吕不韦却每每能化解他的疑惑，堪称良师益友。吕不韦回秦后拜访蔡泽，一句"万物之道，皆有波峰浪谷"点醒了蔡泽。有时候，良言一句胜千金。

秦昭襄王去世后，秦国遭遇饥荒，按照秦法，是不能赈灾的，要赈灾，就要修法，修法就要动国本。嬴柱、蔡泽以及一众大臣都无法统一意见，困于格局和视野而束手无策。吕不韦调研数月归来，指出目前主要矛盾在于官府治灾滞后，群众眼看秋播没有希望而人心惶惶，实际上民间有藏粮能应付一阵，所以处置的原则是要搞清楚根本原因，他认为只要做好三件事秦国就能平安过关：一是嬴柱即位称王；二是官府治灾救地；三是商战救民安国。最关键的是，他明确指出，现在最不能做的事情恰恰就是修法赈灾，吕不韦这种战略眼光弥补了秦相蔡泽的不足。

嬴柱去世后，怎么定他的谥号是个难题。蔡泽觉得"文"字过于褒扬了，但也想不出好的字替代，所以还是把报告呈了上去，没想到吕不韦拿着报告来了，提醒他似有不当。蔡泽一开始还有点不高兴，因为没有王命而拿来报告，说明是从秦王那里截留的，如果说是已经说服了秦王才拿来的，那未免没有把他这个丞相放在眼里。吕不韦了然，说清楚秦王还没看过，我提的意见不接受那就照样提交，如果接受，还是以你名义提交，"与我不相关"。吕认为用"文"字确实过于褒扬了，周文王谁能比？秦国和赵国用过"文"字，但都是用的"惠文"两字，所以这次也要加一个字，修限"文"字。他提出的意见是加一个"孝"字，相当于就强调了德行，淡化了功业，说出来后蔡泽连声称妙。吕的"与我不相关"实际上就是不抢蔡的风头，公布方案后，蔡泽大大地风光了一回。

不过，这也让蔡泽感受到了吕不韦的能力对他相位的威胁。

嬴异人拜吕不韦为相后，蔡泽大为烦闷。吕主动上门化解其不忿。蔡泽问了三个问题。第一我有没有治国之才？吕答：你的才能全世界都公认。第二我工作上有没有失误？吕答：你的谋划都合适，算路都对。第三我有没有懒政怠政？吕答：你勤恳操劳，一心为国。蔡泽说，那不就得了，为什么你能当丞相我却不能？

吕不韦用范蠡、文种的例子说明，两人才能各有不同，互补而不能相互替代，"范蠡之才在谋划，文种之才在任事"。说来说去，最后兜回到蔡泽身上，你蔡泽当了丞相封了君，但从来没有独立领导过相府，这里面的原因难道是昭襄王、孝文王不善于使用人才？即便是不善用你，朝廷上那些大臣难道也是颟顸得看不到你的才能吗？如果这都是真的，那么你还能始终享受高职位高薪酬而从来没有被人弹劾过，岂不是怪事？

这一连串问题抛出来，吕不韦说到了根本："纲成君自感步步维艰，老兄弟看来，根由却在不知己。"大家都把你看成有谋略的人，所以你有时候说话做事有点冲动，有点小毛病，有点不耐烦，大家都谅解你了。而你却一定要把自己当作丞相之才，有点不满意，就要离家出走，又要到处活动，以至于有时候都接近失态和失节了。

这一番话可谓醍醐灌顶，也是一针见血。吕不韦如果只是个吏，或者是太子傅，是不会这样说的，此时说，其身份已经是相，所以是和善之中包含着批评，直接点出"你非丞相之才"是很刺耳的了，但不如此不能让蔡泽醒悟过来真正正确认识自己。他说的冲动、小毛病、不耐烦等等，蔡泽一听就明白是指什么。在嬴柱首次朝会上，一时没听到对自己的任命，蔡泽竟然当殿发作："臣请朝议大政！"什么请议大政，表面上是说这些丞相以下的任命不应该在这种级别的会议上当作主要议程公布，实际上是说你怎么不任命我当丞相呢？这种急吼吼的心情可以理解，但确实是沉不住气失态的表现。嬴柱笑了笑，说你关心工作坦陈己见很好，值得赞扬，下面再宣布一项任命。结果是由他居丞相府常署政事，太子傅吕不韦襄助，太子兼领统摄丞相府，蔡泽转怒为喜，心想，我王你怎么不早说，要早说我也不用出这洋相啊！

总之，最后吕不韦邀请蔡泽留在秦国，两人精诚合作，相互补台，一起做大事。蔡泽问：我还能做事？吕答：能！又问：我有这么多缺点，留下来岂不是脸皮太厚？吕答：有错能改就是好同志！蔡泽听了开心地笑了，说出了心里话："与老兄弟共事痛快，老夫原舍不得离开秦国也！"

四

第四，吕不韦也有缺点弱点、困惑疑难，是个和我们一样的普通人。

他最大的错误，就是和太后旧情复燃，后来又举荐了嫪毐给太后，差点毁了秦国，也最后毁了自己，这种饮鸩止渴的事情发生在他身上是匪夷所思的。至于后来在没得到秦王嬴政同意的情况下，公开《吕氏春秋》的文本与王叫板，也是不理智的。

他是人，不是神。他和我们一样喜欢热闹。最后被贬黜洛阳闲居时，山东六国的商家纷纷赴洛阳慰问他，少不了吃饭喝酒。蔡泽等好友亲人又组织大型宴会，六百多桌，吃了三天，他推也推不了。不过，一向热闹惯了的人，见了酒很少能完全拒绝的。但是，这种时候，热闹只会让一个人不放心、不舒心，那就是秦王，曾经称他为仲父的嬴政。"君何功于秦，封地河南十万户尚不隐身？君何亲于秦，号称仲父而不思国望？"最后吕不韦服毒自尽。

不管怎样，吕不韦无愧于朋友，没有做对不起朋友的事情。交友当交吕不韦，不是贪图他给"千金之数"，交的是"真诚"二字。

流芳百世和遗臭万年不过是一念之差

一

陆游的诗中，这一句我最喜欢：文章本天成，妙手偶得之。世上有多少事都是如此，刻意追求而不可得，无心插柳而柳成荫。孙中山要是奔着"国父"名号去，也就成不了国父。莫言要是奔着诺贝尔奖去，也成不了莫言。

世人熙熙攘攘，不过名利二字，而求名不过千古之名，或一代雄主，或国家栋梁，或一方之家。可惜的是，历史上奔着流芳百世去的人，大多不成功。这方面最典型的是王莽，奔着千古圣人的目标一步一个脚印，装了几十年孙子，终于成了老子，建立了第一个由知识分子夺取的政权，好歹也坚持了十五年。可你也知道，相当多的人不知道"新"是夹在西汉和东汉之间的实实在在的一个朝代，一句"王莽篡权"就在众多的历史书上直接抹掉了存在十五年之久的"新"政权。王莽先生流芳百世是不可能了，遗臭万年的目标倒是很有希望实现，目前已经遗臭了一千九百九十四年半，这个小目标的序时实现进度为19.945%。所以说，小名可以追求追求，大名多是意外之物。

流芳百世，难。遗臭万年，也难。不过这是对咱普通老百姓说的，对一小撮精英分子来说，难是难，也不是那么难，也就是一闪念的事。只不过，闪得好，就亮晶晶，闪得不好，就黑乎乎。有这样一个人，就没闪好，把自己的腰给闪了。这个人当时已经非常接近流芳百世的标准，他官至丞相，要能力有能力，要业绩有业绩，要人望有人望，要权势有权势，在国内是一人之下万人之上；曾经参与主持过国家重大水利工程，在国家面临重大危机时挺身而出仕义执言，当然也是为了自己的前途，在最最危险的时候挽救了国家。本人还写得一手好字，参与创造了小篆字体并书写了范文颁行全国，是皇帝所器重的笔杆子、高级参谋和首席执行官。由于众所周知的资历、能力以及长期为革命事业和经济建设工作鞠躬尽瘁的精神，他在朝廷可以说是不怒而威，自带五百米强力气场。即便是隔着手机屏幕，我都感觉到他几乎快成为未来会永垂不朽的那种人了，他的气场从文字间透出来，把我的手机屏幕照亮了一到一点五度。如果不是我知道他曾经对儿子说过的那段话，我就要信以为真了。他是这么说的：我的儿啊，如今你我想牵着我们家那条黄狗，在东城门外遛一遍，也不可能了啊！说完后，受五刑而死，含腰斩。五刑过于残忍，细节不说了，大致前面四个是割身，最后是腰斩。相当于最后走的是套餐，极其惨烈。身死也就罢了，结果连名也臭了。如果人生是一笔生意的话，他最后是倾家荡产，血本无归。怪谁呢？只能怪自己，怪自己那一念。

他就是大秦帝国第一任开府丞相李斯。

二

有人问，前半生和后半生的分界点在哪？知乎上有高人答：此时此刻。李斯的此时此刻就在公元前 210 年七月二十二日（农历，《史记》记载，秦始皇逝于七月丙寅日。当年七月丙寅日是哪一天，观点不一，此处参《大秦帝国》作者意见）的沙丘宫。在这一刻前，他阳光百丈；在这一刻后，他坠入深渊。这一刻正是他前半生和后半生的分界点。

这一刻，皇帝书房代理主官赵高（原主官郎中令蒙毅出差，始皇帝嬴政让赵高暂掌皇帝书房事务，兼领印玺）告诉他有未写好的遗诏时，丞相李斯采取了搁置的做法：不要求公示，也不要求公议处置办法，而以当下危局为由推迟到回咸阳后再说。这封遗诏是秦始皇在第五次巡狩过程中突然发病、驾崩前留下的残诏，原本是要长子扶苏主持葬礼，主葬也即意味着继承大统。遗诏待发未发，事机可转可不转。按理说，李斯在现场当着赵高的面公开启诏，或召集全体随行大臣公开遗诏，都是可以的。他作为一个堂堂正正的丞相，除了这样做，还能怎样呢？他的问题在于本来没有想法，突然有了想法，本来只是一点火星而已，结果被人吹了一阵风，成了燎原之势。他这一刻动的这一念，看似不动声色，实则惊天动地，不仅要了秦帝国的命，自己同学的命，也要了老板儿女的命，自己和儿子的命。

他的这一念，便是他的一点私心。他没有做到狠斗私字一闪念，结果蜡炬成灰悔已晚。

在此之前，他感受到了老板对自己的一点不信任。执掌中枢的郎中令蒙毅出差，按说让丞相李斯临时兼任是情理之中的事，毕竟李斯是做过大秘（秦王长史）的，结果却是让司机班领导（中车府令）赵高兼任，这是让专业序列直接进入决策中枢的超常规模式。这相当于你干过领导秘书这活，但年终大老板的发言竟然没有找你写，甚至连知会你一声都没有，直接让生活秘书执笔了，你说郁闷不郁闷？另外，书写遗诏时竟然没有叫上丞相我。这两件事让李斯一想起来就有点郁闷。

他出身平民，对工作一向兢兢业业，对秦始皇也是忠心耿耿，出巡中一路上的各种安排都是他精心策划、妥善布置的。干过这种综合工作的同志知道，这是最累心、要求最高的，全过程思想高度紧张，事后工作总结时却只能用"协调各方面"一句作结。他贪图功名富贵是有的，但他绝对没有反心，也没有反胆，但他的私心却在郁闷的情绪下悄悄地发芽了。秦始皇驾崩后，一下子出现了权力真空，他突然发现桌面上大小王都没了，自己这张"2"最大了！手里握着一支历史的巨笔，愿意写撇就写撇，愿意写捺就写捺，本来郁闷归郁闷，他也没有想去翻盘，也不知道谁能帮他翻这个盘、如何翻。而如今，他的心思动了那么一下。

当赵高报告有遗诏时，他不启不议，他想静静。他没把小高子放在眼里，老板在时，赵高属于地位很高但没有权力的角色，老板没了，赵高还不是要抱丞相这条大粗腿？李斯犯了轻视资深小角色的毛病，这很致命。他以为所思非所现，自己的那点心思别人看不见也猜不着，但赵高却从他身上窥见了一丝亮光。这真是个战国时期顶尖的行为痕迹分析专家，从李斯不启不议这个小小的举动，赵高近距离地看到了对方的私心。他窥见的一丝亮光在心中擦出了火花，瞬间燃烧了他的气缸。他，开始挂挡起步一百米加速了！赵高，他居然想当皇帝！也不知道他哪根筋搭错了，突然从忠诚之士成了阴谋家，选择了一条毁灭国家也同时毁灭自己的路。这真是领导在和不在不一样。

赵高破解了李斯的心机，也就掌握了打开李斯心门的钥匙。说服李斯私启遗诏后，他只问了几个问题就把李斯的心理防线攻破了：你与蒙恬比，谁与扶苏亲近？扶苏即位，你与蒙恬谁更可能是丞相？下野的丞相有谁平平安安过得好的？

一番思索之下，李斯作出了一个"艰难的决定"：同意小高子的方案，与赵高、胡亥联手，做掉扶苏、蒙恬！他觉得这棋只能这么下了。于公，继续推行法治，有利于秦帝国的现在和未来；于私，坐稳丞相位子，有利于实现自己的抱负和家人的幸福。

李斯忘了，这棋不是该他下的，下棋的是秦始皇，只不过人家上了趟厕所没回来你就上手了。你是法家，嬴政不支持法家吗？你清楚扶苏的政见，始皇帝不清楚吗？

我在读《大秦帝国》到此处时，真的是前一秒感觉李斯高大而凛然不可侵犯，天下无人能与之匹敌，后一秒感觉李斯光环消失，人尽可蔑。

很多人以为流芳百世和遗臭万年是两个极端、云泥之间，其实两者之间有个"虫洞"，意念上的变动便可从此穿越。李斯的事可谓是对此很好的注解。在他一念之差后，滚滚红尘已非他能控制。继赵、李、胡三人合谋害死扶苏、蒙恬、蒙毅后，赵、胡两人又合谋害死了秦始皇几乎所有的儿子和女儿，害死了几乎所有的重要大臣，最后把李斯以谋反罪名投入了监狱。

三

那么，李斯当初为什么要这样做呢？

李斯这种人，一定会为自己的行为找到合理的理由。他坚信法治是秦国强大并继续强大的保障，对于商君所开创的法治道路必须坚持。所以，从理想信念的角度，他一定不希望出现扶苏那样的儒家治国理念，慈不掌兵，何况是掌国？而胡亥在精通律法的赵高指导下已有一定的法家造诣，他当皇帝更可能坚持走法治道路。从这个角度想，李斯不仅不再觉得自己的行为龌龊，甚而有了点大仁不仁的境界。至于人不为己天诛地灭的想法，他可能也有过。

其实，他对于扶苏、蒙恬组合执政之后被清算（比如成为焚书坑儒事件的替罪羊）的恐惧不自觉地放大了，无他，心底有私而已。其实，以他的功绩，以扶苏偏柔软的性格，以李斯不善争权的草根弱点，他最终岁月静好的可能性其实蛮大的。私心往往会糊了自己的眼，一叶障目而成为睁眼瞎。他没有细想，赵高这个专门为他着想的"好人"为的是什么？还有一个应该想到而没有想到的问题是：你和胡亥的关系真的好过了你和扶苏的关系吗？如果了解得多一点，会发现胡亥不过是巨婴而已，正所谓"竖子不足为谋"，更何况以往两人并无政务交集，而扶苏虽然政见不同，毕竟登门求教过自己，自己对他知根知底，而在意见分歧上的转圜对李斯来讲也不是特别难的事。

可惜，李斯昏了头了！只知李螳螂捕蝉，不知赵黄雀在后。入狱之后的李斯自以为熟悉法律法规，相信总能申冤的。因为按照程序，皇帝会派人来监狱问：你有无冤屈，是否受到刑讯逼供？类似于电影《监狱风云》里的太平绅士到访监狱那样，只有剧中卢家耀那样的角色才会相信真能在此场合提意见。李斯寄望于此，忍受酷刑而不愿如右丞相冯去疾、将军冯劫般自裁了断。狡猾的赵高事先派了几拨人假扮钦差提审李斯，李斯被打得真假难辨，最后真钦差来了他以为还是假的，自觉地认了罪，胡亥说：要不是赵老师，我真是被丞相给骗了。

白居易感叹道："周公恐惧流言日，王莽谦恭未篡时。向使当初身便死，一生真伪复谁知。"在人生的巅峰时刻，李斯手里抓了一把好牌，大小王炸弹同花顺样样有，随便打打都不会输。结果却输得精光光。

李斯是大善大奸，前一秒还是优秀大臣、劳动模范，后一秒就背叛了人民，成了不忠不孝不仁不义的大反派。跟大家讲课说做大臣要忠诚要奉献的时候是真诚的，发自肺腑的；自己谋私跟自己说这是为了国家的安定团结和坚持法治道路也是真诚的，且发自同一个肺腑。只不过他意识不到，他的心已经发生了化学变化，误判形势，误判对手，当别人蠢，其实自己才是头猪，虽然不胖，但也快出栏了！

从内因上讲，李斯的一念之差源于自私、自负和自卑。自私是私心为因，公心为伪装。自负是认为老子有了不得的过去，对秦国的贡献大得很。自卑是觉得草根出身，吃过苦，没有背景，跟世家子弟没得比，能共事而不能信任。

凝视深渊过久，则深渊回报以凝视。秦始皇如此，李斯也是如此。

看到李斯那一刻起的那一念时，我真有全身一震的感觉。有的人平时正气凛然，自带五百公分强力气场，声音低沉、匀速地跟人家讲要奉献，背地里却公器私用，蝇营狗苟，一旦看清楚这一点，他的气场就会马上塌缩掉一大半。这时候不要说费口舌了，用一个眼神就可以秒杀了。这就是精神气质的人格力量。

鲁哀公曾经问孔子："何为则民服？"孔子对曰："举直错诸枉，则民服；举枉错诸直，则民不服。"意思是，鲁哀公问怎样使人信服，孔子说："提拔和奖励正直的人，以正压邪，则人心服；提拔和奖励邪恶的人，以邪压正，则人心不服。"

所以说，肉食者如果心术不正，人心必然不服。人民可以原谅过错，但不会原谅背叛。李斯是个叛徒，他背叛了国家，背叛了信仰，背叛了朋友。他等不到退休就已经可耻地死去了。

飓风过岗，伏草唯存

一

"飓风过岗，伏草唯存。"

这是老太师甘龙的生存哲学。如果不是最后铤而走险，勾结义渠国里应外合试图颠覆国家，定了实锤，那么，盖棺定论之时，恐怕还有百分之五十的可能是大秦帝国久经考验的、作出杰出贡献的老革命。就如白居易对王莽的看法一样：

向使当初身便死，一生真伪复谁知？

如果说廉颇是"一只披着狼皮的羊"，那么甘龙就是"一只披着羊皮的狼"。他不像他的学生杜挚那样急吼吼地锋芒毕露，甘龙在公开场合自始至终都是以支持变法的面目出现的，而背地里却是极端仇视商鞅变法，对秦孝公处处防范。他最喜欢教育杜同学的话是：蠢！愚蠢之极！虽然实际上甘老师的内心和杜挚同学所说所做是一致的。甘龙真面目隐藏之深，也就秦孝公这样少数几个人看得清。

二

刚强易折，柔软易存。"飓风过岗，伏草唯存。"这不仅是生存哲学，而且还是养生哲学。

我们村里有个老太太，人称"快活老太婆"，牙齿掉得没几颗，却常常是笑呵呵的，捡垃圾卖钱，除了不识字不读书，乐观的境界不比沈巍差。我一直以为她是个孤寡老人，后来才知道，村里谁谁谁是她的儿子，谁谁谁也是她的儿子，简直不敢相信，原来她还有好几个过得不错的儿子散落民间。如此，她却独自蜗居一隅，日常以捡垃圾为生。要放在别人身上，还不以泪洗面，自叹命苦？而她却整天快快乐乐的。有次路上见到我，问我今天星期几了，我说星期二，她笑呵呵地边嘀咕边继续往前走："哦，星期三了。"

到底是星期二还是星期三，于她其实是无所谓的，她的目的只是跟人打个招呼，说点闲话，如此而已。

她一个人生活，想必烧洗澡水是很不方便的。农村里洗澡都是烧一大铁锅水，在浴锅（大铁锅，印象中直径在 100 厘米至 120 厘米之间）里洗的，这浴锅大多是架在养牲口的房子里。锅台一般是靠墙砌的，灶膛口上面有一堵墙挡着，因此洗澡的人和烧火的人并不照面——当然自己烧了再跳进去洗也是可以的。洗到一半，帮忙烧火的人便会问："要不要添汤？"这里的"汤"还是古汉语的用法，意思是热水，添汤就是再加把火。洗的人要么说不用了，要么说添一把吧。有一次，两人前后洗澡的间隙长了点，我舅舅再进去的时候听到有人声，啊呀，是谁在洗啊？结果有人应声，一听是快活老太婆。她说，啊呀，我看你们没人洗，我以为你们都洗完了，就进来洗一下。那有什么办法，只好等她洗完了，重新换水。

从这件事可以看出，快活老太婆还是有一套的，有时还会装点傻，好像糊里糊涂的，但很巧妙地把难题解了。黑咕隆咚的夜里，居然能找到一家烧洗澡水的，也是有水平的。

就这样一个生活谈不上有什么保养的老太太，活到了九十多岁。她快走的时候待在一个儿子家里，那段时间我放假在舅舅家玩。从后门望出去，刚好看到她直起身从门户上探出头，好像是听到什么声音后探出头来看外面的情况，到这个时候感觉她还是蛮从容的，最后可以说是油尽灯枯走的。一个人最后离开的时候，若是油尽灯枯的走法，其实是修行得很不错的，有太多的人是没这个福气的。

生活其实很糟糕，一鞭狠似一鞭，快活老太婆却像柔软的草一样伏而不倒，你说她是真快活，还是假快活？我觉得从结果看，她是真快活、真乐观。因为假快活的人内心苦闷，活不了那么长，憋也憋死了，纠结也纠结死了。

吴思写的《潜规则》中有个概念，叫元规则，就是暴力最终决定规则，这在过去的农村，就是这样的。谁家儿子多，谁家就强。另一方面，愣的怕横的，横的怕不要命的。人群之中总有几个脾气暴躁，蹦上跳下的强梁之人。平时不要说了，一到农忙季节，难免会有几起冲突，无非是争谁先用轧稻机之类的，开始是口舌之争，进而是拉闸断电，相互拉扯，最后挥拳解决。这样的人多让人怕啊！然而，我有一次回乡，随口一问谁谁谁如何了，答：均已殁。早的五十多岁，晚的六十出头。这些当年在村里"叱咤风云"的人物，一个都没活到新世纪，统统止步于 20 世纪了。

所以金庸说："他强由他强，清风拂山岗。他横由他横，明月照大江。"

三

甘龙的生存哲学也适用于好人，尴尬的是，甘龙是个反面人物，那怎么办呢？敌人吃饭拉屎，我们就要吃屎拉饭吗？那样就不是草的精神了，而是僵硬的木的精神，而木秀于林风必摧之。夺过菜刀，反击歹徒就是正当防卫，刀并无正义非正义之分，刀只是工具。

好吧，让我们端正态度看看老枭甘龙的厉害之处吧：

第一，甘龙谨言慎行，不授人以柄，同时思维缜密，应对老辣。

秦献公受重伤后生死未卜，谁接班尚不明朗，大臣们焦灼不安，长史公孙贾不经意地问："上大夫可有见教？"甘龙随即答："长史常随国君，有何见教？"甘龙既回避了难堪的问题，又小小地反击了一下，既什么都没说，又什么都在不言之中。

甘龙、杜挚约赵良商谈处置商鞅，太庙令杜挚一开始是想请到太师府的，甘龙说，还是到你那儿去吧。赵良提议如何如何，并建议："世族元老不宜在国人中搅和，而应竭尽全力促使国君决意定策。"杜挚忍不住"拍案激赏"，这和老太师真是不谋而合！甘龙却是两个都否认，既不承认自己也是这样想的，又不承认世族元老搅和到了其中：

> 老夫何有此等见识？太庙令休得掠人之美也。另则，世族元老本来也无人搅和国人请命，客卿，却是过虑了。

真是狡猾极了。这是把自己择（zhái）清楚了，万一出现反转东窗事发好脱身。

第二，甘龙政治斗争经验丰富，洞察力强，形势判断准。

同样一件事情，杜挚、甘成（甘龙之子）不明所以的时候，甘龙已经明了，杜挚、甘成以为是这样的时候，甘龙已经看出是那样了。

秦孝公公布重病的情况，杜挚之流认为机会来了，甘龙却看出这是阳谋，"等待哪头蠢猪，自己撞上去"。不仅如此，他还觉察出"嬴渠梁（即秦孝公）起了杀心"，有意思的是，他还替嬴渠梁想到了杀他"只怕秦法不符"。最后他还真猜对了，秦孝公确实想用法外手段直接处理他。甘龙的洞察力和形势判断能力是一流的，若是为国为民，或未可知。

第三，甘龙非常清楚红线在哪儿，中线在哪儿，善于避实就虚。

红线不能碰，中线是制高点。秦国的红线就是变法，谁怀疑、否定变法，谁就是"现行反革命"；秦国的中线就是坚定不移地走变法强国的道路，谁占据了中线，谁就掌握了话语权。所以，甘龙不仅不反对变法，而且表态作为老世族有着义不容辞的护国护法的责任，但他巧妙地说成是"君上变法"，变法无错，错的是商鞅执法滥刑。可惜，他遇到的是明锐的秦孝公，当场纠正：我们是"商君变法"。

四

秦孝公一番权谋运作之后，甘龙被边缘化了，面对明君强臣的组合，他决定先蛰伏下来，等待时机，他的策略在杜挚前来求教时有全面的阐明：

"秦国大势，已难扭转，嬴鞅一体，其志难夺。我等唯有静观其变了。也许，上天会给我等一个机会。记住了，只要不违法，此人就不会动我等。他是强法明理，唯法是从的那种人。飓风过岗，伏草唯存。慎之慎之也。"

身段的柔软是表面的，甘龙的内心却是坚定和狠毒的。先是用计激怒太子犯法，导致执法如山的商鞅和太子、嬴虔、公孙贾成为对立面。太子嬴驷登基之后，甘龙罗列了商鞅的十大罪状，上书要求处理商鞅。最后，甘龙得逞了，商鞅被车裂。

螳螂捕蝉，黄雀在后。甘龙最后还是被嬴驷收拾了，并且是以为商鞅复仇的名义：

> 本公即位之初，国中老旧世族勾连山东六国，逼杀商君！又勾连戎狄部族，图谋复辟！赖朝野国人之力，秦国得以剿灭义渠，擒拿复辟国贼，为商君昭雪！

这又是一个不输爹的权谋高手。商鞅、甘龙都是他的棋子。

甘龙最后的失败是因为他终究斗不过庄家，在君臣的牌局中，庄家拥有绝对的优势。商鞅是个喜欢玩牌而不喜欢坐庄的人，死认理，不诛心。但秦孝公嬴渠梁不一样，他绝不放弃首先使用阴谋手段的权利。甘龙的胜利是活得比前任庄家长，就此而言，他已经尽力了，更多的人已经迎风而斩。

五

飓风过岗，如果这飓风代表的是时代潮流，伏草也就是顺应历史潮流的姿态。如果你是好人，请这样正确理解。

飓风过岗，如果这飓风代表的是命运的旋涡，伏草也就是妥协、忍耐、顺从。如果你是好人，请这样正确理解。

《芙蓉镇》里姜文对刘晓庆说，活下去，像牲口一样地活下去。

面对困难的时候，要相信这是一时的，鲁迅强调的也是韧的战斗，"震骇一时的牺牲，不如深沉的韧性的战斗"。

"飓风过岗，伏草唯存。"这句话用于生存也罢，养生也罢，都是通的，就如庄子的庖丁解牛本来讲的是养生，有人却从中看出了处世之道，也无不可。

攻城平叛之功不如薄技在身

一

攻城平叛之功，不如薄技在身。第一次看到这句话，是在十年砍柴《闲看水浒》里的同名文章，惊讶之后是五体投地，感觉说得太对了。十年砍柴说，《水浒传》里最后活得好的都是有手艺的人，高俅除外，他是脚艺。一百零八将中，那些懂医术的、会养马的、会刻字的、会乐器的，等等，在征方腊前都留了下来，保住了性命。

这句话，至少值千金。

孙皓晖先生的《大秦帝国》里描绘了商鞅、吕不韦、白起等不世出的良相名将，辉煌时乾坤在握，秦国仰赖其才能，然而转眼间风云突变，失去权力，最后连生存都不能。秦国的栋梁，怎能说拆就拆，就不怕房屋坍塌么？

这三位都认为不可能。吕不韦和白起自认不可能马上被取代，商鞅打算退隐，但仍然认为自己的退是兼具引蛇出洞作用的策略，可以保身，可以助王，王不必除掉自己，尤其不必马上动手。

但大秦的王认为可以。秦惠文王嬴驷即位不久，就以叛乱为名车裂商鞅；嬴政一番试探之后以追究嫪毒案为由逼退吕不韦，后下诏逼死吕不韦。白起屡屡称病抗命，不愿意带兵攻打赵国，表面的理由是时机已经错过，潜台词是：当初老子想打能打之时，你不让我打，现在你让我打我就打，我还是战神吗？战神不打无把握的败仗，你要打另外找人吧，但这岂是深具杀伐决断之锋锐的秦昭襄王所能容忍？先罢黜、流放，后赐剑自尽。

这三个人死后，都是地动山摇。但三位秦王都没有被吓倒、震倒，而是软硬兼施，很快安定了局势。

在王那里，都是螺丝钉，栋梁也不例外。

二

嬴驷的伯父公子虔（嬴虔）骗过了秦孝公，没有死。他给前来请教的秦惠文王嬴驷出的主意是：

两刃一面，将计就计。

在电视剧《大秦帝国》中说得更形象，他建议侄子要做的事是"栋梁拆"，用小木棍搭的结构中有一根是"栋梁"，一般情况是不能动或拿走的，不然就坍了，然而他经过长期的研究，认为可以想办法替代这根"栋梁"的作用，然后抽掉它。

公子虔清楚地知道商鞅的政策是对的，秦国必须坚持，但他也清楚地知道，自己一定不会放过向商鞅复仇的机会。所谓的"两刃一面"，就是利用世族的请愿干掉商鞅，再利用民众的呼声干掉世族，为商鞅复仇，一气呵成清除两种势力，并树立执政合法性。

总之，栋梁拆，很危险，但并非不可能。

商鞅的错，我认为是得罪了公子虔和公孙贾这两个当初的左右太子傅。太子嬴驷犯法后，他为了表现铁面无私，将公子虔割鼻，将公孙贾黥面流放，把两个人都得罪了，而嬴虔是他推行新法的坚定支持者，公孙贾也未必不可争取。想当年，商鞅在秦国立足未稳之时，嬴虔曾经在朝堂之上拿着剑走到杜挚面前，说道：

太庙令，一个大臣，以小人之心，猜度国士胸怀，岂不怕天下人耻笑？先生以强秦为己任，冒险入秦，栉风沐雨，苦访秦国，拳拳之心，令人下泪。你能做到么？在座诸位，谁能做到？……论政归论政，谁敢无端中伤先生，我嬴虔这把长剑第一个不饶！

说完抽剑把杜挚面前的木案断为两半。

就是这么一个铁杆支持商鞅的人，商鞅却把他变成了十分危险的敌人。他宁可中以老狐狸甘龙为代表的老世族的计，也坚决要依法行刑。我斗胆认为，他是有自私之心的，为了自己的名，为了自己的坚持，为了自己的事业，而不惜牺牲同盟者。嬴虔是上将军，属于粗线条的武将，当太子傅本来就当是个闲职，真能靠他去教书？怎么可能！所以最终知道商鞅要惩罚他这个老师时，嬴虔是感到非常的意外和吃惊的。挂个名，竟然挂掉了鼻子。

《毛泽东选集》第一卷第一篇第一段话是什么？

"谁是我们的敌人？谁是我们的朋友？这个问题是革命的首要问题。中国过去一切革命斗争成效甚少，其基本原因就是因为不能团结真正的朋友，以攻击真正的敌人。革命党是群众的向导，在革命中未有革命党领错了路而革命不失败的。我们的革命要有不领错路和一定成功的把握，不可不注意团结我们的真正的朋友，以攻击我们的真正的敌人。"

商鞅就是没有分清楚谁是敌人，谁是朋友，最终将朋友变成了敌人，差点毁了自己创下的事业——如果嬴虔不是真心信仰变法，商鞅之后秦国翻天也是可能的。

三

吕不韦处事圆润，但也有一根筋的时候，强推《吕氏春秋》就是例子。嬴政也不是没有给过他转弯的机会，只是吕不韦不愿意转弯罢了。在李斯应吕之招前往的路上，嬴政派人截住了李斯，一番密室交谈，了解清楚李斯的大才和态度后，嬴政就放心地进行了"栋梁拆"，吕不韦之后，李斯果然挑起大梁，让秦帝国的事业再进了一步。

吕不韦是横在嬴政面前的大山，就如商鞅是横在嬴驷面前的大山一样，两个人都曾辅导了新王执政，一个是仲父，一个是姑父，大山可靠，但有大山在，新王难免会在山影下感到压抑。加之发现吕不韦与自己政见不合，嬴政自然而然地想到要摆脱吕的影响。

在商鞅的例子里，虽然嬴驷坦诚承认年少时因为无知犯了法，经过多年的民间磨炼体察，体会到："新法乃秦国强盛、庶民富足之根本。皮之不存，毛将焉附？纵然有谁想做楚悼王身后的复辟逆臣，秦国朝野臣民岂能坐视？"如今已经从心底赞同变法，但犯法后从太子贬为庶民，自己的人生历程从此改变，能不能活得下来都不好说，他对商鞅能没有一点点的怨恨吗？

应该是有的，而且带有一点怕。商鞅过于一板一眼，这个人可敬，但不可亲，他拉不下面子来跟这个内侄有亲近之举，而嬴虔这个伯父则是天然可信任、可亲近的，所以，他不仅知道嬴虔还活着，而且找到他求解困惑。如果商鞅和嬴驷能够好好沟通，或许有机会善终，毕竟自己已经打算辞职让路了，对新君并无威胁。

至于白起，能力超群，只是也不善于和秦王搞好关系。爱卿去给朕打一仗吧？不去！去吧。不去！书中对秦昭襄王的心理有一番描述：

"……两次攻赵，你白起拒绝统兵还则罢了，毕竟是长平班师本王也是错了。然则，如今六国合纵来攻，大秦国难当头，你白起祖祖辈辈老秦人，一世为将，此时拒绝王命分明便是于国不忠，是大大悖逆，若不惩治，国何以堪？"

之后的一道王书是"咬牙切齿"地下的：

> 罢黜白起一切职爵，贬为军卒，流徙阴密。

其实关键在于"若不惩治"之后的后果，这个后果要紧的不是"国何以堪"，而是"本王何以堪"，如果不惩治白起，大家都向白起学习抗命，都觉得自己站得高看得远，那今后还有谁听王的命令呢？然后才是"国何以堪"。

这是王的忧虑。何以解忧，唯有一杀。杀了以后再后悔。

四

其实在和平时期，有一技之长更为重要。如今的就业形势不乐观，毕业即失业，很多是因为学的是屠龙技，实际工作中用不上。学战略管理的有多少一上班就在总裁办工作的？不要说这个了，就说学会计的，那些上市公司合并报表的高难度动作，一百个人里可能九十多个一辈子都碰不上实际操刀的机会，倒是自己，有可能过上几年被合并掉了。

前几天老妈打电话说，修马桶的师傅人特别好，工作很得法，一开始想移马桶，后来发现与地面粘得很牢，除非敲掉马桶重买，就改移为补，一点点地抹水泥还是胶，总之是保证不再渗水。工作的过程中，电话不断，全是找他修马桶或其他的。我说，他的工作很辛苦，但几乎可以说是永远不会失业。忙碌、被需要，虽然累，但很充实。

你说，你懂点宏观经济学、发展经济学、货币银行学，真要经济结构大调整，被扔在大街上，你有多少概率活到明年？

这时候想想，还不如会门手艺，哪怕是会修个自行车，等那些共享单车的泡沫散了后，也许人民群众又会自己买自行车的，那时候春天又会来的。

这个道理其实在刚上大学时也曾经被点拨过。第一学期感觉特别迷茫，既不用解方程，也不用画辅助线，学的都是比较文的东西，有点担心四年后成了废物。那时候，有个讲思想政治课的老师说得特别好。他说，你看社会发生变革的时候，为什么有些来自旧社会的人还能被新社会接纳，而没有被淘汰呢？因为从社会整体发展来看，这些人是有一定价值的，这个价值并不会因为社会变革而突然消失，可能是变小了点，甚至变得很小了，但并非一下子没有了价值。

历史书中，讲到两军交战，胜者掳掠人口的时候，常常是那些会打铁的、会打首饰的、会做个家具的，优先带走，活着带走，其他的，就地屠杀。这就是小人物的命运。对于小人物来说，记住这句话很重要：一天一个蛋，菜刀靠边站。

五

英雄永远是少数。对大多数人来说，攻城平叛之功不如薄技在身。当然，你能攻城平叛也不是坏事，在新的时代也需要这样的英雄。

其实，商鞅、吕不韦、白起，也未必没有薄技在身。

只不过，真正扎心的是，薄技在身不如人际关系好。懂的人明白这句话的价值。

小白兔，白又白

一

"小白兔，白又白，两只耳朵竖起来，爱吃萝卜爱吃菜。"这是我们小时候的儿歌，后来知道，其实小白兔并不爱吃萝卜。再后来，听到一个段子，说小白兔和黑熊一起在野外出恭，熊问它带没带手纸，没带的话不怕脏吗？小白兔说不怕，熊就抓起小白兔擦了自己的屁股。

坦率地讲，我很长时间都没听懂这个段子，也没有觉得可乐，直到看到另一位姓白的将军的故事。

二

战国时期，秦国和赵国是七国中实力最强的两大强国，中国最后会统一在谁手里？很显然，不是秦，就是赵。公元前262年，秦赵两国为争夺上党，开始长达三年的对峙。赵将廉颇筑起三道壁垒，坚守不出，秦国用计让赵王用赵括换掉廉颇，暗地里派白起领军，公元前260年，赵括主动出击，秦军诈败，引诱赵军至老马岭壁垒前，另派两万五千人绕到石长城壁垒后面，切断赵军与邯郸之间联系，五千骑兵实行穿插，切断赵军与石长城壁垒之间联系，之后迅速分别从南路军和西路军抽调三万和一万步卒向北及东北两个方向增援，要求各路将领坚守所有隘口。就这样，赵括五十万大军居然被五十万秦军围困在方圆几十里的长平河谷一带。赵括发现，这里虽然是广阔天地，但出口极少！北边被秦军切断了与石长城壁垒的联系（壁垒本身也被包围了），西边有老马岭壁垒，东边有丹水，南边有秦军壁垒，仅有的几个隘口已被秦军封死，根本无法逃脱。

秦军接下来要做的事情就很简单了：等着赵军饿死。赵军想突围，就强力压制，赵军退回去，就继续围着。最后，赵军杀战马，人相食，非常惨烈。四十六天后，包括赵括在内的二十五万人战死，剩余二十万人向白起投降。大家熟知的"纸上谈兵"故事就是来自这场长平大战，白起坑杀二十万降卒的事情就发生在此时。当时战国全部人口大约是两千万，而此战双方投入兵力就有一百万，赵国损失四十多万将士，元气大伤。长平之战后，秦国一统天下之势已经不可阻挡。

赵括说，白起身为名将，居然使诈用阴招，暗地里领军。赵括真是个小白。

《大秦帝国》对于赵括、白起等将领的刻画十分生动具体。一方面，赵括也并非一无是处。赵括虽然最终败了，但本人十分英勇，也能知错认错，甚至在八都尉被冤自杀后自责说，此战不论输赢，我赵括都将自绝，最后他是在突围时中箭而死的，到死都没有投降。另一方面，书中对于白起取胜之后的内心挣扎描写得十分细腻，完全颠覆了以往简单笼统的坑杀二十万降卒的屠夫形象。应该说，这些描写在逻辑上具有一定的合理性。

三

当时，秦军也很快要断粮了，对于二十万降卒如何处置，白起很为难。放？三年后又是一股力量。杀？二十万人呢！收？要管降卒吃饭，断粮之日更近，而且赵人强悍，同化入秦的可能性很小。白起决定派蒙骜日夜兼程赶回咸阳请示秦昭襄王。

秦王想了小半个时辰，对蒙骜笑着说：

"军旅之事，本王素不过问。大战之前，本王有书：武安君得抗拒王命行事。今日却教本王如何说法？"

说完就走了。蒙骜只好找丞相范雎，范雎在书房里走了近一个小时，估计当天的万步走任务都完成了，然后叹息道，这真是难题啊。现在找什么地方能安置这二十万外籍精兵啊！关中、蜀中是腹地，不行；其他地方也各有原因不便安排，如果分散处理，难保不会逃回赵国；如果送回赵国呢？范雎说："这仗不白打了？将军啊，老夫实在也是无计。"

秦王说不知道怎么办，丞相说我也没计策。蒙骜只好把秦王的话说了出来，范雎说，我揣摩了一下，秦王的意思就八个字：

生杀予夺，悉听君裁。

范雎告诉他，你也不用在咸阳等了，不会再有新的指示（王命）了。

蒙骜回来跟白起说，我一路上揣摩，觉得秦王和丞相的意思只有一个字：

"杀！"

其实，白起的心思范雎也是清楚的。他对蒙骜说：

"将军试想，武安君百战名将，杀伐决断明快犀利，极少以战场之事请示王命。纵是兹事体大，难住了武安君，秦王之说似乎也是顺理成章也。"

意思就是说，你白起也知道是个烫手山芋，想扔给秦王和我罢了。

人精碰上人精，谁火烧眉毛谁着急，谁着急谁落后手。

如果说秦王和范雎想算计白起，白起其实也是想过算计秦王或范雎的，只是范雎比较狡猾，他看出白起的请示有点奇怪，莫非是希望秦王开口放了赵军？

总的来说，秦昭襄王、范雎、白起都是人才，但这个团队并非是相互信任、相互支持的完美团队。长平大战后，范雎想到，白起如果灭了赵国位列三公，自己的地位就会受到威胁，就游说秦王召回白起，从此两人生隙。太史公司马迁说："鄙语云'尺有所短，寸有所长'。白起料敌合变，出奇无穷，声震天下，然不能救患于应侯。"就是说，白起厉害是厉害，但千算万算，没有算到范雎（应侯）会背后捣乱。

四

电视剧《大秦帝国之崛起》里对这一段历史演绎得很好。范雎跟秦王说，杀降这件事臣以为不洁，王还是不沾为好。秦王说，那要不你下个丞相令吧。范雎说，我也不沾为好，不然今后就没法开展丞相府的邦交工作了。

在范雎的建议下，秦王传了口诏（没有书面文字）：

> 长平之战，首尾三载，举国臣民，拼死相决。如今完胜赵军，秦国已国虚民饥，武安君白起身为秦军统帅，不恤百姓之哀，不量百姓之力，不知节省用度，无端请益军粮。察前阵军粮，尚有十日用度，诏尔传诏武安君：节省度支，以有余而补不足，十日后再来请诏。

后来白起夫人求情，口诏收回，改为一张空白诏书——其实是朝三暮四骗猴子的，换汤不换药。说到底，这个难题还是要留给白起解。

口诏也罢，白诏也罢，都是不想留下凭据，方便日后脱身。字里行间没有一个"杀"字，但处处有杀意。节省度支，就是不要给降卒粮食了，十日后再来请诏，就是说要么饿死，要么杀死，无论你怎么变戏法，十日后一定是没有粮食了。白诏，就是有些话不方便说出来，你看着办，有的锅不方便拿，你先背着。

五

最终，白起承担了这个杀降的责任。除了二百四十名不满十三岁的童卒送回赵国，其余二十万手无寸铁的降卒全部被杀，然后挖坑或在低洼处掩埋。

行动前夜，蒙骜说我去（下达命令）吧，白起说，还是我去。这让我想起《走向共和》里李鸿章对牵头谈判的政府代表庆亲王奕劻说的话：

> 人最难写的就是自己的名字，签在这卖国条约上，就是千古骂名，王爷还年轻，路还长着呢，还是由我来吧。

同样是被利用，白起和三国时的成济还不太一样。成济是为了邀功请赏，当时还有别的选择。白起心里清楚，他其实只有一个选择，为了秦国也只能如此，只不过这个决定太艰难，他很想得到秦王和丞相范雎的助力。

但是，范雎说，武安君既要军功，又要英名。言下之意，白起你是不是想得太美了？贾充对成济说，司马公养你们这些人，就是为了今天。秦昭襄王对白起隔空说，我就是想看看你对我是不是忠心。白起别无选择，只好说："都是勇士，教他们走得痛快些。"他能做的也只能这些。之后他要直捣邯郸，说明他不仅忠诚，而且职业。在被召回后，白起不愿意再去攻打邯郸，给出的理由是战机已过，我想他也可能是没有那个心气了，长平之战时他已现老相，一鼓作气尚可，就如现在二孩政策出来后，咕咚生一个，过两年再咕咚生一个，可以。等到第一个养到八九岁，再要生一个，就会没有信心了，无他，已经不是那个状态了，前一个已经耗去了太多的精气神。所以，长平之后，就不是白起的时代了。

巅峰之时，便是下坡之前，月圆之时，就是月亏之始。再加上与范雎生隙，冥冥之中二十万冤魂的追索，白起已经无心在庙堂了。以他的身体状态，以他的性格，最后的结局是可以想到的。相比之下，廉颇、蔺相如离赵赴楚，倒是得保全身。

回想长平那一夜，白起他对不起那二十万冤魂，但他对得起秦王，对得起秦国，因为他最终承担起了那个沉重的责任，背上了杀降二十万的千古骂名。

醉拳

一

天下功夫出少林，少林功夫中却没有醉拳。满大街的武术培训，有截拳道、空手道、跆拳道、柔道、合气道等等，但从来没有见过培训醉拳的。

因为根本没有醉拳这个拳种。用成龙的电影《醉拳》中苏花子的话说，练醉拳最好要三分酒意才够味，真要培训醉拳，岂不是师父徒弟先要干三杯？

不过，又不能说没有醉拳。醉拳醉拳，先要会打拳，然后再有点醉，敢打醉拳的，都是高手。《水浒传》中对于武松醉打蒋门神的描述其实不多，先是拳头"虚影一影"，忽然转身就走，醉汉不就是这样的么。蒋门神一怒就"抢将来"，欺他是醉了，结果反而被欺，武松飞起左脚踢中小腹，转身又是右脚，战斗就此结束。

醉拳的要领，施耐庵没有总结，还是苏花子说得好："你不要看我醉步浮浮，里面暗藏杀机。"又云："虚虚实实，以柔制刚，败中求胜。"

好一个"败中求胜"！

我看秦赵长平之战，便是醉拳胜了常拳——平常的拳。赵括纸上谈兵，用蔺相如的话说是"胶柱鼓瑟"，不知变通，他的做法是寻找主力决战，通过进攻击溃敌军，然后追击逃兵，可惜招法太过平常，而且连对方的主帅是谁都弄错了。嘴上说"固国不以山河之险，胜敌不以弱将而成"，心里却很诚实地幻想着"以弱将而成"。而白起先是诈病将死，后是秘密入军为帅，继而诈败诱敌，真合了虚虚实实、能而示之不能的兵法，最后在"败"中取胜。

赵括的想法、招法，白起很清楚。白起的想法、招法，赵括却一点都不清楚，他看到的都是幢幢人影，像是有个醉汉在晃，看着推一下就能弄倒他，待近到身前，却被他一把拉倒、摁住，锁喉捂嘴，慢慢地失去生命。

二

对于长平之战中赵国的惨败，赵括负有不可推卸的责任，但关键责任在赵国庙堂。

对于赵括，朝野已经有过明确的否定意见，比如西垒败失后，将士们"公认赵括轻战"，平原君认为赵括"气势太盛"，"动辄"和老将军争执，而且对其军事能力"实在是心中无底"，蔺相如认为赵括不懂得应变，"唯余猛攻死战一途"，连后来实际的战法都猜到了，而赵括的母亲更是特地求见赵王，把赵爸爸生前说的赵括毛病——说明，首先是"有才无识"，就是说智商是好的，但没什么见识，然后是"盛气过甚，轻率出谋，易言兵事"，这样的考语是很重的。按说各方面的意见有很大的重合性，可以相互印证，应该引起重视，但赵王不以为然，在这里，360度考核等于摆设。

秦国用计传播秦军怕赵括不怕廉颇的谣言的时候，廉颇觉得很荒谬，这都有人信么？但当所有人都在这么传的时候，不但赵王动摇了，组织部长平原君也动摇了，担心"因一己好恶而埋没良将"。根本原因在于赵国手里的牌太少，经过三年对峙，赵国已经快撑不住了，后勤能力无法长久支持廉颇的防守策略。如果不是这样，既然白起已经"重病"，何不等他死了再说，照着楚使的说法，白起脸色、头发、眼窝都是病态，嘴巴痉挛流口水说不出话，这已是不久于人世的样子了。反正那时候没有三甲医院，重病的白起撑不了多久，而且重病能装，国丧难装，到时候白起是死是活是铁板钉钉的事，这样的慢处理更加稳妥。所以，赵国人相信谣言有一个根本原因：撑不住了，等不及了。

长平之战中，廉颇被赵括替代，廉颇是被同情的对象。但廉颇的守没有攻的打算和准备，就不是战略上成功的守，没有考虑到赵国的国力尤其是后勤能力而一味死守，失败只不过是时间问题。廉颇的策略有效的前提是：保护好自己的粮道，并截断对方的粮道。这样才可能通过对峙消耗对方，达到不战而胜的目的。赵国在长平换将，秦国用间是一个重要原因，但这是外因，赵国内部面临后勤不足无法撑持是内因，内因决定外因，外因要通过内因发生作用。再加上廉颇代表的是上一代朝臣，赵王和赵括代表的是新一代，用赵括自然比用廉颇顺手。至于能力，秦昭襄王对倍感困惑的白起说的一句话很清楚：

> 栋梁不栋梁，本在君王之断，岂有他哉！

所以，赵国换将必然，换将后转守为攻必然，不必然的只是赵国以何种方式败于秦国。

三

对于长平决战，秦国做了充分的准备，范雎的邦交、用间给力，白起的军事准备细致。

在整个过程中，秦军的后勤只有加强，从未减弱，也没有受到赵军有力的打击，粮草源源不断地从后方输送到前线，动员起来的民众络绎不绝。白起说到粮草问题，提出"粮草尚嫌不便"的观点，连秦国的丞相范雎都没有听懂，白起解释，不便不是不足，是无法迅速大量制作军粮，从而影响士兵及时补充能量，这种事"小战无，大战便有"。而赵军随身携带马奶、干饼，机动性强。

与赵括相比，白起几乎处处棋高一着。

第一，白起不轻敌。战前，他认为赵国实力与秦国不相上下，名将名臣云集，至少要相持三年，统帅是廉颇的话：

"若无上佳战机，老臣宁可与他对头相持，绝不轻战。"

这是难得的清醒。

第二，对决战战机的判断冷静。他认为决战战机就是敌方出现异动的时候，要么是粮草接济不上出现骚动，要么就是对方轻躁求战，要么就是更换主帅，等等。这一分析给范雎提供了用间的思路。

第三，能而示之不能，对敌分析全面。白起秘密入军，将幕府建在山洞，第一道军令针对的就是轻敌者：玩忽战阵者斩。他对赵军的长处和短处各分析了四点，切中要害，对秦军将领有很好的指导意义。

第四，给出了明确的破敌策略。概括为十六字方针：以重制轻，以退制进，断道分敌，长围久困。可以说是描绘出了胜利的路线图。这很像围棋的杀大龙招法，用厚势压制脱离壁垒的轻兵，寻找机会分断，封住出路，再慢慢绞杀。

赵括是在赌，白起是在算。这就是业余和职业的差异。

更何况，赵括还有致命的问题。

四

赵括身上的问题要列出来的话很多：自以为是，眼高手低，缺乏实战，恃才傲物，等等。由于是败军之将，要挑毛病很容易，但关键是，为什么有这些毛病？

第一个问题，赵括这个人，道理都懂，但实际上又不太懂道理。

比如说，谦虚使人进步，骄傲使人落后的道理赵括就不太懂——而这就是稍高一层的道理。遇到这种人，你跟他讲道理，他反过来能用道理讲了你。你如果不扬长而去，就只能落荒而逃。这就像医生不怕文盲，就怕懂一点但又不全懂的人，叫他去验血，都会质疑：一点小感冒还要验血吗？他不想想，一点小感冒来医院找医生干什么。

赵括不太懂道理的原因是底层操作系统出了问题，如果他是个程序，那么就是少写了几行代码：本人不是完美的，即便是军事理论方面，本人也是有欠缺的，更不要说缺少实战经验了。

这是最要命的。有的人，一辈子在暗夜里，走得深一脚浅一脚，却一直以为自己走在阳光大道上，自我感觉太好了。人家觉得他走得有点瘸，他认为自己都踩在鼓点上，深的是重音，浅的是弱拍。赵括曾言：

赵括立论端正，言必有据，如何不涉实际了？

名字是让别人叫的，自己叫自己，还作出一番正面评价，别人觉得滑稽，自己还觉得义正词严，这还怎么能"正确地认识自己的缺点和不足"呢？在他眼里，廉颇就知道防守，打一辈子的仗，也不会有什么名战。这句话估计要噎死廉颇。照这种说法，到天坛那儿的中国棋院随便串几个对局室的门，都可以摇摇头：唉，这种下法稳当是稳当了，但下一辈子的棋，也不会有什么名局。

恃才傲物不好，但自以为是恃才傲物实际上并没有与傲物对等的才更不好。在商量要不要接收上党的会议上，平阳君刚说完要小心，不可中了韩人算计，赵括就站起来说这是大大的错误："平阳君何其大谬也！"不说观点对不对，这种简单粗暴的怼既得罪人，又断了自己立论的后路。更可怕的是，当事人对此浑然不知，会场的鸦雀无声，旁边平原君的瞪眼，都传达了异常和过分了的信息，然而赵括却"旁若无人"，这既有对情境错误解读的可能，比如他觉得这是人家听了如雷贯耳豁然开朗眼前一亮的表现，又有"这道题你们都做错了只有我做对了"的喜悦的可能。从他身上，可能很多人会看到了年轻时的自己。这就是所谓的"政治上不成熟"吧。赵括对于秦赵两国国力的对比是抽象的、算术级的、辩论级的，要这样比的话，我们和比尔·盖茨一样都是两只眼睛一张嘴，两条胳膊两条腿，得到的结论是：他能做到的，我们一样能做到。这种说法用来鼓舞人心尚可，用来实干会出问题。毕竟，保健品终究是当不了药的。到最后，赵括还反问一句："平阳君但说，赵国哪一样抗不得秦国？"把平阳君赵豹气得脸都绿了，嘴都抽了。

《道德经》说，大成若缺。《西游记》九十九回，唐僧因为在石头上晒经沾破了一些经文十分懊恼，孙悟空笑道：

> 不在此！不在此！盖天地不全。这经原是全全的，今沾破了，乃是应不全之奥妙也。岂人力所能与耶！

好一个"岂人力所能与耶"！不完美是正常的，有不足是正常的，十全十美、一点错误也没有、一点不足也没有不是人力所能及的。赵括极力维护自己的论点，而一点不考虑别人说的有没有道理，能不能吸收过来反思自己，忽视了"兵者，国之大事，死生之地，存亡之道，不可不察也"的告诫，把严肃的讨论当成了大专辩论赛。

踩个马路牙子能走五十米，轻松一跳一米五，那是在地面，同样宽的马路牙子，如果挪到万丈高楼顶上的边上，还敢走还敢蹦吗？取上党可能导致秦赵倾国之战，仅凭血气之勇显然是不足以作出正常决策的，在这里多算几步是必须的。而赵括的算路显然不深，这便是赵括的第二个问题：直线思维，一厢情愿。

赵括追击秦军的时候，想着下一步还要穿插包抄秦军，却没有考虑过自己后面的石长城防线有被秦军穿插包抄的可能，在他的头脑中，直接排除了被包围的可能性，也就不可能去想什么预案了。

赵括的第三个问题是：人际关系处理得很不成熟。他接替廉颇后，把做事情的司马、军吏都换成了自己带过来的人，表面上看，给这些人提了一级待遇，安抚得很好，实际上犯了大忌，因为这些人都是忠于指令而不是某个人的业务人才，其业务能力和团队配合的默契程度是长期积累起来的，换掉非常可惜。赵括全部换掉廉颇的班底，团队里没有了五湖四海，只剩下背景单一，这就很容易形成危险的共振。至于之前不执行命令、干涉廉颇治军更是严重的行为，平原君宽恕了他，是给他面子，但也反映了他自以为是、藐视指令、把严肃的事情当儿戏的恶劣心态。

赵括的第四个问题：他缺少挫折经历，一辈子过得太顺利了，难得有过一次败仗，也没有从中吸取教训。

带兵打仗哪是那么容易的。清朝时，体制内的营兵就是比不过体制外的曾国藩新军，到最后营兵连下山摘桃子都不会，与太平军一触即溃，最后还得靠曾国藩的新军。而曾的新军，哪是赵括那种洗牌法练成的，那是呕心沥血培育而成的。赵括把打仗看得太容易了，眼中全是菜鸟，其实自己才是菜鸟。白起要是输给了赵括，那才叫没有了天理。

赵括不是小人。但要知道，天下之事毁于小人的并不多，大多是毁于君子之手。赵括以纸上谈兵闻名，然而也并非全部如此，他也有读书动脑筋的时候，只可惜这些都已经不重要了。赢了，都是成功经验，输了，都是鸡毛蒜皮。

五

"王濬（jùn）楼船下益州，金陵王气黯然收。"公元 280 年早春三月，王濬从成都顺江而下攻克金陵，东吴的孙皓光着膀子走出石头城投降，这是横着来的。1949 年 4 月，英勇的人民解放军在江阴至湖口的千里防线上强渡长江，两天之内就解放了南京，这是纵着来的。长江固然是天险，然而横的或纵的方向都挡不住历史的潮流。

"固国不以山河之险。"

这是吴起的名言。这句话嬴虔引用过，商鞅引用过，田单引用过，赵括不但引用过，还有所生发。他第一次在朝堂上说的时候，是在讨论要不要接收韩国白送的上党之地，他说："固国不以山河之险，失国不因四战之地。"他的意思是：主要看实力和精气神，就算是有嫁祸的陷阱，怕做什么。第二次说的时候，是在和赵王夜谈改守为攻的时候，他说："固国不以山河之险，胜敌不以弱将而成。"意思是我们战胜秦国怎么能寄托在白起死了这件事上啊，应该进攻的时候就要进攻，应该防守的时候就要防守，怎么能看对方是谁统帅而定策略呢？前一次说的结果是决定要上党，后一次说的结果是决定换廉颇。

他是一个好辩手。开始讲的道理都是对的，但讲着讲着就只有他对了，对方辩友只觉得好像有哪里不对，却一时说不出来。这些"对方辩友"也包括他的爸爸马服君赵奢，面对能言善辩的儿子，赵爸爸常常招架不住："不对不对！小子总是岔道，只不过老夫一时想不起来罢了。"

然而，胜敌不以口舌之利。

以正不败，以奇取胜。高手善于用奇，敢于打、也能打醉拳。

"你不要看我醉步浮浮，里面暗藏杀机。"

这句话仿佛说的就是白起。白起打的就是醉拳，醉里乾坤大，形散神不散。而赵括用的就是蛮力，直来直去，很傻很天真。他不是没有可以借鉴的前例，孙膑两次对魏用兵就是诈败后吸引敌人进入埋伏圈。

九泉之下，赵括如果知道"围棋十诀"不知会怎么想？

"一、不得贪胜；二、入界宜缓；三、攻彼顾我；四、弃子争先；

五、舍小就大；六、逢危须弃；七、慎勿轻速；八、动须相应；九、彼强自保；十、势孤取和。"

这简直都是针对他的长平之战说的。他只知道"十则围之"，可围棋中所有的杀大龙不都是双方你一手我一手轮着下的么？总的兵力正是一比一。

赵括是个人才，如果他的操作系统能写上那行代码的话——没有这行代码连中才都算不上。他一生在黑暗中裸奔而不自知，让人不由得感慨不遇明师就是瞎。

《大秦帝国》中安排了一场赵括与白起的最后对话，赵括提出了四点不服气，白起一一解释，以第二点为例，赵括说："以先头五千铁骑分割我军，全然是铤而走险，若我早攻，岂有你之战绩？"

白起说："五千铁骑虽少，却是轻刃初割不为你看重，待你察觉来攻，我军已经增兵五万，谈何铤而走险？"

最后，赵括沉默良久，总算服了气："赵括谨受教。"

可叹！没有白老师的点拨，赵括死都没有明白醉拳的奥秘。赵括最该拜的老师，一是廉颇，二是李牧，三是白起。在能够出神入化之前，他只是个没毕业的学生，怎么能理解高手的套路并战胜之呢？

要知道，世上的高手都是：

"虚虚实实，以柔制刚，败中求胜。"

天下第一舅

一

世界上有两种舅，一种叫娘舅，一种叫妻舅。在吴语地区，前者被亲昵地称为"老娘舅"，有个家庭调解类节目也以此为名，体现亲民性，有句话叫"外甥不出舅家门"，说明舅舅和外甥是很亲的。这里要讲的舅指第二种，根据郎舅之间相对岁数的大小，又可分为大舅子和小舅子两种。

人这一辈子，"朋友圈"是不断变化的，亲戚之间走动的重点也是逐渐变化的，成家立业之前多以父母两边的亲戚为重点，之后则姻亲的比重逐渐增加，甚至于有的情况下超过了血亲。陈佩斯和朱时茂的小品《姐夫与小舅子》就反映了这种社会现实。姐在上，弟在下，姐姐、姐夫多会袒护弟弟，打是亲，骂是爱，这句话用于这种关系很合适。

这是现在中国社会的情况，亲戚之间相亲相护是常态，互伤互害不能被社会认可，连法律都认可了亲亲相隐的原则。但看历史书的话，利用结亲结盟、发展势力很常见，但翻脸不认人甚至说杀就杀的也不少。比如有个叫赫连勃勃的，人家好心收留他，把女儿嫁给他，他把丈人都杀了，这个人人品非常差，非常残暴，简直就是忘恩负义的代名词。所以，当我在《大秦帝国》中看到在战国大争之世有情有义的郎舅姻亲关系，有一种耳目一新的感觉。

小说中的郎舅关系，其实有好几对，大多不引人注意。比如秦孝公与商鞅，是大舅子和妹夫的关系，而长公子嬴虔和商鞅，也是这种关系，只不过前者是先为君臣，后为郎舅，君臣、知己的光辉盖住了姻亲关系，后者则是结了仇，根本谈不上郎舅之亲。魏冉是芈王妃的同母异父弟，秦惠文王嬴驷和魏冉也是郎舅关系，但书中对两人关系描绘不多。最引人注目的郎舅关系恐怕就是信陵君和平原君了。

二

战国四公子天下闻名，其中魏国的信陵君魏无忌和赵国的平原君赵胜是亲戚，魏无忌的姐姐是赵胜的夫人，相当于魏是赵的小舅子，赵是魏的姐夫。这两个人在国内地位都很高，魏无忌是魏王魏圉（yǔ）的弟弟，但他不是丞相，赵胜是赵武灵王的儿子，是老兄赵惠文王和侄儿赵孝成王两朝的丞相。在列国中，魏无忌的影响力、美誉度更高一些，是因人成事的典型——没有他，后来的两次合纵无法成功。有他，秦国不敢攻魏；无他，秦国就敢攻魏。一个人的力量如此之大，真值得专门研究一下为什么。四公子中，他是最具有超越私利而爱国兼爱天下的人。司马迁的《史记》中，孟尝君和春申君单独列传，平原君和虞卿共享一传，只有信陵君被单独称为"魏公子"而列传，汉高祖刘邦也是信陵君的粉丝，曾多次祭拜他。

四公子是当时国际格局中举足轻重的人物，也是对付强秦的中流砥柱，信陵君和平原君因为是郎舅关系，合作更加默契，高潮就是著名的"窃符救赵"。

长平之战后没多久，秦国再次攻赵，并且扬言谁敢救赵，下一个就修理谁。赵国向魏王、信陵君同时求救，这个魏王算起来也是赵胜的妻舅，但可能是表的，派了大将晋鄙带军前往，但只是在边境刷存在而已，并不进军救赵。平原君急死了，给信陵君写信说，我跟你为姻亲，想着你高风亮节，能够救人于急难，现在赵国首都随时会被秦国攻破，魏的救兵却还不来，怎么能说你是救人于困的及时雨呢！退一步讲，即便你看不起我，我不得已向秦国投降，难道你不可怜你的姐姐么？（"且公子纵轻胜，弃之降秦，独不怜公子姊邪？"）

话说到这个份上，魏公子着急得不得了，多次请示，带着自己手底下能说会道的人想尽办法说服魏王，但王兄怕秦国，不敢听他的。魏公子思来想去，看来这位王兄肯定是不可能说服了，怎么办呢？他作出了一个令人钦佩的决定：带了一百多乘车骑作为志愿军和敢死队前往赵国，打算对秦军作自杀式攻击。他的想法是：赵国要亡，自己也不能独生，姐夫有难，自己帮不上忙，那么，就一块儿吧。

有意思的是，他路过夷门的时候跟看门的侯生说了自己的打算，他对这个七十多岁的侯生是有礼遇之恩的，他倒不是想要对方也喊着一块去，但你至少也点一下赞评论一番竖竖大拇指吧，没想到侯生说，公子自己努力吧，我就不去了。魏公子走出去几里地，越想越不高兴，过去对你那么好，我都要去死了，你竟然也不说点好听的，难道我有什么不对的地方吗？于是又回去，想问问侯生。从此可看出魏公子的真性情，他也爱虚荣，爱被人捧，人家不捧吧还要问问清楚到底为什么。我看这一段的时候为他和侯生捏了一把汗：侯生啊侯生，要是万一，我是说万一，魏公子不回来问你怎么办？难道带着遗憾就此死去吗？

这侯生了不得，他算准魏公子会回来责问他。见了面就说，哈哈哈哈，我知道你恨我，肯定会回来。你现在去跟秦军打，就好比用肉扔老虎，能有什么功劳？我们这些门客又有什么用呢？魏公子何等聪明，赶紧拉他到隐蔽的地方好好聊聊。这个侯生好气魄好胆量，竟然出了个主意，让信陵君为如姬报杀父之仇，然后请她从魏王那里把兵符盗出，再到边境凭兵符调动魏军救赵。更牛的是，他让一个做屠宰生意力气很大叫朱亥的人随行，并且给老朱下了道 IF 指令：IF（假如）晋鄙见了兵符听从命令，THEN（就）退出；IF NOT（不听从），THEN（就）干掉他！

魏公子信陵君大哭，说我对晋鄙太了解了，这程序多半会执行后半句，可怜的晋鄙要死了。到了军营，晋鄙一看，兵符确实是可以合在一起的，但他果然还是有怀疑，说，我现在带了十万军队在这里，受国家重托，你开了辆捷达来就想代替我指挥，这是不是有点问题啊？晋鄙是个好同志，怀疑也是有道理的，但朱亥一看已经NOT了，马上从袖管里掏出 40 斤的铁椎（按赵国的计量保守算，1斤合 250 克，40 斤相当于现在的 10 公斤，约等于两个哑铃）锤杀晋鄙。信陵君发布命令，父子兄弟在军队的，父兄复员回家，独子的也复员，就这样挑选出了八万精兵，进攻秦军救了赵国。

死而复生，赵国感激得不得了。赵王亲自到边境迎接，平原君帮信陵君背着箭囊在前面带路，赵王说：

自古贤人未有及公子者也。（《史记·魏公子列传》）

平原君从此不敢再和信陵君比较了，这说明之前这两人在暗中还是有一些友好的较劲的，比如谁的粉丝多啦，谁上头条了啦。如今，俱往矣，不比了。

这是信陵君的高光时刻。这是与平原君郎舅关系的高潮时分，但也是郎舅关系转而低落的转折时分。月盈则亏，诚不我欺。

三

信陵君盗兵符、杀大将，判个叛国罪是正常的，所以魏国是回不去了，他让将领把军队带回魏国，自己就和门客留在了赵国。赵王曾经和平原君商量给信陵君五城作为酬谢，估计平原君一高兴也透露了出去，信陵君也很开心，很得意。门客提醒他要谦虚谨慎，有些事不能忘，比如别人对你的恩；有些事要忘掉，比如你对别人的好，况且盗兵符杀大将救赵，对赵有功，但对魏来说你却不一定是忠臣。所以赵王宴请信陵君的时候，魏公子特意"侧行辞让，从东阶上"（《史记·魏公子列传》），相当于说，哎呀我承当不起这个客人待遇，不从西阶走了，还是和你主人一样从东边走吧。

这个赵王吧，和他喝酒，都喝到太阳下山了，你好我好大家好，就是不提送五个城的事，魏公子当然也不好自己提出来。事后赵王给了一块叫鄗的地作为领地，君无戏言，但五城的诺算是没有遵守。虽然魏公子是从内心深处谦虚了，但如前所述，他是个真性情的人，所以肯定是不高兴的。

这事是姐夫平原君起的头，说不定也曾夸口说，看吧，过些天赵王请你喝酒就会给你五个城。五个城啊，可不是五套房，说不定信陵君已经在琢磨跑建材城找设计师做硬装软装了。结果大大缩水，只给了一块地。赵王怨不起，自然这笔账就算在起头的姐夫头上了。

信陵君回到家掏出笔记本，在平原君的人设上写上：信用等级 B。

四

距离产生美。信陵君旅居邯郸十来年，和姐姐姐夫的距离近了，但他的气场太大，很多门客都到了他那儿，当地的媒体"邯郸晚报"经常拿他和平原君比较，列国中有什么事，信陵君要是说什么了，大家就会关注平原君说什么。当然这本来也不算什么，但有了失信一事在前面垫底，两个人关系就渐渐有点生分了。

"平原君也自觉与信陵君之间有了一种微妙的隔膜，政见之争，门客之争，后来直是信望之争，原本笃厚的交谊与亲情在不知不觉间淡漠了。虽说也时不时有酒宴酬酢，可连门客们都是心知肚明，两公子再也不是从前的两公子了。"

门客之争说的是这件事：信陵君在邯郸结交赌徒毛公、卖甜酒的薛公，平原君跟夫人议论说："他竟与博徒卖浆者同游，招摇过市，越轨也！妄人也！"这名流小舅子居然跟三教九流混在一起，真是有失身份啊！夫人就告诉了弟弟，这下魏公子就炸了，说：当年赵国有平原君，我才窃符救赵，没想到你只是想着和有钱有势的人交往，而不是寻求人才！无忌我在大梁就听说过毛薛二公，现在在赵国遇到，还怕人家不愿意见我，我如今就是放下身段与之交游，也未必得到两人的认可，而平原君竟然以此为耻，我和他实在是没有共同语言了！（"平原君竟以为羞耻，实不足共举也！"）说完收拾行装就要离开赵国。

平原君听说后，很惭愧，登门脱帽致歉，挽留这个有脾气的小舅子。小舅子留是留下来了，但又疏远了一些。平原君的门客听说了这件事后，有一半转而归附了信陵君，相当于粉丝大迁移，弄得平原君很没面子。

这对姐夫和小舅子之间关系的隔膜集中体现在两件事上。

第一件。吕不韦策划嬴异人秘密离开赵国，平原君成竹在胸，请信陵君现场观摩审讯抓到的芈芋，以及决策扣留嬴异人和杀吕不韦，平原君一番发令，要求从第二天卯时起城门戒严盘查，信陵君问了一句："为何不从今夜开始？"平原君解释了一番，信陵君说："赵国如此笃定，无忌夫复何言？"这时候，请注意，信陵君"淡淡一笑站了起来"，说刚才那个曲子不错再听一遍吧，平原君说把嬴异人请来吧，信陵君说现在是岁末了，之前没有约，现在已经是半夜了，恐怕不会来吧。平原君说，你我请他谅他不敢不来。这时候信陵君"毫无争辩之意，还是淡淡笑道"，好吧，我先回家，来了的话派人叫我，我奉陪。

诸位看官品味下信陵君的"淡淡一笑""毫无争辩"，以及不顾雨雪先回家，宁可一会再来的举动，要知道，现在已经是半夜了。实际上他对平原君的一些做法是不以为然的，今夜不动手恐怕有变，但你有把握我也不想多说了，你说能约得来，我不相信，但也不想和你争辩，我先回家睡会儿，但你要能约得来，我也一定会来，面子照样给你，但我实在是懒得跟你多说。

第二件。后来秦国看信陵君不在魏国，有机可乘，在攻赵之余转而攻魏，魏赵都很危急，魏王愿意原谅信陵君，请人邀请他回国主持抗秦大业，可信陵君关照下人，只要是魏国来的人，一概不见，把魏使弄得没有办法。赵王因有失信一事，自觉亲自去说效果也不大，跟平原君商量后还是由姐夫去劝劝小舅子吧。

时间：盛夏的一天中午。地点：信陵君家胡杨林下。场景：信陵君头发散着穿着布衣在茅亭下左右互搏下围棋，一会摇头一会点头。旁边是平原君走来走去，边走边说，信陵君有时应一句，有时不应。场面有点尴尬。

最后姐夫也有点不高兴了，拍了下石桌子大声说："无忌兄，山东存亡危在旦夕，兄当真作壁上观乎！"他希望魏无忌能够回魏国率领魏军和赵国等合纵抗秦。信陵君说，我回国被抓起来你舒心么？平原君说，真是岂有此理，魏王有红头文件来请你，怎么会抓你呢？这时候信陵君说了一句话，把姐夫差点给噎死了：

> 你信得君王之言，老夫信不得也。

羞愧，后悔，难堪，一齐涌上心头，"平原君猛然举爵大饮，沟壑纵横的脸上泪水漫涌而下"。

魏公子此时倒也不是要讥讽他，奈何心里有过疙瘩，这话就容易让人想到那儿去。信陵君回头看到这一幕，赶紧起身长躬解释："胜兄……无忌无心之言，绝非重提旧事，兄何其介怀也。"

这两人都是互称兄，不知道到底谁岁数大，可能还是平原君大一点吧。但平原君这时候也是伤心透了，估计过去的事一件件也浮现了出来，这回是他发作了，说了一句很让人感慨的话，"起身一拱扬长去了"。这句话是：

"失信者言轻，何怨于兄？"

请注意，一个是躬，一个只是拱，拱的人应该是很不开心的。后来在毛薛二公的劝解下，信陵君回国扯起合纵大旗，总算没有误事。

绳子断了，再连起来总是有个结。碗破了，锔好了总归有条疤。就是这个理，人与人之间一旦有过不信任，正常的沟通都会被误会。所以说信任是无价的。

五

好在，这两个都是名公子。

一个回到魏国担当大业，还不忘叮嘱春申君："君当立即北上邯郸，稳住平原君……也代我致歉，无忌实在无心计较旧事也。"一个立即北上调李牧军南下。

不过，姐夫还在生气中。平原君带领赵国重臣和门客宴请春申君，两人绝口不提正事，只是海阔天空。酒后两人单独喝茶也是不说话。平原君忍不住说"春申君好耐性也"，春申君说，现在秦国攻你们最强烈，赵国却"缄默"，还有什么好说的？平原君马上想到信陵君，问道："谁人说赵国缄默？信陵君么？"

春申君随即把小舅子的歉意带给这个姐夫："一句无心之言，老兄弟至于如此耿耿于怀了？"

平原君说："不说他也罢。"接着想了想，说赵国主要是担心燕国偷袭。不说他也罢，其实是心里还有气。

好在，两人在合纵联军莫府（即"幕府"）的大帐下，最后冰释前嫌了。平原君、信陵君、春申君"三双大手紧紧叠握"，"三颗白发苍苍的头颅聚在一起"，让人感动。这里还有个插曲，信陵君发令，把最难的北上任务留给了自己，给平原君派了个相对不危险的伏击主战场的活，但是面上看不出玄机，所以平原君不领命的时候大家都很难堪，不知道怎么劝，这两人刚刚有点融洽，别又出新问题。平原君分析了一下，结论是信陵君的安排恰好是"互调两人之长，各用两人之短"。这个时候信陵君的表态很关键："平原君深明大义，无忌谨受教也！"他非常坦诚地承认了自己的安排有私心："此事乃无忌弥补私谊之心过甚，以致将令失当，无忌谢罪！"

接下来一幕也非常感人，一个说："无忌兄！赵胜计较过甚，错责人也！"一个说："赵胜兄！无忌私而忘公，夫复何言！"两人对拜握手，感动了一帐篷的人。

其实，魏公子的举动也是人之常情：因为怕给对方安排了重活再次引起误会，为着弥补而错了决策。可贵的是平原君一下了然并冷静地纠正，避免了集体失误。两个人通过开展批评与自我批评，终于重归于好，尽释前嫌。

这是最好的结局。天下第一舅，信陵君当之无愧。

最后说下几个人的结局吧。侯生在算计着信陵君和朱亥到达魏赵边境时朝着他们的方向引颈自杀了；朱亥后来还在张良的反秦大业中当过敢死队的主将，说明活得挺长；如姬没有交代，很为她担心，希望是魏王放过了她。信陵君后来在魏国不受魏王信任，秦国又使反间计说他想要当魏王，最后自耽于酒色而死。在他去世前八年，公元前251年，他的姐夫平原君去世。

对了，信陵君在邯郸当"邯漂"的时候，编了一本书，叫《魏公子兵法》。他确实有这个资格，因为他曾经两次击败秦国。

贤者守时，以无限为有限

一

叫你回家吃饭的，不一定是妈。不是妈的话，回家也不一定能吃上安稳饭。宋高宗赵构十二道金牌喊岳飞回家吃饭，结果英雄命断风波亭。赵王迁喊李牧回家吃饭，李不顾周围人劝阻，乖乖地还都，结果被秘密杀害。如果说岳飞还没有意识到自己有生命危险，那么李牧纯粹是自投罗网，于国于己于人都无益。

相比之下，有一个人听说叫他回家吃饭，很清醒地赶紧逃得远远的，跳槽后模范遵守了竞业回避的游戏规则，不仅保住了自己的性命，自己的家人也得以安全，一世英名未损。他就是燕国名将乐毅。诸葛亮自比管乐，一开始没太理解为什么会以这两个人为榜样，看了乐毅的故事，才明白诸葛亮的偶像真不是吹的。

战国时代的燕国是个弱国，战略上长期短视，曾经被齐国揍得满地找牙奄奄一息，按理说能活着就已经是胜利了。然而，燕昭王从魏国挖来乐毅后，乐毅十年练兵、变法，竟然成功组织了燕、楚、魏、赵、韩五国合纵联军，一举击溃齐国主力，而后燕军单独作战，先后占领齐国七十多座城池，仅余莒城、即墨两城未破。这当中虽然有齐国自己作死的因素，但乐毅的才能确实不凡，让人不由得感叹世上真有因人成事的情况。燕国有乐毅，强国有望，没有乐毅，很快衰败。

乐毅的对手是齐国的田单，本来是个做生意的商人，结果在即墨成了抗燕主将，坚持了五年，第六年用反间计让燕惠王调开了乐毅，然后用大家都知道的火牛阵大破燕军，奇迹般地很快收复了齐国全境，燕国从此只能苟延残喘，以致到后来弄出了荆轲刺秦的冒险举动。对于田单来说，真是"因事成人"啊！业余的，做得比专业的还要好，真是古已有之啊！

那么，愤怒的火牛冲出即墨城的时候，乐毅在哪？

他已经在赵国了。燕惠王让骑劫代替乐毅，紧急召回乐毅，乐毅交出兵权之后，《大秦帝国》中写道：

> 幕府外辎车辚辚，待骑劫赶出幕府，布衣老人的辎车已经悠然上路了。从即墨出发去赵国，几乎要贯穿齐国东西全境千余里。偏是乐毅不带一兵一卒，只辎车上一驭手，辎车后一个同样两鬓如霜的乘马老仆人，一车三马上路了。

一方面，他知道，这次如果回燕国去述职，结果可能就是述命，因为解释自己不是想自立为齐王是徒劳的；另一方面，他已经置之度外，横穿敌境千里，死了是活该，活了是应该。无论如何都是可接受的结果，一旦洞透了得失成败，也就无所谓忧惧了。

二

耐人寻味的是燕惠王的后悔和乐毅的婉言谢绝。燕惠王给乐毅写了一封信，我看来看去，应该是秘书写的，燕惠王签署的——以他的水平，写不出这种将含蓄道歉、巧妙掩过、严词批评融为一体的话：

"先王举国而委将军，将军为燕破齐，报先王之仇，天下莫不震动，寡人岂敢一日而忘将军之功哉！会先王弃群臣，寡人新即位，左右误寡人。寡人之使骑劫代将军，为将军久暴露于外，故召将军且休计事。将军过听，以与寡人有隙，遂捐燕归赵。将军自为计则可矣，而亦何以报先王之所以遇将军之意乎？"（《史记·乐毅列传》）

"左右误寡人"，和 1644 年崇祯称"诸臣误我"半斤八两，这既是人性所致，也是权力的独特滋味，要不怎么说伴君如伴虎呢？不要说贵为人主了，即便是普通人，又有几个是出了问题先反思自己的？都是别人的错，要不就是月亮的错。自己有错？那是不可能的。

一场磨刀霍霍向猪羊的阴谋摇身一变成了休息调养兼商议国是的好事——反正是未遂，没什么实证。最后反咬一口是你乐将军想多了，心胸还不够开阔，然后反问你怎么报答先王的知遇之恩呢？"将军自为计则可矣"实际是以退为进，担心乐毅帮赵国打燕国，意思是，如果你是因为自己担心受害而这样做也就罢了，现在误会解释清楚了，就不要再记恨了。

乐毅的回信金句迭出，不过有人怀疑是伪作。我一是觉得写得好长啊，二是觉得写得太好了，后人伪作也有可能，但乐毅的意思应该差不离。历史的肉有可能作假，但历史的骨头是客观存在的，只要看准骨头，大差不差。这个骨头，就是基本事实。就乐毅来说，在这件事里，离开燕国到赵国了，是基本事实，至于为什么离开，离开时做了什么说了什么，是有一定的想象空间的。乐毅离开后，自己的儿子得到了燕惠王的重用是基本事实，乐毅有后人且有名分是基本事实，所以乐毅的回信一定不是那种慷慨陈词容易激怒燕王的风格，有理有节有礼的调调是合理的。就此而言，乐毅的《报燕王书》可读。

这一回，"身边人"又要成为替罪羊了。首先，乐毅解释了为什么要逃走，主要是怕自己死了以后影响先王的英明和现任燕王的情义：

"臣不佞，不能奉承王命，以顺左右之心，恐伤先王之明，有害足下之义，故遁逃走赵。今足下使人数之以罪，臣恐侍御者不察先王之所以畜幸臣之理，又不白臣之所以事先王之心，故敢以书对。"（《史记·乐毅列传》）

这一段很有水平。永远记住，真正有力的反击不是锋芒毕露，而是绵里藏针，乐毅在这里委婉地表达了"老子不相信你相信我"的意思。所以，有些时候，巧过头了就是拙，不要过于自得于自己的巧言令色，虽然从文辞上说很得体，方方面面都照顾到了，但也不免让人产生怀疑：既然你这么能说，黑事都能圆成白事，那真要回了国，会不会又有另一套说辞呢？更何况现在已经在大义凛然地责问"何以报先王"了。不过乐毅也处处给燕王留了面子：都是左右误人嘛！

接着，乐毅用了两次"我听说贤明的君主是这样的"，实际上是委婉批评了燕王，比如"贤圣之君不以禄私亲，其功多者赏之，其能当者处之"，比如"贤圣之君，功立而不废，故著于春秋；蚤知之士，名成而不毁，故称于后世"。其实，另一方面也是在说，你燕王不是这样的人，你这人如果反着来，是难以在历史书上当正面人物的。

让人佩服的是，乐毅后面继续金句迭出，什么"善作者不必善成，善始者不必善终"，大家看看，这是不是和"功成不必在己"一样的意思，那是什么高度的人说的话啊！再有一句，"臣闻古之君子交绝，不出恶声；忠臣去国，不洁其名"，我感觉乐毅是那种已经活得透亮明白的人。要高度有高度，要格局有格局，要智慧有智慧，要诚恳有诚恳，所以，他的这篇写给前东家的信被收进了《古文观止》。

三

乐毅为什么围而不攻？这不仅是老燕王的儿子燕惠王心中的困惑，也是我们的困惑。这件事上只能相信乐毅有他的道理，或者说乐毅和老燕王有他们的道理。

小说中用乐毅心理活动的方式交代了缘由。简而言之，还是因为投鼠忌器，灭掉莒城、即墨的话，战争性质发生改变，变成了灭国，以秦为代表的各国恐怕不会坐视，最后吃进去的还要吐出来：

"五国眼看齐国将灭，必然联军干预，要么平分齐国，要么保存弱齐，二者必居其一。对于已经为山九仞的燕国而言，无论哪种结果都意味着屈辱与失败。唯一能走的一条路，便是长围久困，先化已占齐地入燕，两座孤城则只有徐徐图之。如此方略，可使大局始终模糊不清，各大战国对一场结局不清的战事，便没有了迅速达成盟约干预的因由。"

齐国、燕国都不是仁义之师，在相互伤害这个问题上都不甘落后。乐毅的"仁政化齐"有一定的虚伪性，但客观上缓解了战争带给齐国人民的苦难。乐毅依靠的老燕王的信任，也是存在有效期的，跟老子关系再好，到了儿子一辈，照样没用。

乐毅对即墨围而不攻五年，田单怕的就是他用怀柔政策瓦解军心民心，只可惜乐毅功亏一篑，被迫离开。小说中田单追上已经交出兵权的乐毅，敬了三碗酒，第一碗："战场明大义，灭国全庶民。"第二碗："用兵攻心为上，几将三千里齐国安然化燕！"第三碗，为用诡计向乐毅赔罪。乐毅一一作答，犹如高手复盘，清清楚楚。

战场上你死我活的对手，如此惺惺相惜，也是一种美好的成人童话，作者借田单之口，肯定了乐毅的杰出军事和政治才能，这一情节也烘托出了田单的不凡格局。

两个都不太仁义的国家的不太仁义的军队里，出了两个比较仁义的主将，也是一种奇观。乐毅在不能胜的情况下，做到了"不败"，值得今人玩味。

四

木秀于林，风必摧之，堆出于岸，流必湍之。这不完全是因为妒忌，世界本来就是复杂的，正邪的对立与转化，历史车轮的前进和后退，是时时在进行的。今人能看到的，是寥寥的一些人，看不到的，是这些人背后数不清的人。英雄推动历史，也被时代所裹挟。偶尔叹之可矣，断不可因此而自艾自怜。

乐毅《报燕王书》中说："夫免身全功，以明先王之迹者，臣之上计也。"（此处采纳《古文观止》写法，与《史记》个别字不同）既是虚说，又是实讲。有时候避一避，确实也能避免对方犯下更大的不可挽回的错误，对双方来说也是留下了日后转圜的余地。四条腿的青蛙好找，两条腿的认错的人难寻。乐毅的做法，值得学习。

孔子说："道不行，乘桴浮于海。"乘桴做什么呢？等待时机。

鬼谷子说："贤者守时，不肖者守命。"在合适的时间，和合适的人做合适的事，这是最好的。

如果你等了一辈子，打算放弃了，不要紧，想想乐毅的话就释然了：善作者不必善成，善始者不必善终。只要你玩的是无限的游戏，有限的世界就是小的，大的，是你心中的那个。

记住，这个世界不以饭否论英雄。廉颇听到这里应该要笑了——他也是一个不回家吃饭的人。

真正的英雄，不是生活在无菌环境中，也不是简单的木秀于林或堆出于岸，而是在复杂的环境里适应环境而生存，是在树林里茁壮成长，是在惊涛拍岸中能进能退。

老大的"大"应当有点侠和义的意思

一

《英雄本色》中，豪哥对阿杰说："警官，我没做大哥很久了！"

这里的"大哥"就是老大的意思，豪哥是真的不想当老大了，银幕前的年轻朋友们却为豪哥的魅力所倾倒，很想尝一下当老大的感觉。一句"我没做大哥很久了"成为低调的炫耀，这句话仿佛是一杯酒或一支烟，可以低成本地轻轻松松地过一把老大瘾。

不当老大很久了，潜台词是俺曾经当过老大。

老大哪有那么好当的。如果想着当老大，是要酷、要风光、要威风、要呼风唤雨，要那种我说了算的感觉，那么你想当的是伪老大，一种想象中的老大。弄不好，会彻底失去当老大的机会。

需要说明的是，这里说的老大，都是自然组织中的老大，这里的组织也不一定是很有组织的那种组织，有时只是一个群体，因为血缘或其他联系在一起。与自然组织相对应的，是权力组织，在权力组织中，任命是很重要的方式，其形成原理大不相同。

我看过很多老大，其实并不是想当老大，只是"历史选择了他"或者"人民群众选择了他"，说起来这好像又是套话假话骗人骗自己的话，但其实是有内在逻辑的真话。

田单就是其中的一个。

二

不可否认，田单是一个有雄心或野心的人。雄心和野心，本质上都是一种有远志的表现。儿童团团歌第一句是怎么唱的？"准备好了吗？时刻准备着！"这就是这种人的态度，虽然已经成年，依然不忘童心，时刻准备着。

田单经商，奔波于商旅，以族长的身份领导着家族企业，按理说和从政治国安天下是不搭界的，但人们发现，"田氏这个年轻的族长，也似乎在悄悄改变着田氏传统，变成了一个秘密与闻天下兴亡的人物"。

这和很多每天看新闻联播的企业家是一样的，政商固然不同，但不关心国际国内大形势，显然是"只顾低头拉车"的低级境界，只有那些能够敏锐地提前嗅到趋势味道的商人，才有可能成为商界的佼佼者。宁失十子，不失一先。这一先，不知要落下多少人。

如果说田单成为田氏的族长或田氏商社的领导人，已经是老大了，那么这个老大和领导以即墨为主要据点的齐国抗燕队伍的老大距离还远着呢。

燕国拿下齐国七十余城，齐湣王被杀，齐国岌岌可危。这个时候田单击鼓聚族，发表动员演说，决定领导族人担负起国家兴亡的责任，抗击燕国侵略军，是成为抗燕队伍老大的第一步。

到达即墨，与即墨令成功沟通意见，三下五除二处理好城外难民的问题、建立民军的问题等，是成为抗燕队伍老大的第二步。等到即墨令牺牲，众望所归，众人推举成为即墨城老大，是成为抗燕队伍老大的第三步，也是最重要的一步。这中间，无法绝对排除他内心想要领袖群伦做一番事业的可能，但也无法否认他表现出的家国情怀折服了大家，也感动了自己，是支撑整个团队坚持多年的精神力量。

如果田单是为了当老大而当老大，不是说不可以，但动作早晚会变形。理想和信念之所以伟大，是因为它光照未来，辐射周围，而私利私念是无法见光的，不能说一点私念都没有——那既不真实，也不诚实——但不能总是非欺骗性地感动和影响别人。

田单当老大的那些年，可都是非常苦的几年，这种苦，不仅是生活上的，更是精神上的。乐毅围即墨，采用怀柔政策，允许齐人出城种田，还帮上一把，凡此种种，是要从心理上化解即墨城齐人的戒心敌意，田单看在眼里，急在心里。后来想出了诱敌刨祖坟的损招，让齐人同仇敌忾，才算化解。

当了老大，他把家老辞退了，因为领导干部不能特殊化，他把家财散尽，放弃府邸，用作野战医院，因为革命事业需要它，他把自己的妻妾编入队伍，因为干部战士不分家，他随身带着夹板和铁锹，方便和群众一起筑墙，因为领导干部要身先士卒。这样的老大，你愿意当吗？你肯当吗？

就算这是装，但我们知道，装的时间只要足够长，就是真的。不信你问问那些一辈子假积极到退休的同志：你是不是真积极？

三

田单能当老大，主要还不是与民同苦、同工，而是他富有智慧。否则，他再怎么卖力，也不过是和大家一起走向失败。

无论是给车轴有预见性地装上铁笼，还是敢于放弃部分财产，优先安排车辆装载盐铁食物药材，又或者是妥善处置城外难民，再是建立制度、训练军队、加固城堡、清仓点库、制造兵器等，无一不体现了他超出一般人的视野和智慧。

他在督查过程中，问了一句："有行炉么？"其实他也没有见过行炉，只是过去在书上见过记载，这说明作为将帅并非全知全能，但他有"目录式记忆"，需要时能快速索引到。

头狼必须是有不一般智慧的狼，这是狼群生存的需要。田单就是这样的头狼。

生于忧患，死于安乐。老大往往在忧患困苦中产生，等到能享乐了，虽有老大之名，却又可能会没有了老大之明。

《资治通鉴》上讲到鲁仲连事先跟田单说，你拿不下狄人。后果然如此，田单惊惧，忙去请教为什么。鲁仲连说，田将军你当年在即墨的时候，坐下来就编草鞋，站起来就拿着夹板铁锹，跟同志们说齐国到了最危险的时候，不努力都没有归宿的地方。那个时候，你有牺牲的准备，士兵没有偷生的想法，听到你的话没有一个不勇往直前求战的，这是打败燕国的原因。现在呢，你每天有好酒好肉吃，还有各种娱乐节目欣赏，穿着名牌开着好车，在一线城市之间来回穿梭，有生活的快乐，没有拼死的心，这就是你打不赢的原因。

田单听了以后下定决心，振奋精神，亲临城下，不顾危险，亲自擂鼓，果然攻下了狄人。

这说明，田单也有一般人的毛病，只不过他有诤友提醒，自己还能听得进意见。

所以，老大是苦的，苦中得长久。艰难困苦磨炼人、培养人、成就人，安逸舒服消磨人。

为了对得起这个苦，老大的"大"，应当有点侠和义的意思。侠之大者，为国为民。

自鸦片战争以来一百几十年里，为了民族独立和人民幸福，抛头颅洒热血的烈士，有几个是为了当老大的，有几个是为了当英雄的？他们中的大多数，都是情之所至，感到必须起来反抗，哪怕是付出巨大的代价！他们成为英雄，是结果，不是初心和目的。

老大也是如此。这不过是承担责任、追求理想的顺带结果。如果说有乐趣，也是在过程中的、利他的乐趣，而不是"一朝权在手，随我东南西"的乐趣。

人，得在任何时候找得着北。老大只是个传说，不要去迷恋。

张仪假摔事件

一

公元前 312 年，张仪从楚国出差回国，骑着马快进咸阳的时候，他假装没拉住缰绳，从车上摔了下来，这一摔可不得了，俗话说伤筋动骨一百天，张仪在家里休养了近三个月。最关心他伤情的人是随行入秦的楚国使者，三天两头去相府看，张丞相的腿好了没有。他哪知道张丞相是故意装的。

张仪为什么要假摔呢？事情是这样的，秦国面临六国合纵尤其是齐楚联盟，压力非常大，张仪出使楚国，答应楚怀王将商於之地六百里割让给楚国，条件是楚国要和齐国绝交。唾手可得商於六百里，秦国丞相亲口答应的还有错？只不过这位丞相没有随身带相印，于是楚国派了一位将军为使者随行，务必要签字盖印之后拿回来。陈轸看出这是骗局，指出：现在秦国看重楚国，是因为有齐楚联盟，如果和齐国绝交，楚国就会陷入孤立，至于商於之地六百里，张仪一到秦国就会失信，真要与齐国绝交，也要交割完土地之后才行。可惜，楚怀王不信。这个楚怀王就是屈原那个时代的楚国国君。

张仪的策略是拖，拖到征巴蜀的大军凯旋，赢得兵力调遣的时间差。腿不是有伤么，没法上班，这是《史记》的说法。《大秦帝国》里是另一个桥段，就是你找他的话，他不是去找秦王了，就是出去视察工作了，总之你见不到他。去找秦王吧，秦王打猎去了，要十天后回来。要么就说，这事要丞相才能办，我这当王的也等着他呢。把个楚使要得团团转，任务没有完成，也没法回国。

后来终于截到张仪了，张仪说，啊呀，你真是性急，你看，这个用印要经过领导同意，领导现在还没回来，再说了，你楚国还没有履约，我怎么跟你交割呢？楚使急了，怎么没有履约呢？张仪说，楚王承诺退出合纵，与齐国断交，退了吗，断了吗？你回去先问问清楚再说。过了些日子，再次见到，便问，你这么快就回来了？退了吗，断了吗？楚使说我没回啊，其实是哪敢回啊！张仪说，看来你们也不诚心要我们的土地，算了，我们也没有那么多土地送人。楚使说你怎么说话不算数呢？张仪说，芈槐还是王呢，他都说话不算数我怎么算数？

到得最后，楚国跟齐国断交，《史记》上说，楚国担心秦国不相信，还派人到边境骂齐国，但由于已经断交，还特意到宋国借了护照跑到边境去骂。这时，张仪同意签约了，使者拿过盟约一看，啊呀，六百里怎么变成了六里？丞相是不是少写了一个字，张仪说没有错啊，当初答应的就是六里啊，我是把我自己得到的封地给了楚王，我怎么可能把六百里秦地给楚王呢？秦王也没有给我啊。再说了，在战场上你抢都抢不去，我们怎么可能白白地给你们六百里地呢？这明显不符合情理，一定是楚王听错了，大家都不会讲普通话，这个方言说出来听起来是会有点误差的。

楚怀王听到被骗，差点气死了。但他还不能死，因为秦国骗了一次以后感觉很好玩，13年之后还要骗他一次。丞相和王是穿一条裤子的，丞相骗就是王骗。说起来，600里商於之地这一次，骗他的秦王是秦惠文王，比楚怀王大一岁，老哥骗了老弟，这一年，楚怀王43岁，面对群臣的劝谏，确实做到了不惑。13年后，他56岁，又被骗他的人的儿子秦昭襄王骗了一次，到武关见面结盟，结果被软禁了，三年后死在了秦国。唉，真是可怜，被父子俩各骗了一次，骗他的年轻人比他小30岁，儿子比老子更狠啊！这也是楚国是六国中最最最最恨秦国的国家的主要原因之一。

二

张仪的做法对不对？秦国人向来务实不务虚，讲究的是实在，"蔑视山东六国的诡诈倾轧"，这在列国中都是有信誉的，结果现在却去骗人家，说要给糖吃，但要到我家里来吃，来了以后又种种借口不给，最后说好的一把糖变成了一粒糖，真真是骗人啊！连秦王都有点做不出来，觉得道义上有些难堪，却又不好责备张仪。

张仪的说法是，现在是生死存亡之时，要无所不用其极，如果秦王你觉得于心不忍，就说明对"无所不用其极"还体察不到位，连横就是空话。

其实，张仪的这种思想，过去也有过，商鞅就曾经请魏国的公子卬吃饭，结果扣留了对方，说是大仁不仁。现在也有，看看那个推特治国的老商人，翻脸比翻书还快，不就是张仪翻版么？现在你什么感觉，就是当年秦国和六国人对张仪什么感觉。

太阳底下无新事。应对当下的国际挑战，在战国大争之世中有答案，那可不是"三体"，那是"七体"。

三

楚怀王冤啊，屡屡被骗，感觉始终处在幼稚期。可楚怀王那时候已经43岁了啊！

张仪这样的骗子哪个时代都有。问题来了：怎么避免受骗？难吗？难，其实挺难的，说不难的先赞你一个，你行！

这个模型的实质是"变轨"。博弈的对方突然改变策略、风格、性格，甚至人品，但何时变，不知道。你要不相信呢，是你多疑，不诚恳；你要信呢，马上给你变戏法，实际上很难防范。举个例子来说更好。比如说，交通规则是拐弯让直行，但实际上对向的时候，常常是拐弯的车比你直行的车先拐过去，只要他想拐，直行的你是很难比他快的。为什么？因为你要开到路中央才能截住道，而他只要摆个头就能截住你的道。

还有一个原因，所有的决策都是约束条件下的决策，楚国不是绝对优势，他有他的难处。秦国打一仗后容易恢复，楚国不容易，不战而得地的诱惑，再加上楚国庙堂的决策机制不同于秦国，他的体制不是联邦就是邦联，兵都在封地的主人手里，开会时七嘴八舌，而且至少一半都被秦国收买了，很容易冲动决策。

不管怎么样，一国之王出了趟差就被扣留了实在是太丢面子了，楚国人大恨。所以后来反秦时大家特别怀念这位宁死不割地的王，专门找了个据说是王的后代现在从事放牛工作的娃当了"楚怀王"，让楚人开心的是最后灭掉秦的还真是楚，楚霸王项羽。

四

张仪的名声算是坏了。不过司马迁对他评价挺高的，他认为之所以张仪的名声比苏秦坏，主要是苏秦死在了张仪前面，张仪死在了苏秦后面。苏秦要是活得久，估计也差不多。也是，现在说到苏秦，就想到"苏秦背剑"这个帅姿。太史公是这样说的：

> 三晋多权变之士，夫言从衡强秦者大抵皆三晋之人也。夫张仪之行事甚于苏秦，然世恶苏秦者，以其先死，而仪振暴其短以扶其说，成其衡道。要之，此两人真倾危之士哉！"（《史记·张仪列传》）

无论如何，张仪对秦国的贡献是非常大的，而秦国对于统一中国的贡献是非常大的，所以，张仪的历史贡献也是非常大的。

一只披着狼皮的羊

一

在交接工作的时候，前任追着后任打，后任望风而逃，前任看事情搞大了，也逃走了。这样的工作交接你可曾见过？

我想说的这位"前任"便是勇气闻于诸侯的廉颇大将军，这位"后任"就是乐乘，在《大秦帝国》中是名将乐毅之子，在《史记》中是乐毅同族，总之是兵家名族的子弟。刚继位的赵王听了奸臣郭开的谗言，担心曾经久居魏国的廉颇对魏作战不出死力，派乐乘去接替他。乐乘兴冲冲地赶过去，廉颇听说要替代他，想到自己刚刚回国正想给祖国添光彩，就被"另有任用"，怒发冲冠，直接就掉转马头猛攻乐乘，乐乘哪敢跟他打啊，只好逃走，想想好没面子，赵国是没法待了，只好逃到燕国去。廉颇冷静下来一想，这样子违抗命令，也就和信陵君的窃符救赵的性质差得不远了，赵国是没法待了，只好投奔魏国。

其实，廉颇不是没有被"另有任用"过，比如长平之战那一次，他一样是有很多的不满，但他却非常配合地完成了交接，表现得很职业，唯一让人感觉到他有情绪的是，接替他的赵括本来想"慷慨宣读"王书，廉颇伸手接了过去，"看也不看，将王书丢在了帅案"，一挥手，手下的司马就将印符卷宗等东西一一陈列，讲清楚是什么后，"一转身径自嗵嗵砸了出去"。

陪同赵括前来宣布人事任免命令的是赵国的组织部长平原君，平原君走进幕府，看到的是：

聚将厅灯烛煌煌，众将肃然列座，帅案上赫然明列兵符印信令旗王剑等一应军权公器。

廉颇手下共有 46 员大将，全部到齐，平原君知道这就是"军中无事征兆"，说明廉颇没有抗命或出难题的迹象。

同样是交接工作，同样是心中不满，为什么前一次爽快地交接，这一次却拒不配合呢？

二

可能有以下几个原因：

第一，廉颇是特别老资格的赵国大将，功勋卓著，赵偃一上位就换将，表现出了极大的不信任，廉颇受不了。《大秦帝国》"慨其叹矣 遇人之艰难"一节中写道："赵肃侯二十年时，廉颇已经是最年轻的赵军大将。"廉颇的生卒年份不详，但赵肃侯是谁？他是赵武灵王的爸爸，赵武灵王又是新赵王赵偃的曾祖，这廉颇简直是太长寿了，政治生命和军事生命都太长了！就算赵国王室是兔子，这繁殖了四代时间也够长了，而廉颇还在担任一线大将，怎么说也是老资格了。

第二，乐乘曾经是廉颇的手下败将。乐乘原来是燕将，公元前251 年，乐乘率燕军攻赵失败，被廉颇俘虏。廉颇与乐乘素无嫌隙，但手下败将来接替自己，廉颇感到是一种耻辱。

第三，攻魏正在兴头上，突然被打断，甚为不爽。廉颇一生爱国爱军爱武，人家打仗是苦差，是任务，是工作，他是兴趣，是爱好，是高层次的享受。攻打魏国正要出成绩的时候，一桶凉水浇下来。廉颇不愿意接受冰桶挑战，感到的只是不爽、不快。

这些都有一定的道理，但都不是根本原因。

《大秦帝国》说到李牧的优点时，用的话是"兼具赵奢之勇、廉颇之重、赵括之学、乐毅之明",这从侧面说明了廉颇的优点之中最突出的是"重"。这当然不是说廉颇吃得多、分量重——虽然应该也很重,而是指"稳重",包括沉稳、成熟、谨慎的意思。

廉颇和同僚蔺相如计较过职位高低,但面对君王时却常自称"老卒",一来知尊卑,二来未忘初心。赵括之于乐乘,将才孰高孰低,廉颇不会心中无数,赵括的骄傲气焰十分明显,乐乘则未必如此,廉颇能忍让得赵括,却忍不得乐乘?至于兴致,长平三年,秦军百般挑衅,廉颇从不恋战,可见不是无大局之人。

那又是什么原因呢?

三

此一时,彼一时也。

答案要从廉颇的整个生命线中来梳理。

廉颇很年轻就入伍了,凭借勇猛和军功一步步从普通士兵做到了将军。"猛将必发于卒伍",用在他身上十分妥帖。廉颇的突出优点是勇猛与稳健兼具,可以为将冲锋陷阵,也可以为帅运筹帷幄。

年轻之时血气方刚,戒之在斗。相对于勇猛而言,做到稳健更难。廉颇身体条件不错,特别能吃——这在战国是能力的一种表现——和赵武灵王不相上下:

> 赵国大军之中,唯大将廉颇之食量堪与赵雍匹敌,军中呼为"一龙一虎"。

可以想象,这是何等的一个壮汉!长久以来,说到廉颇,就是"以勇气闻于诸侯"。因此,这是一个特别能战斗、脾气暴烈的猛将,却不知,在勇猛的外表下是一颗细腻的心。

这是他最不为人注意却是最具价值的特点。

这说明他有一个地方护得特别好，这个地方叫作"方寸"。

秦王邀请赵王赴渑池之会时，蔺相如陪同。出发之前，廉颇反复与蔺相如确认此行无险，甚至说："赵王若有闪失，老夫拿你是问。"赵王车队快到边境的时候，廉颇又追上来了，拉着赵王到旁边胡杨林一定要说几句悄悄话：

> 老臣终疑秦国不善，请以三十日为限，王若不归，老臣则联络重臣拥立太子为赵王，以绝秦国胁迫野心！

这个时候，他的方寸没有乱。他连陪同的蔺相如都要避开，连万一被绑架的老板都打算舍弃。

蔺相如被封为上卿位列廉颇之右后，廉颇很恼火，很不服气，发誓见一次蔺相如羞辱一次。即便如此，他的方寸也没有乱，后来意识到自己做得不对时，马上负荆请罪就是明证。方寸不乱，才谈得上能伸能屈，进退自如。

长平之战，秦军百般挑衅，廉颇坚守不出不上当，这个时候，他的方寸也没有乱。

赵国朝廷决定由赵括换下"怕死的"廉颇，他虽然心中不快，但照样爽快交接，没有打一点点埋伏。这个时候，他的方寸也没有乱。

赵括兵败后，未见得廉颇发什么类似"你看看，当初不相信我吧，现在四十万军队都阵亡了"的议论，只是老老实实地隐居。这个时候，他的方寸也没有乱。

再度出山领兵攻魏，临阵被赵王下令由乐乘代替，老廉颇追着乐乘打，这可是赵军打赵军！这时候，他的方寸乱了！

一杯水端着不吃力，要是一直端着就会支持不住。长平之战后，廉颇就如一直端着一杯水，到了此时，他绷不住了。从哲学的角度说，顺着生命线捋，方寸不乱的尽头就是乱，这是一个结果，也是一个新的开始。

四

说句公道话，这也怨不得廉颇。廉颇毕竟岁数大了，一辈子的沟沟坎坎经历了不少，体力、精神较壮年有所减弱是正常的。再说，以前的老部下、老战友大多在长平大战期间以身殉国了，攻魏领的是兵，角色是职业经理人，子弟兵的色彩弱了很多，身边扯一扯衣袖的人恐怕也不多甚至没有了。

曾国藩说，事业看精神，功名看器宇。精神这东西也是以物质为基础的，口干舌燥就容易上火，身体状态好的时候就是满目春光。

不过廉颇的身体素质还真是不错。"赵肃侯二十年时，廉颇已经是最年轻的赵军大将"。赵肃侯二十年是公元前330年，最年轻的赵军大将至少得二十岁吧。赵悼襄王即位那年用乐乘代替廉颇，这一年是公元前245年，那么这时候廉颇至少是105岁了，这有点夸张了。不过，廉颇被封为上卿的时间是知道的，是伐齐之年，前283年，与前245年相隔38年，如果封为上卿时往年轻了算，25岁，那么到了前245年廉颇就是63岁，比较合理。战国时候六十多岁的人照样能上阵打仗勇猛不减，这是很罕见的。

也正因为身体素质好，后来廉颇听说赵王派使者来魏国考察他，他的方寸已经恢复了正常：

"为赵王特使洗尘之时，老廉颇风卷残云般吞下了一斗米的蒸饭团，又吞下了十余斤烤羊，之后抖擞精神全副甲胄披挂上马，将四十余斤的大铁戟舞动得虎虎生风，与宴者连同特使无不奋然喝彩。"

这是何等的可爱！他也知道这是来面试他的，一切的表现都是想要告诉使者：我还行！这时候的廉颇温顺柔软得简直像一只小绵羊。只可惜这个使者已经被收买了，回去后报告赵王说，廉颇虽然老了，但还挺能吃的，一顿饭能吃一斗米半只羊，不过中间要大便三次。赵王一听，这有尿不湿也兜不住啊，战场上这可没法弄，看来廉颇是老了，也就断了召回廉颇的念头。其实赵王忘了，孙膑还不能走路呢，不照样指挥若定，从一个胜利走向另一个胜利？

要说这使者可真阴险，前面说的是真的，最后一句用了私货，在细节上轻描淡写地说了谎，这就让整体显得很可信。

廉颇在魏国不得志，后来到了楚国，领兵总不如意，最后说了一句令千古之后的我们听了唏嘘的话："我思用赵人。"

意思是我还是希望能为赵国统领赵军。可惜这个愿望不可能实现了，最后在楚国的寿春终死。赵国虐他千万遍，他待母国如初恋，这正是廉颇深情的地方。

如果说廉颇还有什么不错的地方，就是他虽然最后郁郁寡欢，但毕竟是善终的，不像李牧最后被害了，从这点来说，廉颇逃离赵国是正确的。

廉颇一辈子做的是军事工作，站在他的角度，最高光的时刻当属攻齐获胜后被封为上卿。站在我们的角度，廉颇打过多少胜仗记不得了，不像说起孙膑，就是桂陵之战、马陵之战。廉将军最高光的时刻其实是他裸露上身背负荆条低下头的时候，一则"将相和"的故事流传了几千年。蔺相如原来是宦者令的门客，宦者令是大臣中排在最后的，发言的话要先得到王的同意，所以蔺相如的出身确实低了一些。廉颇最终意识到自己错了的时候，肯如此公开地彻底地不惜脸面地低头认错，这是很难得的。

几千年的历史人物千千万，像这样肯认错的大将军屈指可数。这正是廉颇不平凡的地方。

刚与柔，在他身上得到了很好的融合。这也难怪一千四百多年后的1205年，辛弃疾在《永遇乐·京口北固亭怀古》中还关心他能不能大口吃饭：

> 凭谁问：廉颇老矣，尚能饭否？

以廉颇之勇猛，也只是以大口吃饭低眉顺眼来换得赵国使者说一句好话的可能，而不是用别的生猛的方式。

他，真的是一只披着狼皮的羊。

方寸之间，是一番天地。守得住这块天地，对狼和羊都不容易。八风不动难，所以要写在扇子上轻轻摇。人可以有脾气，但不可以乱方寸。万一乱了，就定一定神，也不必一下子就慌了。那都是命，廉颇最后不还是活着到了魏国和楚国么？

高维度看问题，低姿态做事情

一

幼儿园的小朋友武术练得再好，在大学生面前也是没有用的，毕竟三岁的孩子跟三岁的猴子不能比，人家那是抓挠咬加窜跳跑，一个大学生可能还不是它对手。这是身体方面的情况。

在智商方面，小学生再怎么要心计，在大学生面前也是小透明——极个别缺心眼的大学生除外。但是在小学生眼里，或许认为已然得计。倒不是说这个挑出来的大学生有多么的出类拔萃，而是因为在整体层面大学生的心智发育远远超过了小学生，两者不在一个维度上。

在高维度的人眼里，低维度的人的各种心计就是小学生的水平，而后者往往不能自知。这也是我们常常劝人为善的原因之一，山外有山楼外楼，与其算计，不如善良。有高人说，善良是最大的自私，因为这是从更长的时间维度来看待问题的结果。

一个人一生所能遇到的重大抉择、危机与压力、荣耀与耻辱，都不会超过长平大战中的双方主将赵括和白起吧。长平大战故事的惊心动魄绝不亚于一部年度大片。一遍、两遍，这个故事看到三四遍时，我悟到赵括和白起就不是在一个维度上，白起是从高维俯视，赵括是在低维不自知。所以，赵括与白起对阵，赵括已是不胜，白起已是不败。

二

白起被称为"战神"。神，自然是与人不同的，然而，我看到的白起，一招一式也都是人的行为。比如重视粮草，要多一点，再多一点，不厌其多，不也很平常吗？比如诈败诱敌，不也是兵家常伎吗？

但仔细想，也有点不同。比如粮草，他的出发点是判断秦赵之间会有三年左右的长期对峙，所以要有足够的粮草，如果用下棋来比喻的话，白起下的棋很厚重，想要占他便宜很难。而且他想得很细，从军粮的量考虑到军粮的运输能力，再到军粮的烹制速度，这说明他下的棋还很细腻，想要占他便宜更难。

比如诈败诱敌，赵括手下的都尉都已经看出端倪，为何还要那么明显地使呢？或许电话诈骗的话术可以说明，明显不标准的普通话可以筛除掉一大批不容易上当的人，剩下的都是容易上当的人。白起并不担心赵括这次不上当，不上当自己也没什么损失，大军回营即是。

比如在战术上重视敌人，白起下令："但有轻视赵军而玩忽战阵者，军法立斩。"

战神所为，也是人之所为，只不过，战神在稳、准、狠上都超乎常人，每一招每一式，都是厚重无比。这让我想起所谓的笨人曾国藩的"结硬寨，打呆仗"。攻城，是我方处于容易重创的被动态势，但通过挖壕沟，筑硬寨，困住对方，让对方不得不来"攻城"，攻的时候不就要先过一道沟，再上一个墙吗？白起在西边老马岭营垒堵住赵军，在南边丹水布上主力大军，择机进入丹水谷地堵截，所用奇者，便是派王陵穿插到长平赵军的背面和赵军石长城之间。以及派嬴豹插入石长城东北截断石长城与邯郸联络，这两支部队进入预定地点后都迅速构筑营垒增加赵军突破难度。说白了，就是尽可能地围住赵军、困住赵军。如果说白起"结硬寨，打呆仗"，也无不可。

招式相似，但背后的谋不一样，这就是高手和低手的差异。白起认为赵军有四方面优势："轻猛彪悍，随身足食，久守求攻，主将气盛。"可贵的是他同时看到有四方面不足："其一，攻战心切而弃壁垒。其二，依仗随身军食，忽视军炊粮道。其三，攻坚器械不足，多赖弓弩长刀。其四，主将轻敌，偏颇一谋。"可以说，他所有的战略部署、战术安排都是以这些分析为基础的。其中的道理并不会因为是小说的描述而失真、失信，这就是逻辑的力量。

善于分析和总结，这是另一位战神毛泽东从一介书生成为杰出军事家的秘密。要说开枪打靶，毛泽东同志也许不如警卫员，实际上他一辈子也没打过几枪，但他在战略战术上都看得比别人深、比别人远，维度确实不一样。如果不服气，想想几人能说出"枪杆子里出政权"这样振聋发聩惊醒梦中人的简洁有力的话？

三

战神之间的共同点绝不是偶然现象。小说《大秦帝国》对于长平大战的描写，成功的地方很多，其中之一是把神还原成了可以学习效仿的人。我们看小说，除了娱乐放松之外，也是希望得到一点启发和感悟，这其实也是一种高级的娱乐和放松。

白起的两路穿插，也不是一实行就成功了，赵军也差一点击溃了秦军。但白起的维度很高，他的谋划是："此战之要在王陵营垒，赵军南线主力出动，真实图谋在于封堵秦军主力不能北援；秦军不守营垒而出阵，是摆脱被锁营垒之困境，保持快速增援之可能；唯其如此，秦军之要害不在长平谷地击败赵军主力，而是全力突破赵军阻截，保得王陵营垒不失，从而久困赵军。"

高维度意味着不一样的格局，不一样的气度，不一样的视野，不一样的策略，为了一个目标，可以有所取舍。到最后，白起将赵括率领的赵军困在长平战场，也不再比拼武艺或者勇猛，你来攻，就打回去，你不来攻，就耗着。就这样，等着赵军因为饥饿而逐渐失去战斗力。

这让我想起一位练武的朋友说：别看影视剧里几十几百个回合的打斗，其实真实的打斗也就几个回合决胜负。人是高级动物，人与人的斗争首先是概念或者是想象图景的斗争，业余的想的是还有几百回合好打，职业的想的是也就三四个回合，你说这两人碰在一起，结果会怎么样？道理其实也很简单，如果第一招腿被踢了，伤了，那么这条腿的几百种腿法不就全部作废了？想一想平时我们不小心膝盖碰到桌腿能酸溜成什么样就能理解了。

所谓神，就是能做平常人所不能做的事。今天的人放到古代就是神：视频监控千里眼、长途电话顺风耳，不是神是什么？差异在哪？维度不一样。高维，在低维面前，就是神。但我们知道，今天的人也是人，并不是真正的神。

白起是战神，是因为他站的维度要比同时代的人高两度。谁能想到战神没有炫出眼花缭乱的阵法，而是笨笨地、厚重地去围而不歼？谁能想到战神最后不是用大决战的方式结束战斗，而是用饥饿战法，靠自然的身体新陈代谢来摧毁赵军的战斗力？吃得再饱，过上一天还是得吃，不然就会饿，然后会饿得难受，接着会饿得发慌。没有物质，哪有意志？说穿了好像也是挺简单的道理，只是在说穿前很难明了。

有时候，我们会低估与高手之间的差距，觉得不就是差那么一点点吗？我要是不犯那个小错误，不也能如何如何。其实，大智若愚，大巧若拙，智与愚、巧与拙之间差的就是洞见——这是一克把白开水变为淡盐水的盐，虽然少，但改变了性质。这方面，还真得想想"虎行似病，鹰立如睡"这句话，那都是迷惑对方的表象，如遇上这样的明显的食物链上的高维动物，稍有轻视，就是呜呼哀哉。

面对高维的人，谦虚，其实是一道护身符。因为虚怀若谷，谷能纳川，多少总能兜得住点水，不至于一下子被淹了。

第三编

诸子文人：
骨子里的任性与坚守

有位骚人，在水一方

一

公元前 278 年农历五月初五，《楚国晚报》报道，有群众提供线索，当日有一老者披头散发，面色憔悴，形容枯槁，于汨罗江畔徘徊良久，其间长吁短叹，旁人劝解不得而离去，终于暮时抱石投江而死。有知情者曰：此为前左徒、三闾大夫屈原也。抱石投江，可见其求死不欲生之志。闻屈原死，群众纷至悼念，不胜哀痛！

此前，秦将白起攻下楚国郢都，这是让流放之中的屈原终于绝望的最重大打击。屈原少年得志，官至左徒，相当于副丞相，一辈子在劝楚王合纵抗秦，变法强国。前一件事，被狡猾的张仪化于无影，后一件事，让楚国的旧贵族们如芒在背，必欲去之而后快。屈原的一生是爱国的一生，也是郁闷的一生。除了受到群众的拥戴，屈原缺少有力的同盟者，受尽排挤，好心当作驴肝肺，多次被疏离、放逐。他若是就此吃点白菜，操点白菜的心，或许能过得不错。可惜他主人翁意识特别强，有官无官有权无权都不影响他关心楚国的前途，王族后裔的基因让他无法置身事外，这一点和韩非很像。首都失去，国破不在，屈原自感无颜无心存世。

儿时看屈原相关的电影或戏剧，总是觉得非常的压抑。他想做的事情，看着是那么的合理，却得不到王的理解和真正支持，也就无法成功。杀张仪，不听，识骗局，不听，最后楚怀王被秦国扣留，一个大国的王四处逃窜，赵、魏不纳，最后被秦国抓回，客死他乡。再加上朝廷之中，子兰、上官等一班权臣与屈原政见不同，到处掣肘，楚国的大堤被奸臣小人如白蚁般弄了个千疮百孔，最后被秦国的大潮冲垮。

屈原的悲愤在于楚国非不能为，而是不为。他看得清楚，提前吹哨，却无人听他。大堤被毁，白蚁也无法幸存，但每一只白蚁挖洞的时候，都不会意识到自己的这一挖，会是致命的。

最清醒的人，也是最痛苦的人。屈原投江，或许是一种解脱。投水之人，多属绝望、悲愤之人，泪与水融，滔滔不绝。老人投水，更是如此，若非生无所恋，何至于此？

55年后，秦灭楚。汨罗江水依然在，只是斯人已去，唯余离骚。几千年过去，华夏儿女有了端午小长假，托屈原的福，大家安康。

二

客观地讲，屈原一己之力是救不了楚国的。秦国对楚国，是集权制对联邦制，前者如臂使指，后者各怀心思，加上秦国军事、政治力量均强于楚国，有天下一统大志，楚国蚕食四方尚可，攻战不行，庙堂谋划与外交方面更是一塌糊涂。在一天下的历史趋势下，七大战国合而为一只是时间问题。若说机会，魏、齐、赵、楚也不是没有过，让楚国像多米诺骨牌一样连连出昏招一步步走入泥沼的张仪，之前不也是在楚国相国府上喝过酒吗？主人家丢了一块玉璧，怀疑是他偷的，一顿死打，和范雎的遭遇何其像也。天下大争，什么最贵？还不是人才。在战国的竞争中，人才不是孤立的、唯一的因素，但显然是必要的因素。

楚国的衰败，除了有无法吸纳人才的因素，更有其内在的原因。

孙皓晖先生在《亡楚论：故楚亡楚皆分治》中盛赞楚国最后败得算是有声有色，曾经"大败秦国主力大军二十万"，有过局部打赢强秦的辉煌一刻，最后时刻"没有出现一个大奸权臣卖国者"，一句话，楚国已经尽力了。孙先生认为，楚国的要害是"国家聚合力不够"。这是没有办法的事，成也分治，败也分治。

楚国的机会在于"天下苦秦久矣"之后。秦灭六国后，六国的贵族复辟势力无一是秦对手，可以说是有一灭一。因此，楚国的贵族最后只能借着陈胜吴广农民起义的大风掀翻了秦帝国的桌子，陈胜吴广就好比化学反应中的催化剂，没了它就是不行。一统之前，天下人还盼着过上好日子，谁知道秦国统一之后压迫太甚，百姓得不到休养生息，以致大泽乡的人们发现左右是个死，于是揭竿而起。

楚国受尽秦国的欺辱，祖坟被烧，国王被骗，国家被灭，这在六国之中是少有的。楚人反秦也就最坚决，对秦的报复也最强烈。"楚虽三户，亡秦必楚"，项羽和刘邦兑现了这句话——这两个人都是楚国人。秦国烧了夷陵，项羽烧了阿房宫，要不是秦始皇藏得好，也会被项羽拉出来烧了。

历史都是胜利者书写的。如果秦国万世而传，今人未必知屈原之伟大，未必有端午之假期。天下苦秦，且胜之，屈原为楚国最坚决、最纯洁的抗秦高官，得以追忆、怀念就有了可能。

三

树典型都是要讲政治的。褒扬屈原，落脚点在于他的忠君爱国，清朝褒扬汉人关公，也是一个意思。我们纪念屈原，在于他是一个有理想的人，一个纯洁的人，一个脱离了低级趣味的人，他之所为，并不是为了身后万世英名，而是为了自己的国家。

坦率地说，屈原的地位被捧得如此之高，对于现在的大多数人来说意义不大，除了道一声伟大之外，只能低头默默地吃粽子。他的传世作品，如果没有专家的解读帮助，要想领略其中的美妙，实在是太难了。

爱国是本能，如何爱国才是课题。

要说了解屈原，谁也不敢说自己曾经在屈原隔壁住过，或者和他一起出过差。文学作品虽然有虚构的成分，但至少可以借此了解一下屈原这个艺术形象的情况。《大秦帝国》的小说对屈原着墨较多，电视剧也有较多刻画，我觉得可以通过它们了解屈原为什么失败和败得是否有道理。

可以说，在屈原那个时代，他的政道才能并不突出，只不过他是典型的爱憎分明，"千古罕见的激烈偏执，恨便恨死，爱便爱死，意气极端得全然没有回旋余地"。小说中，南墨巨子邓陵子对他的评价是到位的：

> 此人诗情有余，韧长不足。总归一句：屈原者，奉王命变法可也，要他抗命变法甚或取而代之，异想天开也。

这是他的历史局限性，也是他的能力边界。楚怀王再怎么昏庸，屈原也无法离开他而实现自己的政治理想，他的长处在于执行坚决，毫不妥协，缺点在于不懂回旋。举世皆浊我独清，举世皆醉我独醒，换句话说就是：只有我是对的，不对也是对的。而这恰恰是不清醒的表现。顺便说一句，与之对答的渔夫水平太高，简直是个中文系和哲学系的双学士，我猜是屈原心中另一个声音：

> 夫圣人者，不凝滞于物，而能与世推移。举世混浊，何不随其流而扬其波？众人皆醉，何不哺其糟而啜其醨？何故怀瑾握瑜，而自令见放为？（《史记·屈原贾生列传》）

小说中借鲁仲连之口表达了良臣和忠臣的差异：

> 谋国良臣，绝非一个忠字所能囊括，忠而丧志，照样误国害民。撑持危局，更根本者是胆略，是勇气，是见识，是强韧。

屈原撤回新军，苏秦的评价是："以小怨乱大局。"苏秦死于前284 年，屈原死于前 278 年，这两人是同时代人，小说中讲两人共同组织合纵是合理的。遇到张仪叔叔这样的人，屈原是一点办法没有，只是反复说：

> 一定要等苏秦，此人非苏秦不是对手，一定要等。

这是神来之笔，形象地描绘出了愤激之士遇到克星的情形。据推测，张仪要比屈原岁数大很多，可能差了一代到两代，称为张叔叔不为过。

义正词严常常是正面的、褒义的，但有时也会让周围的人无法提出正确的反对意见。有一次我的同学跟我说，前次某某情况，你说得很好，我们都不好意思反对，因为反对的话显得我们不够关心别人，但事后想，似不是必须那样做。这其实是很好的警醒。

另外，为什么屈原被称为爱国诗人，苏秦、张仪、白起、吕不韦没有被冠以"爱国"两字，是这些人没有爱，还是没有国？值得思考。

四

屈原是有缺点的，但不妨碍他的高大。骚，有忧愁的意思，他是一个充满了忧愁的人。他的烦恼，是没人听他的，或者是有时听他的，有时不听他的，总的来说是不太听他的。

要想了解他的《离骚》，很难，路漫漫兮你将上下求索而未必得。要想了解他的烦恼，即骚，其实不难。家国一体，设想家中有位祖宗，被保健品推销员一声阿姨一声叔叔迷晕了，你是否也曾直言进谏过？是不是有时听你的，有时不听你的，总的来说是不太听你的？还有位阿姨，被诈骗电话骗了非要去银行汇款，派出所民警也阻拦不了，阿姨说，有你们在，我怕什么，要是真被骗了，你们还能帮我要回来！然后坚定不移地汇出了八万元，然后呢，就被骗了。民警同志啊，你们一定要帮我追回来啊！

正在吃着粽子的朋友们，一定要看好你们的王不要被骗了。既要学习屈原，也要学学苏秦张仪吕不韦，那样，离骚就不远了。

在现实中找到归宿：一种理想的理想主义

一

理想主义就是用来破的，倘若理想主义一直很理想，它就不是理想主义。悲情是它的灵魂。

学霸往往异于常人。但如果学霸仅仅是学霸，那就只是学霸而已，一时的仰慕不足道。只有当他肩负起社会责任，他才能成为一个有价值的学霸。真正的学霸，是学友、学痴，是高山，是流水，是能够"一棵树摇动很多树，一朵云推动很多云"的。

这样的学霸，往往是理想主义的。

理想主义的学霸在现实中经常会碰得鼻青脸肿，似乎郁郁不得志。然而，如果没有种种的挫折，他的生命就是脆弱而稚嫩的，只有经受过种种的考验，他才能真正地伟岸起来。

所谓百炼成钢，就是如此。

二

有个学霸，为了实现自己替天行道的理想，建立了一个严密的组织，有了自己的武装，觉得哪个国家是暴政，就采取"斩首行动"，有时候还组织志愿军直接参战。由于得罪了很多强权国家，遭到了一些国家派遣的刺客威胁，因此长年躲藏于山里，戒备森严，外人不得奥妙。

他叫墨子。

《大秦帝国》中借秦孝公之口说出了墨子"学霸"的名号。第一次是跟着玄奇进山，各个关卡用《墨子》上的话作为暗语，还"三日一换"，要是答不上来，非但进不来，而且会有中机关送命的可能。秦孝公感叹道：

老墨子威加诸侯，可谓天下学霸矣！

第二次是秦孝公与墨家子弟论战，禽滑釐要求他杀掉卫鞅以"拯救文明、洗刷秦公"，秦孝公感慨地说：

"嬴渠梁进山，本为崇敬墨家论政求真之精神而来。不意嬴渠梁今日看到者，竟是徒有其表、以势压人的天下学霸……"

这两个"学霸"，都突出在"霸"字，前一个是"霸气"，后一个是"霸道"。墨子的女弟子玄奇说，这可能是强者本色吧：

"人强则硬，国强则霸，学强则横。"

秦孝公对墨家的批评可谓尖锐，墨家子弟"一时人人变色，个个激愤"。邓陵子作为四大弟子之一更是摆出阵势要诛杀对方。

然而，在秦孝公一番慷慨激昂的陈述和抨击之后，墨子却并不霸道，从白布帐幔中长笑而出，"从台上轻跃而下，秃头白眉，布衣赤脚，宽大的粗布白袍随风舞动"。他来到秦孝公前，"一阵端详，一阵大笑"。

"好，秦公嬴渠梁无愧王者气度，人间似乎要有新天地了。"

墨子表现出了大家的风度、大师的见识。

这就看出墨子和弟子之间的差距了。风中定神，雨中定睛，乱中定心，这不是一般人能做到的。

墨家培养子弟的方式不同于儒家，自己开荒种田养活自己，按照禀赋才能分为子丑寅卯四门，子门是文、武、工三方面都很强的资深弟子，相当于德智体美劳全面发展的三好学生，丑门是思维活跃想法奇异的弟子，相当于文秘大专和理科班学生，寅门是军事理论与实践班弟子，相当于武校和军校，卯门弟子年纪很小，潜力特质有待发掘，相当于少年班，除此之外还有一个"虎门"，都是一路收留的念书不行但会散打和剑术的特异人物，不算弟子，相当于雇佣军。

可以看出，墨子很注重分类管理、因材施教。有意思的是，他所有的子弟都互称师兄师弟，只有他被称为"老师"，在这里，不但没有辈分层次之分，像师叔祖、师叔之类是没有的，而且也不按照加入或受业的先后顺序排位，这和《笑傲江湖》里华山派先入师门者为兄也不一样。墨子希望的是管理扁平化，消除一切层级，直抵基层。但这显然是过于理想了，分层级管理已经成为世人共识。实际上，子门就是墨家后备干部储备库，接班人就在其中产生。禽滑釐、相里勤、邓陵子、苦获四大弟子负责主持，实际上就是高管层，不分层级而有层级，这既是理想主义者的妥协，也是理想主义者的狡猾。

三

墨子虽好，照样爱权力。

表面上看，四大弟子负责日常事务，只要事后向墨子报告一下结果就行，但实际上墨子牢牢掌握着权力，四大弟子只是"轮值CEO（首席执行官）"，他才是真正的CEO和精神领袖。因为他有两条规矩：

"一、子门首席弟子禽滑釐只是主掌事务，不称巨子，墨家巨子仍然是他本人。二、参与事宜的任何一人若对决策提出异议，必须禀报他裁定。"

这就是说，禽滑釐是没有名分的，只不过是看着那把椅子而已。墨子后来对禽滑釐有些担忧，原因是他已经是五十多岁的人了，对墨子却"永远是毕恭毕敬唯命是从，从来没有争辩"，而禽滑釐的性格本色是"坚毅严厉,离开他办事极有主见,且果断独裁"。这说明什么?说明禽滑釐未必赞同墨子的决断,但却"毫不犹豫地服从执行"。

这是大当家的对接班人的担心,担心身后变色。那你是要他公开分歧、拒不执行吗?好像也接受不了吧。事实上,禽滑釐功劳无数,"早已经成为名震天下的大师,也成为墨家自然形成的第二代巨子",从他的角度看,避免冲突、等待接班是最优选择。

这恐怕是所有创始人特别强的组织都会面临的问题吧。交给谁接班是个问题,交对了,接下来几十年没有问题,交错了,分分钟就完蛋。

禽滑釐的唯唯诺诺,有墨子的责任。马克思说过,商品卖出的一刻,是惊险的一跳。我想说,代际的交接,也是惊险的一跳。

虽然惊险,但必须跳。早跳比晚跳好,跳比不跳好。跳前好好看,跳后不后悔。

四

椽子好找,一梁难求。

秦孝公来墨家大院的时候,墨家摆出了"论政台",自信能用辩论折服赢渠梁。这实际上是"要文斗不要武斗"的高明做法,暴力固然是元规则,但文明是趋势,也是吸取了不文明教训的结果。墨子的十大主张中排在前两位的就是兼爱和非攻。到后来,邓陵子等人图穷匕首见,有失风度,白跟墨子学了这么多年。

同样是暴风骤雨,邓陵子等人看到的是敌意,墨子看到的是真知与灼见。这就是宁与明白人吵一架,不跟糊涂人说太多的道理。

撤掉论政台,改设论学宴席,标志着墨子与秦孝公的和解。其实岂止是和解,简直是互为知音了。秦孝公在去世前密令玄奇:

若咸阳有变，立即持此件进神农山，请墨子大师出山斡旋。

世俗的权力最终寄望于民间武装力量和精神领袖，这一方面说明秦孝公对其的信任和倚重，另一方面也说明了他的无奈——他预测的"咸阳有变"的"变"可能是血雨腥风的，仅靠内部力量已经无法处理。墨家有过调停国家之间危机内乱的成绩，既有实力又有正气，是天下之侠，值得信赖。

但墨子最终没能赶上这一趟。咸阳有变的时候，墨子已经仙逝。之后，墨家迅速分裂，四大弟子各成一派，其他"稍有成就的年轻弟子也出了总院自立学派"，墨家分裂了。这恐怕是墨子始料未及的。禽滑釐最终没能成为继承墨子和团结墨家的集大成者，有他的原因，也有墨子的原因。

墨家子弟"赴汤蹈刃，死不旋踵"，忠诚的是墨子一人，四大弟子的影响力几乎是平分秋色，大弟子并没有师父的特别加持，在接班问题上缺少"扶上马，送一程"的支持，组织内耗在巨子（墨子）在的时候波澜不兴，一旦不在，则迅速发酵，使墨家分裂。

五

墨家是一个非营利组织，但这并非墨子一开始的选择。

学而优则仕。墨子当过宋国小吏的仆人，后被举荐给宋国国君当了太庙小吏。公门之中好修行，能当官自然不会落草。墨子求官不成转而研究为政学问，最后自成一家。

春秋战国时候的大家，就是各种"子"，老子、孔子、孟子、庄子等，大多如此。这些人的共同点有两个：一是学问好，称得上是"学霸"；二是都有点理想主义。无为而为，老死不相往来，现实吗？

王道仁政，现实吗？君为轻，民为贵，现实吗？反对人为，推崇至德之世，现实吗？

虽然不现实，但很有价值。无论是哪个子，现在他们的学问都在被人研究、应用。理想主义就是这样的，它不解决柴米油盐，但它是茫茫大海中的灯塔，照亮远航的人们。

墨子等人虽然是理想主义者，但他们积极入世，甚至成为"政侠"，替天行道，匡扶正义，并且传授百工技艺，这是他们的现实归宿。任何理想主义，最终都要和现实主义相结合。什么时候找到了这个现实锚点，什么时候就升华了。原先的理想什么时候破了，什么时候就是重建的机会。所以，在现实中如果看到哪个理想主义者创办的企业失败了，不要奇怪，也不要嘲笑，这都是必然的。理想主义的光芒至少有一半来自悲情。

只要有一丝光，就能照进缝隙。这就是它的价值。

中年人的最佳导师指南

一

导线导电，导游导景，导医导向。如果遇上一个好的导师，以上可以打包提供。导电让你来劲，导景让你入港，导向让你不迷失。

唐僧教了三个徒弟什么？整个《西游记》就是三个徒弟陪着一个师父完成了一个镀金项目，除了有时候念一声阿弥陀佛，叫三个徒弟不要杀生、要以慈悲为怀外，唐僧从来没有正儿八经上过什么课。跟着这样的导师，就是做做项目，增加些与人与妖与神与仙打交道的经历，至于自身的佛学修养，则未必。悟空最后得了个斗战胜佛的职称，主要是保卫工作做得好，和导师的研究方向一毛钱关系都没有。悟能得了个净坛使者的职称，主要是挑担有功，而不是念经有成。悟净得了个金身罗汉的职称，主要是登山牵马有功，和导师的研究方向也没一点关系。这三个徒弟十来年时间正儿八经的专业课都没上，最后照样毕业，只不过跟协和类似，有的是博士，有的是硕士，哦，悟能好像只能算是大专，虽然职业不分贵贱，但净坛净坛，毕竟是个体力活，技工都算不上，算大专差不多了。

这么说起来，唐僧这个导师，最多做到了导向：向西向西。悟空、悟能、悟净三个徒弟也不在乎，真要天天上课的话，估计也受不了。虽然徒弟不是学经的料，但师父也从来不尝试尝试，比较奇怪。有人说了，这是因为没有教材，教材要到西天去取。但我看这四个人教材到手不久，就各自毕业了，这个学上得累是累些，学制是长了点，但不会挂科不用写论文，还是有吸引力的，没有关系还进不了。

总之一句话，唐僧这样的导师有各种好，就是有一样不好：不太像导师，感觉像包工头。

二

还是人间的导师好，至少像个导师。像孔子、孟子、墨子、荀子等，都是不错的，尤其是孔子、孟子，几乎是完美的形象，三导具备：因材施教，怎么来电怎么教，到处游学，景色看了不少，倡行王道仁政，方向清晰。

孔子有三千弟子，这样的教学量是不得了的。时至今日，大学里不是博士都很难留校了。就算难度降低一档，硕士毕业当老师吧，二十五六岁开始工作，平均一年带一个班五十人不算少了，带出三千弟子也要六十年，二十五六加六十，也就八十五岁或八十六岁了。要在退休前完成这个任务，平均一年要带两个班。这是不容易做到的。

有为天下苍生谋幸福、为自己谋前途愿望的有志青年，找像孔子、孟子这样的导师是不错的。孔孟虽然曾被人讽刺为"丧家之犬"，但导师的意志足够坚定，思路足够清晰，影响力足够大，走的都是上层路线，见的都是帝王将相，随便推荐一下，就是县处级起步。像孔子、孟子出去做项目，都是带着学生的，见王的时候，学生就在旁边，"且位次要在陪席名士之前"。见得多了，最低程度以后看到一些场面不至于一惊一乍。世面这种东西，越早见到越好。格局这种东西，又和见过的世面正相关。气场这种东西，基础又是格局。所以，见见世面总是不错的，夏虫不可语冰，井底之蛙不可论天，就是这个道理。

孔子、孟子的好，要和荀子比较才能知道。荀子出去做项目，一般都不带学生。小说《大秦帝国》里薛公看着出来煮茶倒茶的像是学生，想打探点事："夫子弟子们可知今日筵席之事？"荀子当即说这是仆人，不是修学弟子，"老夫弟子不执杂务，不入世俗应酬，唯学而已"。接着借毛公之口，说了荀子带学生的理念：

> 荀子教人，讲究个冥冥之志，惛惛之事。说的是治学要专心致志，深沉其心，自省自悟，不为热闹事务所乱心乱神。此所谓："君子博学，而日参省乎己，则知明而行无过矣！"

要说有道理也有道理，学习是要专心，要说没道理也没道理，身教胜于言教，学生跟着导师出去走走，总不见得就此荒废了学业。

三

至于墨子这样的导师，好是不用说的，跟着他学农学工学军，野蛮体魄，提升精神，德智体美劳全面发展，就业前途按理说不错。

遗憾的方面有两点。

第一，墨子不仅是体制外的，而且是反体制的。墨家学派甚至被称为"政侠"，凌驾于各国之上，看谁不顺眼——当然，墨家的不顺眼指的是暴政之类的天下共诛之的方面，不是个人观感方面的问题，但到底是不是、对不对就不容别人来评说了——就实行斩首行动，站在政府的立场，这不仅是反对派了，简直就是恐怖组织了。这种情况下，想靠导师的美言推荐在各国政界找一个好工作的事就不要指望了。

第二，墨家学派没有行政级别，墨子本人就没有，几乎不可能得到体制内的救济。这又是和第一点是相关的。孔孟与体制内交往很深，孔子曾经当过鲁国司寇，孟子当过稷下客卿，虽然活着的时候一般般，山东的孔府实际上和孔子本人没什么关系，那是后代的事情，但到了汉代、宋代，孔孟分别成为圣人、亚圣，孔孟所代表的儒家成为钦定学问，相关的《大学》《中庸》《论语》《孟子》《诗经》《尚书》《礼记》《周易》《春秋》九本书成为高考指定复习资料。荀子更是当着兰陵县令，做着大学教授兼校长的工作，体制内外"融会贯通"。

而墨子是没有这些的，这就很麻烦。朱清时教授创办南方科技大学时声称没有行政级别，令人钦佩，但没有行政级别之后和体制内的人打交道，麻烦不是一般的多。和平时期尤其讲对等，别人都不知道派什么级别的人来接待你。朱教授说，没有了行政级别，没人管你了，文件也不发给你了，办事很困难。墨子也差不多，同样是搞民办学校，孔孟得到了招安，墨家则一直特立独行，好是好，出路比较难。

这么说下来，外儒内法的荀子最得中庸之道，正所谓"有意栽花花不发，无心插柳柳成荫"，不想当官的荀子一不小心成了官产学或官产研的杰出代表。信陵君十分理解荀子的心境，在后者婉言谢绝一起创办邯郸学宫后，推荐给了春申君，春申君安排荀子在苍山开学馆，并且让他虚领县令职务，实际干活的是县丞。虚领职务的好处是可以名正言顺地有一份体制内的工资，和官方打交道时方便很多。兰陵赋税一半归苍山学馆，相当于有一个产业。

吕不韦说，荀子愿意委屈自己当兰陵县令，和当地有兰陵美酒大有关系。这应该是酒场段子了，不足为信。荀子愿意当县令，是在那方便办学、做研究，不是为了喝酒方便。信陵君说："荀子强于政而弱于学，治学虚怀若谷。"他培养研究生的方向也是偏重于实际政务的，比如李斯，做到了秦国丞相；比如韩非，著作《韩非子》深得嬴政赏识；比如甘罗，后来也是朝中翘楚。

所以，荀导师活得最好了。即便是从学术上讲，他的高度也是难以企及的。孔子之后的两位大师，一个是孟子，一个是荀子，一个主张人之初性本善，一个主张人之初性本恶，一张烧饼，两人各卖一面，生意都很好。

四

人到中年，不是得意，就是迷茫，有时是二选一，有时是买一送一。各有各的烦恼，没有烦恼的是行尸走肉。

大海航行靠舵手，舵手也要看灯塔。导师就是灯塔，看着远不要紧，方向不错是关键。孔子、孟子、墨子、荀子，选哪一个好？

我以为，若去了"中年人"这个前提，则均可。有了"中年人"这个前提，荀子为佳。不是说荀子官产学或官产研通吃，方便走门路，而是荀子能够这样，已经活得通达了。知己知彼，知进知退，兼容并蓄，融会贯通，达则兼济天下，穷则独善其身。鲁仲连评价荀子道：

> 荀子学究天人，贯通古今，有儒家之学问，有法家之锐气，有墨家之爱心，有道家之超越；然又非难诸子，卓然自成一家，堪称当今天下学派之巅峰也！

虽然这难免有过誉之嫌，但这种境界或可向往、追求。

作为优秀的导师，怎么能不批评或者点评一下别人呢？那样就没有锐气了。借着李斯、韩非、蒙恬、甘罗四人施礼恭迎老师的机会，荀子作了一次机会教育：

> 礼者，心也。你等且莫如孔门弟子，拘谨礼仪过甚而失心境也。

孔子还能说啥，又不能掀开棺材板来反驳。所以同志们，活得久才是硬道理。开个玩笑。实际上孔孟并不因为有不足而失去光彩，儒家的一些拘谨、心口不一代表了人在认识事物规律过程中的一个阶段，是"先有法"的状态，一个人，要到人情练达、世事洞明的程度，不可能是五六岁、七八岁的样子，那要吓死人了，甚至也不可能是二十岁刚出头的样子。荀子的高度，也是站在前人的肩膀上，我们现时圆润的认识和行为，也是有幼稚、不成熟、自相矛盾的过去的。

小说中，荀子对李斯的赠言是："恃公任职，恃节谋事，心达则成，志滑则败。"可以看作对李斯后来遭遇的预言和判词，作者当然是有上帝视角的。对于韩非，赠言则是："子乃性情中人也！但能常心待事，衡平持论，为政为学，皆可大成矣。"还怕读者不明白，又补了一句："屈原者，子之鉴戒也。"这也是和韩非后来的情况符合的，他恰恰不能做到的就是"常心待事，衡平持论"。这也成功塑造了荀子这位理想的中年人导师形象——彼时，李斯早已成家，韩非也非少年了。

五

师父领进门，修到行在徒弟。这是万古不变的道理，没有一路送到底的导师，也没有恰到好处之时出现、如你所愿的完美导师。心外无物。心若不明，即使荀子大师来到跟前，还不是看不见？

我以为，明镜有台，菩提有树，这是大多数人可以理解的境界，先勤擦拭吧，没有台可以擦的时候自然进入新的境界了。中年人的导师不好找，不如以师为师，以友为师，以敌为师，常自反省而求精进。

这个过程中，谁能指导你，谁能鞭策你，谁能提醒你，谁就是最好的导师。他最好最最了解你的长处和不足，你的性格和脾气，你的诗和远方。

这样的最佳导师哪里去找，是谁？

还能是谁？

还不是你自己。

演而优则导。用超我引领本我，本我驱动自我，顺乎自然，顺乎自己，自己导电、导景、导向，手动挡操作，自动挡巡航，人在旅途，不亦说乎？

傲骨尚可有，傲气不如无

一

道路千万条，安全第一条。

老司机都知道，爆胎是高速第一杀手，或者第二杀手，总之是杀手。人不可有傲气，但不能无傲骨。是傲气，还是傲骨，这是个问题。要是搞不清楚，安全起见还是不傲的好。不然，傲得不好，容易变成霸气。霸气如原子弹，链式反应起来不好控制，分分钟就会爆胎。

有这么一个霸气的人就爆胎了。他游走于各国领袖人物之间，交的都是高层朋友，自己定位为"王者师"，几乎是想说什么就说什么，那些政要们也非常给他面子，对他好礼相待，就是被批评或者讽刺了也不怪罪他。他到哪都带了一帮追随者，每次和政要见完面，回到宾馆，手下人都要写个会见实录，很多时候直到这时他才会注意到还有谁和谁谁也参加了会见——当时他是不屑于关心谁陪同的，他的眼里只有王和自己。就这么霸气的一个人，却爆了胎，还爆了两次。

他，就是《大秦帝国》里的孟子。

二

我们经常说，谦虚是美德，有时候也说谦虚是中华民族的美德，翻译到西方，人家不干了，谁说这是你们家的？其实我们也没说只有我们家有，只不过是说我们家确实有。

实际上，谦虚也是生活、生存所需，世上强人太多，一山还有一山高，另外，你要发达了盼着你倒霉的人也会变多，不谦虚，锤你的人就会排着队等在家门口。

但在树梢上待久了就会忘了自己的红屁股。《大秦帝国》里的孟子好像就是这样，居然有两次出言伤人最后自己被爆胎，第二次还当场吐血，感觉补胎都不行了。

第一次是在魏国，高谈阔论之际，张仪求见魏王，与魏臣一番辩论之后魏王觉得张仪这个人脑子快，留在身边倒也有意思，这时孟子开始第一波攻击：

> 魏王高明。此子，当得一个弄臣也。

大家都是混口饭吃，你说你孟子何苦当场贬低人家呢？张仪居人屋檐下忍了，接下来说到纵横之学，孟子又来损人了：

> 此等人物朝秦暮楚，言无义理，行无准则；说此国此一主张，说彼国彼一主张，素无定见，唯以攫取高官盛名为能事。譬如妾妇娇妆，以取悦主人，主人喜红则红，主人喜白则白……此等下作，原是天下大害，若执掌国柄，岂不羞煞天下名士！

这一次，张仪使出了辩论必杀技：先扬后抑。其实孟子前面也用过，先说"魏王高明"，后说"此子，当得一个弄臣也"，让人不好反驳。张仪的这一招大家可以学一下：

> 久闻孟夫子博学雄辩，今日一见，果是名不虚传也。

遇到损人的，你若是跳脚起来便已经输了三成。但你要是捧他一捧，抬他一抬，那就相当于伸出桥手将他退路封死，接下来借桥过河就是一气呵成了。孟子还没知觉，不屑一顾地说："国士守大道，何须无节者妄加评说。"

这就是桥手的妙处，孟子若是收敛谦虚一点，张仪或可不攻，大家呵呵呵呵一团和气，孟子如此得寸进尺，用武侠小说的话说就是劲道用得太足，已然不能回招，这时，对手借劲顺势一拉，侧身让过，说时迟那时快，已经闪在他身后，右手食中二指疾如闪电，唰唰唰连点腰、肘两处若干麻晕穴，被点之人孟子登时瞠目结舌一动不能动。

且看一辩张仪是如何定论的。先是一阵哈哈大笑，这是扰乱对方心神，然后又突然刹车完全不笑，这是告诉对方刚才的开心是因为接下来你要不开心了，然后开始发表论点：

> 一个惶惶若丧家之犬的乞国老士子，谈何大道？分明是纵横家鹊起，乞国老士心头泛酸，原也不足为奇。

不要小看这一段话。"惶惶若丧家之犬"这是揭十八代祖宗的面皮。孟子是孔子孙子的学生的学生，虽然还不到十八代，但差不多就是这意思了，然后这还是个定语，中心词是"乞国老士子"，又是定语"乞国"领头，一下子就把孟子的定位拉到很低很低，然后又是"老"，最后还是"士子"而不是"夫子"，这在骂架之中最为常见，一连串的定语，让人目不暇接不知先反驳哪个好，你要声明不是"惶惶若丧家之犬"，那就意味着你承认是"乞国老士子"，反之亦然。然后接下来又是一句当头棒喝："谈何大道？"紧接着是抛出一个论断：你就是泛酸、妒忌，心里不平衡。接下来是展开叙述，十分精彩：

> 纵横策士图谋王霸大业，自然忠实与国，视其国情谋划对策，而不以一己之义理忖度天下。若其国需红则谋白，需白则谋

红，需肥则谋瘦，需瘦则谋肥，何异于亡国之奸佞？所谓投其所好，言无义理，正是纵横家应时而发不拘一格之谋国忠信也！纵为妾妇，亦忠人之事，有何可耻？却不若孟夫子游历诸侯，说遍天下，无分其国景况，只坚执兜售一己私货，无人与购，便骂遍天下，犹如娼妇处子撒泼，岂不可笑之至？

本来骂人家"妾妇娇妆"，结果被人家兜回来骂"娼妇处子撒泼"，张仪不乏狡辩之词，但从辩论的角度看防守严密，进攻到位，"纵为妾妇，亦忠人之事，有何可耻"更是让孟夫子在"妾妇"上难以再做文章，这就好比灭火时烧的防火带，全部烧掉，你怎么借劲？

这时候魏国群臣兴奋得不得了，喝起彩来。

请注意，学霸牛是牛，光彩是光彩，但前面说了，也会有很多人希望看到你倒霉，因为你的霸气让人感到压抑，如果你让人如沐春风，那就是另一回事。

先听立论，孟老夫子是"脸色骤然铁青"，再听一辩展开，已经"簌簌发抖欲语不能"，至此，孟老夫子惨败。

讲这一段，主要是分析霸气侧漏以后的后果：容易爆胎，对手一旦用先扬后抑必杀技几乎难以逃脱。孟子和张仪有没有过这次辩论？史书上没有记载，但孟子确实是看不起苏秦、张仪之流的，并且确实是很有霸气：唯我独好，其他都是渣滓。张仪生年不详，卒于前309年，孟子生于前372年，卒于前289年，两人时间上有交集，空间上都去过魏国庙堂。因此，这个情节的想象有合理性。

三

书中的孟子挺倒霉的，二十年后又遇张仪，又爆了一次胎，这次是在齐国。

《大秦帝国》里这一节名字叫作"张仪又一次被孟子激怒了"。这时苏秦已经不幸遇刺身亡，齐国刚刚为其举行丧礼，张仪以秦相身份参加。结果孟夫子访齐，在齐国庙堂再一次攻击苏秦、张仪为代表的纵横家。

本来是说如何安定燕国，孟子说："置贤君，行仁政，去奸佞，息刀兵，燕国自安。"齐宣王顺着话头请教那该如何做到这些呢，孟子的姿态就有点过头了，"微微皱起了眉头"，好像你连这都不懂，又像你怎么问我这么低级的问题，"苍老的语调分外矜持"，说实话，这不太像孟子。孟子接下来这句话夹枪夹棍，终于给自己招来了爆胎：

"上智但言大道。微末之技，利害之术，唯苏秦、张仪纵横者流所追逐，孟轲不屑为之也。"

这真是语不惊人死不休。书上写道：

"此言一出，举座皆惊。目光齐刷刷聚向了张仪，齐宣王也一时愣怔了。"

张仪仍然是以先扬后抑必杀技出招：

孟夫子名不虚传，果然大伪无双也！

此时的张仪已经不同于二十年前的张仪，现在的身份是当今世界第一强国秦国的丞相，分量和舆论倾向完全不同。孟子后悔已经来不及了——应该早点了解一下今天有谁在场。接下去的对话，孟子几乎是毫无招架之力。"大伪无双"四字一出，孟子就心说不好了，天下敢这么骂我的还有别人吗？肯定是张仪了，一物降一物，这下麻烦了，硬着头皮问了一句"足下是张仪了"，张仪毫不放松，继续为反击收好拳头：

> 微末之技，利害之术，纵横家流，张仪是也。

诸位看官，到这里主要欣赏的是辩论的技术——愿意理解为骂架的技术也行。越是放低身段，好像自我贬低，接下来的反击就越强，对方还无从转圜。

接下来的一段阐述极其精彩，篇幅太长，不宜长录。总之，先讲儒家眼里别人都是小人，只有自己是君子，然后列举了对诸子百家的刻薄言论，再问你到底有什么货色拿得出手：

> 国有急难，邦有乱局，儒家何曾拿出一个有用主意？

然后是指出孟子名言"民为贵，社稷次之，君为轻"的虚伪性和双重标准，接下来一段话直指其心，颇具匕首之力：

> 儒家大伪，更有其甚：尔等深藏利害之心，却将自己说成杀身成仁、舍生取义。但观其行，却是孜孜不倦地谋官求爵，但有不得，则惶惶若丧家之犬！三日不见君王，其心惴惴；一月不入官府，不知所终。究其实，利害之心，天下莫过儒家！

紧接着说利害之心本是人性，儒家却无视，意思是没有真性情真血肉，真是虚伪。这还不算，还以此为美，公然引导说假话，为圣人大人贤者遮羞，长期愚民。

张仪的这一番长篇论述的结论是：

> 儒家在这个大争之世，充其量，不过一群毫无用处的蛀书虫而已！

孟子听完，气得无话可说，"一口鲜血喷出两丈多远"，需要注意的是，这时候面对抢救孟老夫子的场面，现场的一百多个齐国稷下学宫的名士冷漠得很，没一个上去哪怕是装装样子。墙倒众人推，船破大家踩，都是这个样子。

其实孟子那段话少讲一句就没什么事：

> 上智但言大道。微末之技，利害之术，孟轲不屑为之也。

谁都知道你只做大事不做小事，只要不妨碍别人，别人也没什么意见。但你偏要扯上苏秦、张仪纵横者流，顺便刺人家一下，不要说刚刚苏秦新丧，即便是无事健在，也无必要此时此地树敌。一条街上各做各的生意，你卖仁政，我售霸策，说不得你的仁政就一定天下无敌，真没必要贬人扬己。退一步讲，文人相轻，那也是台面下的事，放到台面上，难免不堪。

张仪和孟子虽然二十年前怼过一回，但对于孟子，张仪还是认可其学术地位的，这次见面前，张仪就说道：

> 若去了那种学霸气，再去了那股迂腐气，这老头子倒确实令人敬佩。

四

以孟夫子这样的学霸，往来无白丁，谈笑有王相，贸贸然出口伤人尚且爆胎得这么严重，普通人更是要注意口德。

话说回来，孟子这个人还是相当不错的。有的导师喜欢带着学生出去做项目，机会来了还推荐就业机会，孟子就是这样的。而像荀子这样的，喜欢自己出去做项目，学生都不带。一个导师好不好，主要看留下多少话，以及被引用得多不多。孟子的话，这两方面都称翘楚，不信你看：

"贫贱不能移，富贵不能淫，威武不能屈，此之谓大丈夫。"这是他说的。

"民为贵，社稷次之，君为轻。"这是他说的。

"故天将降大任于是人也，必先苦其心志，劳其筋骨，饿其体肤，空乏其身，行拂乱其所为，所以动心忍性，曾益其所不能。人恒过，然后能改；困于心，衡于虑，而后作；征于色，发于声，而后喻。入则无法家拂士，出则无敌国外患者，国恒亡。然后知生于忧患而死于安乐也。"这段话激励了无数陷于困顿的人，是孟子说的。

张仪说孟子迂腐，其实孟子不算迂腐，从他跟梁惠王说的五亩之宅那段话就可以看出，他很熟悉经济，很接地气，他是这么说的：

"五亩之宅，树之以桑，五十者可以衣帛矣。鸡豚狗彘之畜，无失其时，七十者可以食肉矣。百亩之田，勿夺其时，数口之家可以无饥矣。"

孟子说得齐宣王"王顾左右而言他"的那次，他先在开头铺垫了两个例子，一个是托妻子于友而冻饿，一个是主官不能管理好部下，然后才提问"四境之内不治，则如之何"，我觉得他不迂腐。

真正的大师，骨子里都是不迂腐的。

五

小说中的孟子虽然爆了两次胎，但从留下来的《孟子》看，还是值得敬佩和学习的。其中之一，就是对于不同层次、水平的人，当时大多是王相，无论是什么问题，什么态度，比如一开始梁惠王直接就称呼他为很不礼貌的"叟"，再如有一次见完梁襄王回来后，跟学生说"望之不似人君"，意思是有点不成器，但他都是很认真地回答了对方的问题，并引导对方正确地思考如何为政。

现实生活中，跟意趣相投、水平接近的人沟通不难，跟心态开放、虚怀若谷的人沟通不难，跟求知若渴、积极向上的人沟通不难，难的是跟不这样的人沟通，难的是跟老古板沟通，怎么样既不爆对方的胎，也不爆自己的胎，胎胎相安。

这方面，孟子可以作为学习的对象，他有成功的例子，也有失败的教训。

你眼中的睚眦，别人心中的刻骨

战国名士鲁仲连对同席吃饭的一位朋友揶揄道："睚眦必报者，今日浑不计较。"不用多介绍，你也能猜到这位朋友是谁。因为"睚眦必报"这个成语就是出自他，他已经和这个成语紧密地联系在了一起。睚眦，就是瞪人一眼，很小的事情，也要报复，说的是这个人心胸狭窄，气量小。这名声可不太好，不过这个叫范雎的人也没办法，现在一说到睚眦必报，就想到他，一说到范雎，就想到睚眦必报。前不久和一个朋友聊起范雎，这位朋友就说，此人很厉害，不过呢，听说这个人……呵呵，言外之意也是那个，你懂的。所以你可以想见他这个名声传得有多远了。

在古代，动不动就动拳头，还有食客义士为自己的主人报仇的，都不被认为是多大的罪过，所以瞪人一眼算不了什么。不像现在，讲究文明礼貌，骂怎么难听都没事，但你要动一下手就会被拘留。在大家都很焦虑的时代，瞪一眼就是大事。你上班的时候，坐公交车的时候，坐地铁的时候，有人瞪你一眼，你心情好不好？火不火？恼不恼？要是给你个无任何风险的机会打他一拳你喜不喜欢？说实话吧，不拘留你。

其实，你即使不动口不动手，心中起伏了，实际上也是"报"了。所以，不要随便嘲笑人家睚眦必报了，左边脸庞被吐了口水的把右边脸庞赶紧转过来等待吐口水的人极少极少。

看了《大秦帝国》，我发现，范雎所承受的苦难可不是睚眦那么轻量级，而是生与死的考验，践踏尊严的侮辱，换作是你，遭遇他那样的痛苦和耻辱，你会以德报怨吗？

范雎的故事梗概是这样的：

他在魏国中大夫须贾手下当门客，有一次随同出访齐国，备受齐国上下礼遇，几次化解外交难题，须贾不但不感激，反而觉得很没面子。回国后，跟丞相魏齐诬陷说范雎通敌，当场鞭笞范直至血肉模糊没了声息，范被人用草席卷了抬到厕所里，众人对着草席撒尿。范雎命悬一线，不是诈死求生就是昏迷如死，后被一个叫郑安平的小军官救出，伤愈后被秦国的王稽带到秦国，后做到丞相。那个须贾，奉命到秦国出差，想见丞相一面而不得，偶遇平民打扮的范雎，唏嘘抚慰一番，范雎见他遇到难题，承诺有门路可以让他见到秦国丞相张禄。到了丞相府，范雎进去"通报"，却久久不出来，须贾问守卫能否把刚才那个范雎叫出来，守卫厉声呵斥，说那是大秦丞相张禄！须贾魂不附体，被召进后长跪伏地自称为狗，被迫吃下了一碗碎草黑豆做成的狗食或马料。范雎念他相遇时送饭送衣，饶了他一命，但要求魏国交出丞相魏齐，作为秦魏结盟的条件，否则就要联赵分魏。魏齐探得魏王口风是要牺牲他，仓皇逃到赵国。秦王把赵国平原君赵胜叫到咸阳软禁，要挟赵王交出魏齐。魏齐在虞卿的帮助下偷偷逃到魏国，求见信陵君而不得，魏齐羞愤自杀，人头被迅即送往咸阳。魏齐作为堂堂的魏国丞相，居然在秦国的威压之下惶惶然如丧家之犬，天下之大竟无处容身。

　　范雎大才，进入秦国之后，帮秦昭襄王一举收回了太后和穰（ráng）侯魏冉的权力，实现了亲政，就任丞相后提出了著名的远交近攻策略，对于秦国的强大起到了至关重要的作用。有这样的人才，魏国不但不用，反而迫害，这是何等的无智！看过《大秦帝国》的朋友都知道，一开篇就是魏国要灭秦国，即使秦国忍让，签了割地求和的条约，墨迹未干，魏王就明目张胆地会盟各国分秦，谁强谁弱一目了然。然而，魏国不仅留不住名将和政治家吴起，也留不住大才商鞅，看不上大才张仪，还有尉缭子、乐毅等也留不住，当然，还有孙膑、信陵君。可以看出，魏国不缺人才，只是不能用、不会用，还变着法地赶走人才，真的是拿了一手好牌，却打得很烂、很烂。主要原因还是在于魏王，没有大志，只有贪婪，没有远见，只有龌龊，没有战略，只有诡计。魏秦之间，犹如兔龟赛跑。

上梁不正下梁歪。有魏惠王这样的人，才会有庞涓、公子卬这样的大将军和丞相。有魏安釐王这样的人，才会有魏齐这样的丞相。不激赏范雎这样忠于国家、不辱使命的人才也罢，还要从身体上、精神上消灭他，不知是对自己的国家、自己的祖宗有多大的仇恨才会这样利令智昏？范雎要求魏齐人头，痛快！秦王为范雎出头复仇，痛快！他为救他的郑安平、帮助他的王稽谋取官职，这些如童话般的现实让人感到温暖。

这样的快意恩仇读来回肠荡气。然而，范雎的例子不具有普遍意义。一个范雎侥幸存活，贵为人相，得以"借得恩仇大回旋"，背后是无数个范雎被迫害致死。庞涓、孙膑的故事在魏国影响很大，但从范雎之事看，孙膑事件在魏国上下并没有成为引以为戒的教训。魏国对人才来说一直是块贫瘠的土壤。

令人意外的是，范雎放过了迫害他的关键人物须贾。仅仅是因为再次偶遇时后者在不明他身份的情况下表现出了怜惜吗？请了一客饭送了一件衣，让范雎觉得须贾还没有完全泯灭人性？如果是的，那么范雎是心存慈悲了。其实须贾的所为有另一种可能：在他心中，范雎已死，突然见到，以为是鬼，心中吓得要死，所以关心他，款待酒饭还送衣服，原因是怕鬼。死里逃生之后，须贾心想，如果换作自己是范雎，一定是要喂屎喂尿好好地折磨死对方来复仇，可见此人一直就是那个性子。

我想，范雎放走须贾，可能要的就是他回国后狗咬狗的效果，要的就是让他附在丞相魏齐的耳边，压低声音地告诉他：你知道当今秦国丞相是谁吗？就是当年那个范雎！这样惊心动魄的戏剧效果是用钱买不来的。就好像猫玩耗子，先吓几下，再追几下，最后再吃掉，玩的就是心跳，要的就是过瘾。最后把魏齐逼得四处逃窜，就是在大声地对他说：老贼！你也有今天！这让我想起了一句歌词：只为这一句，断肠也无悔。所以，放走一个须贾，算不了什么，范叔看的是大局。

自己宽容可以，劝人要慎重。一种情况，鲁迅说过，损着别人的牙眼，却反对报复，主张宽容的人，万勿和他接近。另一种情况，无原则地充烂好人，那是另一种助纣为虐。遇到像范雎这样的，你劝他放下、想开、宽恕，他要是不瞪你一眼，你来找我，我找你三块五。不曾经历苦难，如何感同身受苦难？木秀于林，风必摧之，更何况在嫉妒排挤人才不以为耻的魏国。睚眦者，在茅厕里朝范叔撒尿的人中也少不了。若说睚眦必报，公元前228年，秦军攻占邯郸灭赵，赵高带人将当年嬴政母子居赵时有仇的邻里商贾全部杀掉，"尤其是一班当年蔑视戏弄少年嬴政的贵胄子弟，都被赵高马队寻觅追逐一一杀了"。这虽然不是嬴政本意，但他在事后宽恕了赵高，等于是默许了，为何没有人说他是睚眦必报呢？

所以说舆论，即使是千百年前的古代，也是重要的宣传阵地。范雎最后主动引退得以善终。但是，他为了报恩而力荐的郑安平、王稽最后都不争气犯了事，加上他曾反对白起一举灭赵，以致后来白起被屈杀。范雎被人诟病议论是没办法的事情，这个舆论不在范雎的控制范围内。

在范雎的眼里，通过效忠国家实现抱负比报复睚眦之仇更为重要，但是魏国不给他机会，所以去了秦国。但你要是忘了他所承受的苦难，将他所承受的苦难轻描淡写为睚眦之仇，就是"吃的灯芯草，放的轻巧屁"了。要知道，你眼里的睚眦之仇，可能就是别人心中的刻骨之恨。

人生空空，行事守正，自有天道

一

世上既有前倨而后卑之人，也有前卑而后倨之人，若两者均有遇到，那么恭喜恭喜，这一辈子的阅历不至于月缺了。所谓人情冷暖，其实不外乎此。人这一辈子，赤条条哭着来，又在哭声中化作一股清烟走，最好是冷和暖都感受一下，才不枉了这一趟。也有一种情况，冷暖是有，只是无感觉，这便是傻人有傻福了，不过你也不必羡慕，不然让老天给你换一下试试？

说到前倨而后卑，大家最熟悉的恐怕是苏秦与其嫂子的故事了。

苏秦第一次游说失败，狼狈不堪，回到家时，嫂子不给做饭，妻子不下织机。而后，他苦心钻研纵横术，融会贯通之后再次出山，终于身佩六国相印。荣归故里时，嫂子匍匐在地，跪拜谢罪，苏秦问：为何前倨而后卑也？嫂子说：因为你现在地位高又有钱啊！

除了感到解气外，不知道大家还想到什么？我小时候看锡剧、越剧，经常有这种桥段，就是主人公家贫被人欺，家人被冤枉，于是十年寒窗苦读，考上了状元，最后荣归故里，旗牌开道，终于拨乱反正，解救家人，惩治坏人，然后全剧终。现在想来，苏秦与嫂子的故事也与此类似，只不过是剧未终、曲未尽。

我在想，苏秦所为如何？倘是为了看嫂子前倨而后卑的洋相，那只是一时一刻的欣然，人生海海，又岂能当作橄榄反复咀嚼？人这一辈子，不是独幕剧，也不是故事片，而是连续剧，连续到不再动为止。若是为了荣华，身佩六国相印，倒是有了，只是担子也实在不轻，吃得好点，住得好点，捧的人多点，酒多喝一点，应该是有的，但然后呢？

要说富贵，其实参加六国合纵项目后，苏秦就一直忙忙碌碌，明知不可为而为之，相比挖墙脚的连横，砌墙头的合纵要难得多，哪里有什么心思去享富贵？又有什么工夫去享清福？走一步紧一步，最后深陷政治泥沼而被刺身亡。那他这一辈子求的是什么？

二

一开始应该是欲望吧，简单讲就是想做人上人、风光人。学好文武艺，货卖帝王家，也算是一种交换。真正身处其中，欲望升华成理想，则舍生取义而不顾。所谓初心不改，不是一开始的欲望不改，而是从升华后的那一刻开始不改。这是我的揣测，对与不对，尽可评说。

按照现代的心理学理论和人们的普遍实践，愉悦的感觉总是短暂的，要获得下一次的愉悦是需要新的理由的。

说到底，所有的色，最后都会成为空。

既如此，为何还要孜孜以求？

《大秦帝国》中蔡泽前往秦国前与唐举的两段对话解了这个疑问。蔡泽自然是谋求功业的人，但没想到他请唐举相面却不是为了这方面，而是寿命："吾所忧者，人生苦短也！唯请先生明示，蔡泽人寿几何？"

听得还有四十三年生期，他竟然不觉其少，哈哈大笑："佩相印，结紫绶，膏粱齿肥，四十三年足矣！"

唐举本故作高深，见蔡泽如此请教，不免好为人师，说"老夫尚有一言"，不料蔡泽不再听，骑马绝尘而去。蔡泽此举，是实用主义的典型表现，一旦达到目的，会毫无过渡地戛然而止。不过，这类人往往不会废话，蔡泽这句有点自言自语的话说到了点子上：结果是空没有关系，重点是中间色过了，膏粱齿肥，也享受过了。

所以孜孜以求者，是"有过"或"曾经有过"。纵然最后归于空，桑榆既晚，清茶薄酒，在暮鼓声中也可回味一番。这应该是多数人很正常的心态。

苏秦也不外乎此。只不过，有很多事，人在江湖，身不由己。本可富足度日，潇洒过市，怎奈雄心壮志催人起，箭在弦上必须发，到最后亿万流水大进大出，围绕资产正负零的点急剧震荡，这样的事例到处是，只能说甘苦自知，看客不必轻信其乐在其中之言。

三

"众里寻他千百度，蓦然回首，那人却在，灯火阑珊处。"这句辛弃疾的词之所以被引用甚多，实在是写出了无数人的感悟。有意栽花花不发，无心插柳柳成荫，这是常有的事。无论是王阳明，还是曾国藩，最终都选择了向内求。人生不完美，但可以追求完美。

小说《大秦帝国》中蔡泽说秦遇挫后，与唐举再次见面，唐举给出的建议是："行事守正，自有天道。"此虽小说家言，但行文至此，十分自然，这便是成功的想象。这八个字，对于追求人生之色的朋友们来说，也不失为良言警句。

《菜根谭》有一句与"行事守正"可相应，这便是："唯大英雄能本色，是真名士自风流。"

好看的都是风景。你若有你的旅程，则春花秋月夏荷冬雪都是可以欣赏的美景，也都是可以心旷神怡的色，可这哪一样，可以长久地捧在手里藏在家里独自占有呢？

电影或电视剧中常有画面一抖或几抖，以表示这是回忆或者虚幻，我看空空之色色，也是如此。

心苦难言，情深不寿

一

有话就说，有屁就放，这样才健康。现在有很多人抑郁，和憋着话不说有关，或出于"礼貌"，或出于"教养"，或出于"成熟"，总之是憋着，最后把自己憋出问题来了。过去讲，憋尿生病，憋屎送命，我看还要加上一句：憋话折寿。所以要想开心，就不要憋着。孔子说了，以直报怨，这就是理论指导。遇到憋屈的事，多想想"以直报怨"，总是有办法宣泄的。

有一个人，心里有很多话，却说不出来，因为口吃很严重，这可怎么办呢？他的方法是唱着说出来，这时候他就不结巴了。但汇报工作、讨论事情，总不能就这样唱啊，毕竟有点不严肃。好在他还能写写文章，所以他把大部分精力都用在了写文章上，大约写了十万字。他的同学把他的文章送给当时世界上最强大的秦国的王看，秦王看过以后很欣赏他，觉得是个知音，是个法家大才，就发动战争，要他所在的韩国国君把他交出来，意思是：这个人才你用不用，你不用就交出来我们秦国用。最后到了秦国以后，这个说话结结巴巴的人不愿意巴巴结结，说话孤傲得很，秦国君臣都觉得这个人心里只想着韩国，他还出主意先打赵国，说是不值得打韩国，终于被认为存心害秦而被杀。

这个人就是韩非。看小说《大秦帝国》韩非这一段故事，感到这真的是一个悲剧人物。这种悲剧不同于李斯的悲剧，不同于商鞅的悲剧，不同于白起的悲剧，不同于扶苏的悲剧，是韩非独有的一种悲剧。

第一，他是明知不可为而为之的一个人，又是明知结果会如何偏又主动撞枪口的人。他不断地给韩王提出自己的强韩建议，也清楚绝不可能被采纳。到了秦国以后，说话做事不怕得罪人，还出害秦的主意，摆明了就是打算死在秦国。看他的《韩非子》，对于如何说话有很透彻的观察和研究，道理都懂，就是不肯去做，他就是这样的一个人。

第二，他无法摆脱给自己设定的"韩国贵族"身份，他觉得只能为韩国殉葬，除此之外别无他法。这也许就是道德感吧，身为韩国贵族，怎么可以到秦国为秦国的强大出谋划策呢？但他又看出，七大战国中只有秦国能够实行他理想中的法治，所以把他的著作赠送给秦王。小说中强调他是"赠"而非"献"，生动地描绘出了一个书呆子的形象。

第三，韩非是谁都得罪，不讨人喜欢的人。不要说当时的人不喜欢，就是现在的人也未必喜欢。要按着他的意见治国，大家都会很难受。"儒以文乱法，侠以武犯禁。"这句把文联和武林一块儿得罪的话就是他说的。千年之下，听起来是不是感到有一股杀气直冲脊梁骨？天下之大，直让人觉得逃无可逃，不知所措。为文乎？为武乎？统统的有违法犯罪的嫌疑，真叫人生气。

二

韩非这个人，让我想到初学自行车的时候，龙头往左边弯的时候，身子就生硬地要往右边弯，想要把它扳直，最后是倒地了事，教的人就会说，你要顺着它的劲，它往左弯，你就往左骑，松松地把手搭在把手上，主要靠脚下使力控制方向。韩非的执拗劲给人的感觉就是一辈子在学骑自行车而不得要领。

身为贵族，和贵族不合，又看不起平头老百姓。再加上只爱韩国，连同学李斯也不搭理了，他对李斯说："韩非入秦，你我同窗之谊尽矣！夫复何言？"眼里有泪光，心中有感情，但说出来的话却是冷冰冰的。韩非虐人，也有自虐的倾向。他就是要让接他到秦国的工作人员不开心，让秦王不开心，让李斯不开心，让所有的秦国人不开心，至于目的为何，他能说清楚吗？结结巴巴的，应该是说不清楚的。有的人在快乐中快乐，有的人在痛苦中快乐，韩非就属于后一种。

"褊狭激烈，拘泥迂腐"这八个字用来评价他是贴切的。韩非虽然有才，但固执地认为自己的观点一定是对的，并不可取。

三

钱锺书先生说，觉得鸡蛋好，又何必要去看下这个蛋的母鸡长什么样呢？这话用在秦王身上也是对的，当然，这是从结果来说的，我们不能苛求秦王有先见之明。韩非这只母鸡下的蛋，已经送到了秦王的书房，秦国是炒着吃还是蒸着吃，都是可以的。至于韩非这只母鸡，其实留在韩国也没有太大的关系，对秦国没什么不利。韩国以术治国，颓势难挽，一个韩非改变不了什么。要真能改变，他也不用把毕生的心血之作赠送他国。

有人说韩非之死是因为李斯担心其被秦王重用，风头盖过自己，从而逼其服毒自杀，我看不然。李斯虽然说过自己不如韩非，但韩非入秦，明眼人都能看出，一方面，不太可能为秦所用；另一方面，他的待人处事是幼儿级的，只有敌人，没有同盟。从政做事，实践经验很重要，这都是摸爬滚打出来的。李斯为相多年，可以说方方面面都已经"世事洞明人情练达"，他与赵高勾结，一念之差昏了头是后来的事，在韩非入秦之时可说是正当其位，栋梁无疑。韩非所长在于理论，不在于实践。道理都懂，做起来不知所以，他自己的事就是明证。

所以，李斯因妒忌害死韩非，并无必要，以李斯之眼，看不出韩非求死得死之日不远么？小说中写秦王授权李斯酌情处理，李斯和姚贾揣摩上意，送毒并附一信给狱中的韩非自尽，是合理的。

四

韩非不同于他人，看他的故事，感悟似乎是一点点出来的。对于他的自投罗网自撞枪口式的求死悲剧，不知大家会想到什么？我想到的一个词，是"情深不寿"。

他恐怕是对韩国用情太深了，爱之切而责之切，最后是极端的失望，与之相像的一个人，是屈原。这两个人虽然都以悲剧结束，但并不意味着两个人的政见就都是对的。

一个人如果没有感情，没有情感，喜怒哀乐不形于色，既是无趣，也近吓人。但如果用情太深，深陷其中，日夜思想，也会如火烧身，空乏其身，行拂乱其所为。只不过，这不是天降大任于斯人也。

说难，难说，行难，难行。何解？恐怕各人有各人的理解和答案吧。

远见：长期主义者的标配

一

石佛李昌镐有一次棋到中盘，观棋室里的各路高手正在研究下一步怎么下的时候，他突然推秤认输了。事后他的解释是，如果对手正常应对的话，他应该是小负，所以就认输了。问题是就局部而言，歧路甚多，对手全部应对正确的可能性有，但肯定不是百分百的概率，甚至观棋室的很多高手认为局面可战、胜负未料。没关系，石佛觉得自己看清楚就够了，用不着去赌对方水平不够。

这盘棋看得我目瞪口呆，高手过招还能这样！

仔细琢磨琢磨，还真是如此，我们平常人看到的各种酷，感受到的各种不解，其实背后都有逻辑。你以为钱锺书把着门缝谢绝访客是为了不让人看到下蛋的鸡，其实是他觉得时间宝贵，无须花在你身上，也无须花在他身上。

哪有那么多清高，只不过是看得远了一点。任正非也不是神仙，只不过是按照十年来规划而已。

二

天下第一舅信陵君窃符救赵，彪炳史册，其实这个故事里还有一个重要人物，这个人没什么官职，却热衷于在各个战国之间穿梭，纵横捭阖，为的是不让虎狼之国秦国一强独大过早地吞并六国。秦兵围赵时，魏王派了客座将军新垣衍游说赵王，说秦国围赵只不过是为了和齐国争帝，只要赵国尊秦王为帝，秦国必定高兴而去。赵王已经心动了，刚好上面说的那个国际主义战士在赵国，主动要跟新垣衍说说，后者还不想见，说了一番久仰之后声明自己现在是魏国客座将军，不方便见——看到这里是不是有一种令人熟悉的感觉？骗子都是这样的，你跟他说我家儿子放暑假回来了让他看看你这个产品，骗子立马说你家公子难得回来你们先享天伦之乐，我改日再来。

平原君说他已经知道你在这里了，于是新垣衍只好相见。结果被国际主义战士的一句话将住："吾将使秦王烹醢梁王。"

这话意思是，你魏国不是甘心认秦为帝自愿为仆么，好吧，我能让秦王把你们魏王煮了！怎么个煮法呢，当然不是说怎么放盐放调料，而是说从过去纣王对待九侯、鄂侯、文王的例子说起，再说到齐湣王自以为是天子之后对邹、鲁小国颐指气使的态度，得出一个结论，尊秦为帝后，秦一定也会提出各种各样过分的要求，比如换掉大臣啦，安排一些人到宫廷里啦，就跟扑克牌玩法"跑得快"一样，长工就得给地主上贡，把最好的牌交出来。一番话说得新垣衍心服口服："始以先生为庸人，吾乃今日知先生为天下之士也。吾请出，不敢复言帝秦。"

之后，《史记·鲁仲连邹阳列传》上是这样写的：

"秦将闻之，为却军五十里。"

再加上信陵君窃符救赵，攻击秦军，"秦军遂引而去"。

信陵君的功劳是大的，但这个说得新垣衍心服口服的人起的作用也是很大的，他的名字叫鲁仲连，江湖人称"布衣千里驹"。

在赵国举行的庆功宴会上，平原君代表赵王送千金给鲁仲连，鲁仲连推辞不受，不但推辞不受，还就此告别，不但就此告别，还"终身不复见"。看《史记》到此，恐怕是会觉得很奇怪的。小说《大秦帝国》给出了一个我认为相对合理的解释，就是赵国君臣失信，不兑现联军护送信陵君回魏的承诺，而以封赏代替，鲁仲连认为这影响了合纵大局，"一改谈笑风生的豪侠气象，硬是一句话不说，只埋头饮酒"。这才是他不痛快的原因。

像鲁仲连这样的外交家，像鲁仲连这样喜欢豪饮的人，竟然说话硬邦邦了，酒也不喝了钱也不要了，一定是得罪了他。《史记》上说鲁仲连是笑着说的：

"所贵于天下之士者，为人排患释难解纷乱而无取也。即有取者，是商贾之事也，而连不忍为也。"

意思是，我们这些国际主义者啊，干活就是开心，钱是不要的，要钱就成了生意，而我是不忍心做商人的。《史记》的记载给人感觉鲁仲连还是给平原君留了面子。

而小说中鲁仲连是硬邦邦地说的，完全不给平原君面子：

人言平原君高义谋国，今日看来，连商旅之道也是不及。鲁仲连除兵不图报，今日告辞，终身不复见君也！

连"老子一辈子都不想再见到你"都说出来了。这可能是小说行势至此，不得不发了。

那么，收了钱，喝了酒再走，就像平原君建议的那样"容后缓图"如何？毕竟是千金或万金（小说中是万金）啊！有这点钱，在北上广深买几套房不好么？再不济，资助资助穷国，修修球场，买几个好的足球和球鞋送给人家，大家都有面子不好么？

不！鲁仲连就跟几千年后的李昌镐一样，不要了！说实话，像我们这种俗人，一开始是看不懂的。想了半天，可能是他们都已经看到了远方，看到了结果。

三

人这一辈子，好就好在你不知道明天会是怎么样——虽然大多数人的明天大致怎么样是推算得出的。但如果是活一天看一天，那就是被"命运"抽着的陀螺，稍有不慎就会过上浑浑噩噩的生活。

老司机都知道安全驾驶的经验中，有一条叫"有预见性地驾驶"。一叶落而知秋，根据当前而推断未来，也不用太遥远，一两年，两三年，四五年均可，总比毫无预见的好。错误的预见也好过完全没有观察和思考。

老话说，三岁看八岁，八岁看终身。反过来说，成年人的种种毛病，都可以在童年找到影子。一个话痨，很可能是童年被压抑了说话的权利。一个喜欢拒绝的人，很可能是童年遭遇过太多的拒绝。据我观察，一个人的弱点或不足，往往也是在童年时就存在的。所以，你想过好成年后的生活，还是要治愈自己的童年。大多数人可能无法完全治愈，那就部分治愈、带病延年，随诊，控制发展。

李昌镐看棋，鲁仲连看人，都是相似的，他俩都预见性地看到了结果，所以不玩了。小说中如此评价：

"鲁仲连是苏秦张仪之后的又一个纵横大家，先救奄奄齐国，再救岌岌赵国，使战国大争之格局又一次保持了数十年的大体平衡，其特立独行的高远志节更是天下有口皆碑，成为战国名士的一道奇异风景。鲁仲连的退隐，标志着战国纵横家的全面衰落。"

杜牧《阿房宫赋》云："灭六国者，六国也，非秦也。"一天下的大势下，六国齐心协力尚有生机，然而，各怀私心而无大局观，抑或棋势如此，虽有鲁仲连而不过是瓢水之于大火而已。想想看，田单攻打聊城一年多而无法收复，鲁仲连写了一封信射进城去，燕将看后哭了几天后自杀，城破。鲁仲连这是何等的厉害！然而田单进去后屠城，既不是鲁仲连所愿，也不是鲁仲连所能控制的。诸如此类的事让鲁仲连逐渐意识到，很多事是不以他的意志为转移的，多言何益？不如退隐。

四

鲁仲连确实是一个特立独行的人物，在《大秦帝国》中可谓一股清流。别的人或求官，或求名，或求利，只有他的动机不一样。他是齐国人，当然有爱国的成分在里面，但他做的一些事，远远超出了爱齐国的范畴，一直是布衣，但在列国中又很受尊重，不要官不要钱。想想啊，这是几千年前，社会保险体系还很不完备，他就不担心居家过日子、小孩上学、晚年养老的事吗？

看他的故事，风风火火，一股热情扑面而来，有头脑有想法，重情重义，说完就行动，总有使不完的劲。我常常想：咦！还有这样的义士啊！"义士"两字用于他是再恰当不过了。这样的人，是天然的领袖，至于他居于何位，是不重要的。

这让我想到，我们应该培养什么样的人？我的一位同学说得好，如果比的是知识，那么能背200个英语单词的孩子就是比只能背100个单词的孩子厉害。各种课外班，提供的是能力培养，比这个，会的比不会的厉害，这也没问题。问题是，当我们面临危机，需要有人挺身而出带领大家、组织大家的时候，什么样的人会站出来帮助他人、帮助自己呢？结论是：不是说知识、能力不重要，但健康人格的培养更重要。今后的大学，我是说好的大学，有使命的大学，应该朝这个方向努力，因为你们是为社会的长远发展培养中坚力量的。

人性本善？人性本恶？都对，有善因，也有恶因，唯有教育才能扬善抑恶，利他主义也不是天生的，一辈子假积极，就是真积极。

时代越发展，科技越发达，鲁仲连这样的长期主义者就越需要。他看不见你，只不过是因为眼睛看着远方，其实与你无关。

第四编

社会人情：
生存时的温情与残酷

人在饮酒，酒也在饮人

一

人生得意须尽欢，莫使金樽空对月。这是李白在《将进酒》里的名句之一，常用来劝酒。

酒是人类最伟大的发明之一，好的酒，是需要品的，酒的好，也是要靠品才能出来的。品酒，便少不了要吹牛，牛吹得好，这酒就喝得好。说到懂酒，至少要分得清什么是酱香，什么是浓香，什么是清香，什么是米香。这一说出来，至少能唬住像我这样只知道高度中度低度的人。其实，真正见识多的人，是不会一上来就说"嘿，你这酒不好，我上次在哪哪喝的好，你这是假的"，酒让人狂，是因为这个人不行，这个人要行的话，酒只会让这个人更香，更有魅力。一个不懂得做客的人，人生已经失败了一半。

不管什么酒，人家请你，高兴第一，当然要说"不错不错"。若谈得入港，谈谈对香型的偏好也无不可。若是有兴趣，再辅以各地酒俗的介绍，交流品酒的心得，谈谈相关的故事轶事，也是一件很愉快的事。有一次，一位同学居然说起二十多年前在我家喝酒的情形，我都忘光了，听了真是感动，人家还记得。

所以，最值钱的是记忆和经历。

我酒量不行，所以只能靠品了，对于《大秦帝国》中酒的描写就更加留心，酒量不够靠吹牛补，不能奉献豪情，奉献花絮也是可以的。

二

战国大争之世，七大战国都有酒，味道各有差别。

燕酒清寒，喝下去一股寒气从喉咙直到腹部，让人想起了风萧萧兮易水寒的萧瑟悲壮。因为寒而显得不够醇厚，乐毅便说：

> 穷国无美酒，老燕酒以燕麦酿之，兑燕山泉水而窖藏，清寒有余而厚味不足。

酒本无情，是人赋予了感情。燕酒的清寒，连魏国酒坊的侍女都有了"酒之肃杀凛冽，赵不如燕"的情感评判，言下之意，赵酒也有一股寒气，只是不如燕酒那么厉害，不过寒归寒，力道可能差一点，卫鞅便评价道：

> 燕酒虽寒，却是孤寒萧瑟，酒力单薄，全无冲力，饮之无神。赵酒之寒，却是寒中蕴热激人热血。

与其说这是对酒的评价，不如说这是对国的评价。燕国是周朝建立时封的老诸侯国，天子血脉，自我感觉良好，但国力较弱，只能有一时的奋起振作，如攻齐，如首倡合纵，而无法做长久的变法强国。

而赵国却是六国中唯一有实力与秦国一争高低的国家，也曾有一统天下的雄心壮志，在长平之战中几十万大军被秦国消灭后，依然小胜过秦国几次，使秦国不敢贸然发动灭国之战。著名的完璧归赵故事，渑池之会上"秦王令赵王鼓瑟"与"秦王为赵王击缶"的外交斗嘴故事，就发生在这两个国家之间。可以看出，赵国虽然弱于秦国，但仍可一争。

所以，赵酒一样是用寒泉酿就，却是透着一股醇厚，喝起来寒中有热，酒味浓烈、带劲，在大争之世非常受欢迎。在《大秦帝国》中，赵酒二字共出现114次，位列诸酒之首，提及率极高。

三

说赵酒雄强，秦国人就不服气了。秦酒又称"凤酒"，一听就知道和现在陕西的西凤酒有点关系。张仪初到咸阳时，应华为其接风。书中借秦国公主应华（嬴华）之口讲出了它的来历：

> 周人尚是诸侯时，凤鸣岐山，周人以为大吉，酿的酒就叫凤酒了。秦人继承周人地盘，大体沿袭周人习俗，也叫凤酒，只是山东商贾叫作秦酒罢了。说起来已经千余年了……

秦国的祖先就是靠了效忠周朝，在关键时刻勤王拯救了周，从而获得了一块要靠自己实力打下来才能真正拥有的飞封之地，说起来也是在苦难斗争中成长起来的勇猛族群，对天子及其王国的崇拜是很自然的，沿袭风俗合情合理。

张仪饮了一爵秦酒，评价道：

> 噫！这秦酒当真给劲，绵长凛冽，好！不输赵酒！

这话不可全信，酒桌之上奉承之言多也，就好比狐狸对树上的乌鸦说你唱歌真好听一样，当然，也不乏赞美之意，这一赞，就引出了应华对秦酒的上述介绍。所以，喝酒之时，不要拿手机点赞，要称赞。

名将乐毅也对秦酒有过评价，"不黏不缠，清冽醇正，力道灌顶"。酒怎么缠人，怎么灌顶，其实都是人的主观感觉。

相比赵酒，秦酒力道更足，卫鞅初到秦国喝过一杯之后啧啧惊叹"竟如此凛冽"，侯嬴说这秦酒"酒力胜过赵酒多矣"。卫鞅固然是客，但侯嬴不是秦人，所以可信。看看他介绍的配酒之菜：

> 鞅兄，来一块炖肥羊，将米醋和卵蒜泥调和，蘸食大嚼，味美无比。试试？上手，筷子不济事。

筷子不济事只能我们说，听着亲切。这侯嬴说的炖肥羊是放在"大陶盆"里的，真的是很有画面感，看得口水都要流出来了。接着，侯嬴又介绍了素菜：

> 这四盆素菜都是秦人做法，开水中一汆，油盐醋蒜一拌，更是本色本味。这盆野菜，秦人叫苦菜，是生在麦田里的野草菜，秦人多贫苦，这是寻常民户的常菜。尝尝？

好菜都是活在百姓生活里的。秦酒配苦菜，就如麻尖角（苏南地区的一种菱形烤饼，上有芝麻）配油条，是当时秦国各酒店的标准套餐，不如此就不能说是来秦国喝过秦酒了。张仪说："秦酒苦菜，天下难觅。"说是这秦酒稍薄，而苦菜的苦正好可以增加它的醇厚之感，单单秦酒的话，和赵酒不相上下，但如果配上苦菜的话，就超过赵酒了。这菜助酒也是有的，喝酒时吃上几块肉，嚼上几粒蒜，辣辣的感觉也不输酒味。只不知如今陕西人喝酒还配不配苦菜了。

四

齐酒也是用山泉水酿成的，而且是海边的山泉水，后劲足，一般人三碗不过冈。楚国春申君黄歇平时喝的都是兰陵酒，比较柔顺，刚喝齐酒，一杯下去，脸都红了，"没想到齐酒如此凛冽"。你看战国人士评价燕酒赵酒秦酒齐酒都用凛冽程度作为重要指标，凛冽说到底还是人的感觉，不是客观指标，所以诸位看官下次喝到陌生的酒，就说一句"没想到某酒如此凛冽"，或者加个"也"字，"没想到某酒也如此凛冽"，以示兄台阅酒无数，胸有丘壑，保证有效果，比说那什么"这酒真凶""这酒真好""这酒力道足"档次高不少。至于上不上头，那是第二天见面时的客套话，不可提前说。

春申君所喝的兰陵酒是果酒，书中由吕不韦和蒙骜喝酒时给出了介绍：

"兰陵恰在齐楚交界，沂水桐水正从齐国来，与齐酒无异也。兰陵酒坊在苍山东麓，沂水之阳桐水之阴，加之苍山多清泉，辄取沂水桐水苍山水，三水以百果酿之，酒汁透亮而呈琥珀色，其味醇厚悠长，百年窖藏者更称稀世珍品也。"

李白曾为兰陵酒写过一则广告："兰陵美酒郁金香，玉碗盛来琥珀光。但使主人能醉客，不知何处是他乡。"大家荀子愿意当兰陵县令，据说也是因为此地可饮兰陵酒。现在物流发达了，各地的酒都能喝到，但酒还是在当地喝有意思，毕竟喝酒喝的是文化。鲁仲连说："燕酒只在燕山喝，方才出神。"燕文公说："月是燕山明。"乐毅说："燕酒出燕淡。"所以，当理解荀子大师爱屋及乌的用意。

古代的兰陵酒很可能是接近现在葡萄酒的酒类，甜润清凉，清冽柔曼，配上银鱼干，或者逢泽麋鹿炖，或者洞庭鳜，就更完美了，餐后再来一壶震泽茶，那真是太惬意了！

不过，诸位看官可不要小看了果酒。吕不韦带了四桶兰陵酒找蒙骜，打开桶盖后香味就弥漫了整个屋子，打酒的侍女"满脸红潮气息急促，长柄木勺正要伸出嘤咛一声软软倒地"，连偷偷看的小蒙恬都"蜷卧在门厅大柱下满脸通红晕乎乎睡了过去"，这简直是蒙汗药酒了。

再看这酒入碗的形态，"酒入陶碗，荡开一汪琥珀色澄澈透亮，长柄酒勺上点点滴滴细丝飘摇",这就不仅挂碗还挂勺了,旁边的管家说这简直就是蜂蜜啊!醇厚两字估计也就这个意思了。

五

赵魏韩齐秦楚燕,说了五个酒,只剩魏和韩了。魏国虽然是大国,魏酒却只在《大秦帝国》中出现 2 次,大梁酒出现 9 次,而韩酒呢,是 2 次。国家不行,连酒都没人喝了。

这在宋酒身上也是如此。卫鞅说:

> 宋酒淡酸淡甜,绵软无神,与宋人如出一辙,不饮也罢……宋酒之淡醇,与宋人之锱铢必较,适成大落差。

唉,看来是要先做人,后做酒了。

倒是草原之上的马奶酒因为实用性而大受欢迎。赵武灵王赵雍看中了马奶资源多的特点,决意仿效胡人酿造马奶酒,作为军士补充体力战力的战略物资。赵国的李鸢(yuān)将军说:

> (马奶酒)酸甜浓稠后劲足,健胃活血滋补强身,两三大碗下肚,任甚不吃也撑他两天两夜。

翻译成现代文就是:"喝了咱的酒,见了皇帝不磕头。喝了咱的酒,一人敢走青杀口。"(张艺谋电影《红高粱》,原著莫言)

赵庄将军则是说出了马奶酒作为军需物资的最大优点:

"马奶酒比中原酒好做多了,根本不用酿制窖藏,只将马奶收入皮囊搅拌几日,但出酸味便是马奶子。若再掺得几两赵酒搅拌,马奶子生出些许酒香酒辣,更是带劲!"

这酒富含营养，可以部分地代替军粮。别的酒壮胆，它不仅壮胆，还壮胃。

六

齐国有个邻居叫鲁国，比较弱小，公元前256年被楚国灭了。越国曾自以为很强大，强挑齐国、楚国，在公元前306年主体被灭。不过鲁酒、越酒倒都是名酒。秦相张仪访楚时，令尹昭雎设宴款待，摆了驰名天下的六种名酒各一桶，十分隆重，书中写到，这六种酒分别是：赵国邯郸酒（赵酒）、魏国大梁酒（魏酒）、齐国临淄酒（齐酒）、楚国兰陵酒（楚酒）、越国会稽酒（越酒）、鲁国泰山酒（鲁酒）。看来六种全会的喝法古已有之，比白红啤三种全会更胜一筹。

米酒也是战国时期民间经常食用的酒，早年有粟米酒，后有黍米酒、大米酒，就颜色而言，多为淡黄色，饮时加热最佳。说到米酒，还有一种含义，就是现在所说的甜酒，又叫醪糟，《现代汉语词典》解释为"江米酒"，江米就是糯米。成语"引车卖浆"之"浆"即指汤汤水水，包括了淡酒即醪糟，实际上现在江南地区所说醪糟是指另一样东西，即农家自酿老酒剩下的米糟，所谓糟粕就是这种，米已经脱空，弃之可惜，用来炒一炒也能当菜吃。小说中吕不韦访来的薛公就是隐居在邯郸卖甘醪为生。酒市不饮酒，而唯独允许甘醪薛的客人饮，这自然是认为甘醪不算酒了，这和如今江南地区把甜酒不当酒而当甜食是一样的。书中提到的吕氏清酒应该也是属于淡米酒，而非单独的酒类。

胡酒指青稞酒，用裸大麦酿成，掺以马奶。羊枣儿酒是用羊枣儿泡的酒，鬼谷子爱喝，秦国老太师甘龙喜欢用酒浸草药喝，这是泡酒的喝法了。

除却这些酒，《大秦帝国》还提到一种秦国的酒，叫苦酒，很酸很呛，很像醋，其实就是醋。魏国酿醋用的是五谷，秦国用的则是烂山果，藏在山窖里，两三年后成苦酒。这可能是早期果醋了。

七

《大秦帝国》中对于各种酒的比较也很有意思。吕不韦如此评价：

"赵酒雄强，秦酒清冽，燕酒厚热，齐酒醇爽，魏酒甘美。"

此处燕酒变为厚热了，一是评价的人不同，二是燕酒后来不用燕麦而用五谷纯酿，或许酒性有所变化。如今青岛啤酒依然是国产啤酒中比较不错的，醇爽之感明显，看来是有齐酒遗传基因的。

宋酒除了卫鞅所说"淡酸淡甜，绵软无神"外，也有人说"香气醇和"。苏秦认为燕酒"肃杀甘冽，寒凉犹过赵酒"，这是喜欢寒凉的人的评价，而更多的人则像卫鞅那样喜欢热烈一点的酒，认为燕酒"孤寒萧瑟，酒力单薄"，不如赵酒"寒中蕴热，激人热血"。

至于果酒，以兰陵酒为代表，则是味道醇厚柔曼，适合文人细斟慢饮。

其实，你在饮酒，酒也在饮人，对酒的感觉，实际是人的性格、气质、情绪的一种折射，几乎所有的评价都是包含主观感情在里面的。本来嘛，喝酒就是为了交流感情，哪怕是独饮，那也是在天人交会。

人生得意须尽欢，喝酒要人酒一体，有人格，有酒品。

美酒虽好，不要贪杯。

好的酒局可遇不可求

一

争棋无名局，说的是为了比赛胜负进行的棋局，很难出现名局。原因很简单，杀大龙中盘胜是赢，赢七八目是赢，赢半目也是赢，但风险是不一样的，理性的人都会倾向于稳妥地赢，先胜出再说，出现酣畅淋漓的战局的可能性就很小。而名局往往是酣畅淋漓的。

酒也一样。人这一辈子不知要喝多少次酒，然而留下深刻记忆又值得回忆、回味的不会很多。那些目的明确——或为了礼节，或为了生意——的酒局往往没什么嚼头，为酒而酒，如此而已。

《大秦帝国》开篇"六国谋秦"讲的是魏国召集燕赵齐楚韩五国在逢泽商议如何分秦，魏上将军庞涓主持接风小宴，会盟之地临水，营区内灯火辉煌，水面上显得十分灿烂，"军旗猎猎，刁斗声声"，时逢初夏，正是心情舒展、筋骨舒服的时候，这时候讨论的又是如何分割落后的秦国，该是十分轻松惬意的场面。然而六国各有打算，相互之间有信任，也有猜忌，真是难为了庞涓将军。

不过庞涓的酒局开局发言还是不错的，以六国会盟特使、魏国上将军身份参见各位君主，受魏王委托为各位接风洗尘：我酒量一般，但为了我们的团结和世界的和平，斗胆敬大家一爵。说完仰脖一口干，脸红连带咳嗽，擦擦嘴，诚恳地鞠了一躬，说道："庞涓失态，敬请见谅。"

自己的职位低，而接待的又是大领导，不妨学学庞先生。不卑不亢，举止有度，酒量一般，反倒显出诚心诚意。

接下来两位豪爽的客人很是配合，赵成侯、齐威王都是一干而尽，一个说："上将军破例饮酒，我赵种奉陪！"一个说："上将军当世名将，田因齐奉陪！"这都是捧一句，表态一句，属于"酒谈"定式。

有意思是温吞水的韩昭侯和燕文公。一个只说了两个字"奉陪"，就"面无表情"地干了一爵，一个说："本公，也就循例了。"然后"矜持地徐徐饮下"。这只能说是不阴不阳，不过，能干了也算给了面子。

楚宣王晚了点，那就要加点料，才显得热情，他加的料是"一拍长案"，说道："魏王特使，为我等接风。盛情难却，本王饮啦！"诸位看官注意，他用的也是捧一句表态一句的定式，人家是特使，虽然属于一事一用的临时职务，但能屈能伸，事了之后也说不定有晋升成相可能。捧对方，也是捧自己。有时候一圈轮下来，同样的客套话已经被说了几回，即或是有新的说辞，对方也已经默认为是应景礼仪了，这时候不妨拍下桌子，惊堂木不随身带，五指山总是有的。

作者虽然演绎的是几千年前的一场酒局，但也呈现了当代社会酒局的常见开局形式。开局千变万化，但三连星、两连星、中国流、星小目布局总不见得马上就吃亏。回到庞涓这场酒局，按说是能够好好喝一场的，但这毕竟是一次分配利益活动的场面酒、利益酒，酒的好坏，菜的好坏，都难以占据主要的注意力。开场酒过后，各国君主就纷纷出题，庞涓一一应对，君主之间也相互诘问，重点在于如何平衡利益。

这样的酒，不能或缺，但也不可能喝出个痛快淋漓来。这就如吃工作餐，大家都打算随便吃点回房间看电视或改材料，你倒是兴致盎然拎了一瓶啤酒想要放松一下。这时候，即便是有人和（hè）你，小饮一杯，也不可能喝出个深情来。

喝酒的环境确实很重要。有一次深夜在某地，主人邀了一起在包间宵夜，服务员老进来问"客官还要点什么"，然而点了几个菜都说"没了，厨师下班了"，你说有这般变相催你赶紧收摊走人的在旁，你还能喝得下去么？倒是有一次在珠江边上，灯影婆娑，与两同学啤酒加烧烤，心情轻松，喝得很舒服，无他，环境从容也。

只要有任务在身，喝酒便不能从容，也必须不从容，这是很自然的事情。秦赵渑池相会的时候，一个要对方鼓瑟，一个要对方击缶，都要写在会议纪要上，你说这酒你能喝好吗？估计服务员偷偷换成山西陈醋也喝不出来。鸿门宴上，项庄舞剑，意在沛公，樊哙吃肉，意在救主，歌舞升平的背后是杀机四伏，你说刘邦还有什么心思喝酒，说不定一会这喝酒的嘴就不属于自己了。酒不能不喝，又不能喝多，喝多了打不到的士，对方又是实力派，又不敢当面请假，所以最后只能尿遁了，回到宾馆发个短信致歉一下。赵国的郭开宴请秦王，那一场醉生梦死的酒又有何乐趣？"各色降臣，心思不一借酒浇愁"，他们虽不知等候他们的是大火焚身，但至少知道这秦王借故不到不会是好事，郭开误国卖国也不是光彩的事。

二

但也不是所有的场面酒礼节酒不能喝得痛快高兴。赵国平原君赵胜对信陵君失望，向赵王请命北上，想和李牧协商调边军南下，李牧搞了一场洗尘军宴，喝得就很痛快高兴。首先是气势非凡，酒宴地点是在司令部前的一个特大型牛皮帐下，有"三百多只烤全羊，六百多桶老赵酒，小山一般的燕麦饼，饮多少有多少的皮袋装马奶子"。想想看，三百多只，烤全羊！六百多桶，老赵酒！这估计是所有干部都到场了。配上粗大的羊油烛，九尺白玉大案，长相奇特的青铜大碗，这场酒摆明了就是豪放型的。

这酒喝得好，关键在实诚。平原君赞叹这场面连匈奴单于也恐怕不如后，请教了一个问题：都说军中最戒奢侈，怕的是生活优越之后没了斗志，"何边军如此殷实豪阔，将士却能视死如归"？没有问是不是视死如归，而是问为什么能视死如归？李牧"肃然拱手"，回答道：

"厚遇战士，善待人民，将无私蓄，军无掳掠，牧之军法也！如此虽厚财丰军，亦得将士用命人民拥戴。"

进一步增进此场酒局感情的是李牧说完之后一个下属的插话，这一点足见李牧军中上下级之间的信任和对平原君的认可——不然谁会在领导开场白之后插嘴？他是这样说的：这里的边境老百姓有一个安全参照指标，就是送大批牛羊来，如果我们接受，他们就心里踏实，认为我们战斗力不容置疑，用不着逃亡他乡，反之，则赶紧走。有首歌是这样唱的："不怕边军吃，不怕边军穿，只怕边军不吃不穿不动弹！"

平原君听罢哈哈大笑："民心也，战力也！老夫长见识也！"

更难得的是，这场酒之后，"平原君拉着李牧转悠到了莫府外的草原"。女人牵女人的手，正常。男人牵男人的手，正常的少。可见这两人这场酒之后感情之深。一个是朝廷重臣，一个是边关名将，相互之间见面机会并不多，酒前恐怕都有点试探之意。耐人寻味的是，这个时候两人长时间没有说话，我觉得作者孙先生的这一段描写特别美：

> 一汪醉人的明月压在头顶，无边的草浪飘拂在四野，两人久久无话。

景色迷人，酒也喝得尽兴了，这两人却没有趁机兄弟长兄弟短地豪言壮语一番，而是"久久无话"。第一，说明这两人都没有喝醉，尽兴是尽兴，没有过头。第二，这两人都在想正事，而且是国家的正事。第三，这两人都知道想的事情怎么个开口法要想一想。

当然，最终还是平原君开口了，渐渐地，从国际形势到具体的应对策略，以及此行的真正目的，慢慢谈开。一个坦诚，一个也不绕弯子："平原君毋忧。五万边军精骑全数南下可也！"平原君问，那你不是被掏空了？李牧回答："十万步军尚在，危机时改做飞骑也是使得。"

这话不会是脱口而出，而是早有思量打算才会从容讲出，这说明李牧早有打算，也知道当前的形势，他决定让出兵力，并推荐平原君做统帅与信陵君、春申君合作，非常有胸襟和自知之明。所以平原君久久没有说话，"泪水模糊了沟壑纵横的老脸"。跟懂的人说话，就是这么简单。

三

真正的好酒自然有很多，痛快淋漓不仅是指口腹之欲，更是情感的满足。聊举几例。

李斯、韩非、蒙恬同拜荀子门下，韩李两人住在一个宿舍，相当于现在的博士生待遇。有一天，化名鲁天的蒙恬找两人饮酒，三人谈到毕业后的前程，各抒己见，相互探讨，虽然在山里条件有限，却也喝得很有意思，各有各的收获。且看这酒局的开始是多么的诱人：

> 鲁天掀开草帘推开木门时，见只有韩非一个人坐在木榻上背门沉思，吐着舌头顽皮地笑了笑，将怀中一只大陶罐小心翼翼地放在了燎炉边，又从皮袋中拿出两只荷叶包打开，再轻手轻脚到墙角木架上取来三只陶碗摆好，径自坐在燎炉边拨火加炭，悠然自得如主人一般。

这场景，宛如"绿蚁新醅酒，红泥小火炉"，问的是"晚来天欲雪，能饮一杯无"？李斯进门，一边拍身上的雪，一边把破长袍脱下来挂好，笑问："酒肉齐备，小鲁兄贺冬么？"

不说他们接下来谈得如何入港，只说这场面就足以诱人、馋人。你听鲁天说道：

> 前日我到兰陵，特意沽得这罐三十年老酒，十斤酱山猪肉。今日首雪，正好贺冬如何？

这场酒喝得好，除了蒙恬（鲁天）的细心周到安排外，关键在于这三人不是为了单纯地满足酒兴，而是为了交换思想而来，酒局收获的结果在开局并不明了。时有看到朋友喝酒最后大打出手的社会新闻，这恐怕都是为了酒兴而酒的吧。酒局酒局，既然是个局，就要好好组局，不可乱来，局不在多，在于精。

红袖添香诸位听过，只是可曾听过红袖添酒？吕不韦与卓昭爷爷是忘年交，两人对饮，一干而尽，只见：

"卓昭手中的细长酒勺随着咯咯笑声飘了过来：'不韦大哥真好！'一勺清酒如银线般注向爵中，灿烂的脸上却骤然掠过一抹红晕。"

要说吕不韦当时感受有多深恐怕也未必，只是今后喜爱卓昭之时回味此情此景，恐怕会觉得这酒喝得味道真好吧？

说到吕不韦，不能不说他以酒会友之道，感觉是如同高手御棋，乐在其中。

比如他初到秦国主持与六国商战，大胜之后主动退回本金并加上了利息，再邀请六国商家一饮，结果六国商家反客为主。书中写道："各商社总事与资深商贾百余人齐聚尚商坊最大酒寓洞香春，大宴吕不韦与秦国官市一班吏员。"

从敌到友，从请到被请，这一番慷慨激荡，恐怕这酒不喝得高兴也不可能了。对方说今后有什么需要帮忙的尽管说，吕不韦自己是"感慨万端，举爵逐席敬酒痛饮，不待散席醺醺大醉了"。

比如他找蒙骜喝酒。蒙对吕不知根底，两人只是一般同事关系。吕特意穿了便服来，理由却是说得自然得体，一下子拉近了两人的距离，引起了蒙骜的共鸣：

"官衣浆洗得梆硬，天热不吸汗。左右老将军是前辈，不韦卖小自在一回，老将军只管笑骂。"

谦虚使人进步，诸位看官可从吕不韦这一番话体会体会。

两人从家常谈起，谈到孙儿蒙恬，谈到其与赵括的差别，待到上饭食，蒙骜说秦国三大猛将王龁（hé）、王陵、桓龁一顿饭都要吃五六十斤的整肥羊，"老夫才半只，实在算不得甚"，把吕不韦惊呆了。说到肉，谈到酒，吕不韦说带了四桶百年兰陵酒来，征得蒙骜同意后，叫人搬了进来，打开桶后酒香扑鼻，连干三碗后，"两人都是满面红光大汗淋漓一脸一身热气腾腾"，蒙骜是"一把扯去粗布短衣，赤膊打坐当厅"，吕不韦"也一把扯去贴身短丝衣与蒙骜赤膊相对"。伤疤与伤疤相对，这酒喝得坦诚相对肝胆相照，最后两人唱起了"岂曰无衣"的军歌，唱之前，吕不韦自承自己怕没有资格唱，因为"素闻同唱此歌皆兄弟"，蒙骜一拍桌子，咱俩身子都光着相对了："蒙骜当不得你老哥哥么？"这之后就不用说了，诸位看官有的是酒局经验，这酒必定是喝得很好很好的了。

至于吕不韦当选丞相后找蔡泽喝酒也是极佳的例子。蔡对其自然是心怀不满不服气，吕带了酒上门主动受骂，待蔡泽骂得痛快了再慢慢以问代责，层层剥茧，终于让蔡正确地认识了自己的长处和不足，决定留下来与吕共同做一番事业。这酒，也是喝得舒服的。

四

酒儿为什么喝得这样好？也有它的道理在里面。

首先，情真意切是基础，场面酒礼仪酒通常喝不深，但若情真意切也有深的时候，比如李牧与平原君。

其次，为交换想法而喝的酒，因为志趣相同，一个苹果变成两个苹果，有碰撞有启发，各有收获，系统得到升级，这酒也容易喝得好。如李斯、韩非、蒙恬那场酒。

最后，化解隔阂的酒，双方的关系从冬天到春天甚至夏天，也会喝得痛快高兴，如吕不韦与六国商家、与蔡泽。与蒙骜虽然不算化解隔阂，但之前双方不算相得，心理上有距离感，所以，也可以说那场酒是化解不信任不了解的酒。成功了，喝得就很舒服。

但是，这种酒，成功与否，其实是有一个前提的，那就是两个人的认知系统是开放的，可升级的。若是遇到封闭式系统，水泼不进，怎么喝都是不可能喝通的。

酒喝得好，是能解决一些事的。人生的上半场，要有没什么事是一顿酒解决不了的自信，下半场要有"有可能喝多少顿酒都解决不了的"的自知之明。

A 面是英雄，B 面是叛徒

在童话里，不仅王子和公主从此过着美好的生活，好人有好报，恶人有恶报，而且英雄始终是英雄，叛徒总归是叛徒。不要嘲笑童话，童话给了幼稚期的我们热爱生活、向往未来的原力。只不过，我们需要认清的是：这个世界上除了童话，还有童话以外的世界。

那就是真实的世界。大多数的出人意料是因为我们有思维定式，有追求统一性的心理特点。在范雎的故事里，范雎有两个恩人：一个是郑安平，勇救范雎；一个是王稽，带范雎到秦国推荐给秦王。范雎知恩图报，分别向秦王举荐两人担任要职，按照童话的剧本，故事应该到此圆满结束，从此两人过着高人一等、丰衣足食的日子，然而事情的发展却让人大跌眼镜。

郑安平的前半段故事绝对是个英雄传奇。范雎被须贾诬陷，被魏国丞相魏齐毒打到奄奄一息，须贾、魏齐并非不知道范雎有才，他们是嫉妒他、防备他，这从第二天追问范雎尸体下落可以看出。所以，这个时候挺身而出救范雎是高风险的，也看不到会有什么回报——一个不被领导认可的甚至是厌恶的基层干部而已，纵然有才也未见得能有什么翻身之日。所以，郑安平愿意出手相救，道义、正义的因素是主要的，用通俗的话说就是看不下去了，可怜他、同情他，不希望他就此屈死。

郑安平救得也很巧妙，他向魏齐跪拜求赐小赏，"小人只求丞相，将那具尿尸赏给小人"，理由是"小人养得一只猛犬，最好生肉鲜血，小人求用尸体喂狗"。第一，直言是尸体，而且是尿尸，说明范雎已经死了，且受到了众人侮辱；第二，要尸体是为了喂狗，极像一个迎合主子口味、最大化侮辱范雎的奴才形象，容易得到信任。说明郑安平心思转得很快，很懂到什么山唱什么歌的道理。

第二天，丞相府来要尸体了，说明魏齐酒醒之后觉得不妥，有漏洞，担心范雎没有死，死要见尸嘛！郑安平只给出了一堆碎肉骨头，意思是已经被狗吃了，还把那条猛犬献给了丞相，非常合情合理，此事就此了结。到这里，可谓惊心动魄。而救治范雎也非易事，熬草药，脱血衣，刮淤血，用木板固定、白布缠绕，三天之后范雎才醒过来。从上可以看出，郑安平是个有勇有谋的人，胆量惊人。这期间只要走漏一点风声，估计两人都难活命。他的所为，称为英雄不为过。

而后，听说秦国特使王稽来魏，郑安平制造偶遇，向王稽推销"张禄"，开口仿佛地下党接头："先生可要殷商古董？"什么古董？"伊尹，商汤大相。"话说到这里，两人心下皆明：这是高管人才的交易。几次三番的交易磋商，层层递进，说明郑安平心思很细。最后，范雎的"师兄""张禄"和王稽见上了面。有个细节值得玩味，可以更好地理解郑安平这个人。王稽其实怀疑过张禄就是范雎，他问郑安平："老夫敢问，张禄不是范雎，如何不自去秦国，却要走老夫这条险道？"郑安平答道："在下已经说过，张禄之事，有张禄自说。大人疑心，不见无妨。"活脱脱一个"假话全不说，真话不全说"的教科书式示范，由此可见，百夫长郑安平思维缜密，不是寻常鲁莽武夫，他能认可和搭救一个文职人员，可能和自身的这些特点也有关系吧。

秦昭襄王为范雎复仇也是十分上心。扣留平原君后，平原君说魏齐已经不在自己家里了，秦昭襄王笑道，好吧，今天才知道不在你平原君府上，那就请你在咸阳好好玩几天，"我自设法取魏齐人头，与君一睹也"。这个秦王也是直截了当，说到做到，也是和范雎一样的有仇报仇有恩报恩的角色。待取了魏齐人头，秦昭襄王看范雎也不是怎么开心，一问原来是恩人还没有报答，秦王直说"此乃本王之过也"，问叫什么名字？现在何地？从文从武？没有什么弯弯绕绕，直接就给郑安平安排了军功五大夫爵。后来郑负责在赵国的隐蔽战线工作，长平大战后秦王再度要灭赵，战事不利，范雎提议派郑安平领军接应王龁（hé），攻或退两可，实际上是想给郑安平增加一个履历，能够凭军功立稳足跟，按说是没有什么风险的差使，结果郑安平根本没有带领这么多士兵打仗的经验，也不具备将才的特质，一出函谷关就晕菜，连走哪条路都不知道了，刚过安阳就被赵军、魏军包围，十来天后投降了赵国。诸位没看错，他最后投降了赵国！

王稽的故事更让人意外。秦王其实也知道王稽只是个"老臣工"，相当于"做事务性工作可以，做方面性工作未必可以"的意思，由于范雎的推荐，秦王同意给他加官晋爵，并安排个美差。范雎和秦昭襄王说话也是直截了当的风格，范雎说："王稽虽非大才，却有大功。非王稽之忠，臣不能入秦。臣之苦心，唯使王稽再立功勋，得以脱低爵而擢升也。"就是让他有机会出业绩，秦王又一次说"此本王之过也"，意思是我早应该为你想到了。秦王给王稽的安排是担任河东郡守，且三年不参加考核，还安排了一个出国搞金钱外交的美差。按理说，这工作好好干，不说再上一级台阶，至少是富贵无忧了。结果王稽居然接受楚国重金美女贿赂，将八个县擅自割让给了楚国，还申辩是为了国家利益，不是为了私利，秦王大怒，绞首王稽，连坐三族。

王稽担任地方实职的时候已经是工作三十多年的老同志了，即便十来岁就上班，也已经是五十岁左右的人了，各方面看的听的也不少了，居然还会在大好形势之下去碰里通外国的高压线，令人匪夷所思。有的位置，就是放条狗也能出业绩，无他，体制机制在正常运行。可惜，王稽没有把握好。

事后范雎反思，秦王用了王稽这么多年没有提拔，恐怕也是看出不是大才，而自己当他是知己，王稽却没有跟他透露过割地给楚国的事，想想真是要出一身汗。而郑安平胆色、义气俱佳，隐蔽战线工作也做得很好，五大三粗也不像经不起皮肉之苦的人，怎么就投降了赵国呢？到了赵国不仅收入大减，而且三个月不到就被斩首了。还能说自己看尽世情阅人无误么？如果说举荐王稽，是因为自己急于报恩而走眼了，那么举荐郑安平，后来的失足实在是意想不到。范雎对王、郑两人的事得出的结论，一个是"人心若此，诚可畏也"，一个是"人心若此，鬼神莫测也"。

毫无疑问，王稽、郑安平的出事给范雎带来了极大的难堪。按照秦法，他作为举荐者，是要连坐的。秦昭襄王认准了范雎是自己的心腹、股肱，不惜破坏秦法，甚至严令王稽、郑安平的事情不牵连到范雎，连提都不许提。他和范雎真的是差不多的人：恩怨分明。商君所推行的法治思想在这里其实是被打折了，因为他说过：法外无私恩。

当然，范雎是坐立不安的，他肯定听过这句话："有功于前，不为损刑，有善于前，不为亏法。"按法，他活不了。所以，后来硬着头皮做了几件工作后赶紧把蔡泽推荐上去代替自己，也算是全身而退了。可见，王、郑两人出事对他是致命的打击。

以范雎这样的大才，固然有一心报恩的因素在里面，但对王、郑两人看走眼是事实，说明：范叔也是普通人啊！他也会犯和我们一样的错误。

一方面，宰相必起于州部，猛将必发于卒伍。文官也罢，武将也罢，一般来说都有个逐步成长、成才的过程，人为地过快擢拔有个人能力成长赶不上岗位需要的情况，更有能力天花板的制约。

另一方面，正如范雎总结的，人心可畏，人心莫测。我想起当年在中关村跑广告的经历，最后签单的，都不是平时花了很大精力寄予很大希望的客户，恰恰是那些看似冷淡、漫不经心的，这种表面和背后的差异，看人的走眼，只有亲身经历才会相信书上说的是真的。归为自身原因的话，那就是道行还不够，还处于阅人的必然世界。要不然怎么说世事洞明皆学问、人情练达即文章呢？

范雎本来想着王稽、郑安平仕途腾达，共同进步，相互依靠，奈何人算不如天算。这种无奈的感觉恐怕是超时空存在的，有时候你想依靠一个人，结果发现是个稻草垛，一靠就倒，靠不住的。你觉得是个历练的机会，对方觉得是一种折磨。

人心可畏，人心莫测。但凡你觉得落难时会帮你的人，随便删掉一半吧。听完一面磁带，别忘了反过来再听听背面。

那些年的那些同学

一

大学四年，我听到的最有价值的关于同学关系的话是：同学四年，朝夕相处，有可能关系很铁，也可能结怨甚深。这倒不是说它印证了什么，而是说它打破了我的认知藩篱，以一个更高的维度来看待一个习以为常的问题：同学关系是否就一定代表着亲密的关系，或者说可信任的关系？

心理学上说，相邻性带来有用性。所以，在特定的时间和空间内，相处都会带来人际关系的建立和发展。同学，更是为了一个精神的目标——学而为人——走到一起的，而且是在身体和心智从稚嫩向成熟相对快速发展的时期，那真是最可能建立信任关系的。

信任有收益，也会有风险，这是一个概率问题。在正确的时间遇到正确的人是一种幸运，比如苏秦和张仪，反之则是倒霉，比如孙膑和庞涓。

这两对都是同学，这四人也都是同门，也许只是毕业的届数不同，导师都是鬼谷子。

二

孙膑和庞涓的故事想来大家都很熟悉，两人在王屋山大学鬼谷子门下同学多年，毕业后同赴魏国就业，因庞涓妒忌孙膑才能，用计陷害后者，孙膑被处以膑刑，孙膑的名字也因此而来。之后孙膑装疯卖傻，苟且偷生了十年，后来在田忌帮助下逃到齐国，在魏国攻打赵国时用围魏救赵的计策，在桂陵大败庞涓，在魏国攻打韩国时再次用了围魏之计，并成功地运用了减灶策略迷惑了庞涓，诱其在天黑时进入马陵地区，在一棵树上刮了皮（小说《大秦帝国》里写的是在树前立了个草人，上面挂了个牌子），写上了类似"庞涓死于此地"的话，庞涓打着火把看时，被乱箭射死，魏军死伤惨重，从此一蹶不振。同学之间如此相残相杀，几千年后读到这个故事仍然感到有一阵寒气。

孙膑最初无疑是绝对信任庞涓同学的，他本来想去齐国，庞涓拉着去魏国就去了，直到被陷害致残才醒悟。庞涓则有很多心眼、为达目的不择手段。毕业时两人都说没想好去哪国发展，鬼谷子就打算抛个硬币来帮他俩决断，庞涓突然打断说："弟子愿赴魏国！"并解释说："同室修习，庞涓与师弟当坦诚相见，各现本心，无须天断。"考虑到在同一家公司上班竞争不好，孙膑想了下就回答"弟子回齐国"。

我们不能因为庞涓是个坏人就认为他什么都是不对的。庞涓的这个行为一方面是如书中所说"私心重"，另一方面也说明他有明确的目标和较强的意志，敢于决断。相比之下，这时候的孙膑性格偏柔，在人际关系中更愿意迁就别人，也没有明确的职业规划。为了解释庞涓的功名之心，书中描写了他父母双亡寄养于叔父家的悲惨经历。童年的经历当然会影响成年以后的心智模式，但不是唯一因素，后天的学习和修养提升也很重要。

按说庞涓这样心眼多的同学应该比较会来事，在职场上如鱼得水才是。但实际上庞涓在魏国工作得也不是很愉快，魏王喜欢的那种在 KTV 唱歌夜总会娱乐的调调他融入不了，跟丞相公子印相处也不好，更重要的是他们之间品位不同，水平不同，谈不到一起去。他作为上将军，业务能力还是可以的，自我审视的话，应该是个很职业、比较正派的人。在他眼里，公子印就是一个草包，公子印和太子申就是一对草包。

他的问题在于：第一，格局褊狭，把本来可以帮助自己的朋友误判为急需翦除的对手，自己树了一个强敌。把孙膑隐瞒自己是孙武后人的做法贴标签为"欺骗""有心计"，在受迫害妄想症作用下，孙膑对魏王自谦并说要回齐国料理家事的话也被庞涓认为是虚伪的作态。就孙膑来说，庞涓得到重用，自己回齐国"各为其国，各为其主，私情不扰国事"，是很自然的。设身处地地想，庞涓要突破这个认知障碍是很难的。一旦突破，将是"复行数十步，豁然开朗。土地平旷，屋舍俨然，有良田美池桑竹之属"的境界。可惜他逾越不了。

他的第二个问题是：智商不够，学艺不精。他与孙膑的两战高下立分，基本上就是末流的职业初段和当红职业九段之间的差距。公元前353年，庞涓攻打赵国，赵国向齐国求救，孙膑提出围魏救赵的千古名策，"攻其必救"，攻打魏国的首都大梁只需要走300多里地，而到赵国的邯郸则需要1000多里。好的计策捅破了窗户纸好像挺简单的，但能不能想出则取决于实力。

孙膑仿佛是一个高超的棋手，处处先手。第一招，2万兵马佯往赵国，诱使8万魏军离开巨野增援庞涓，然后秘密撤回，埋伏于桂陵。第二招，6万骑兵猛攻大梁，7万步兵第二天赶到助攻。第三招，撤回6万骑兵，秘密埋伏于桂陵。第四招，算准庞涓要走桂陵回救大梁（这条路近了三分之二），10大军设伏于狭长山道两侧。第五招，在庞涓进入巨野大道前，将围攻大梁的7万步兵回师堵住桂陵南边的山口，利用信息传递的时间差完美设伏，充分利用了兵力。结果是庞涓的20万大军损失了13万，庞俦幸逃脱。即使事后复盘，庞涓也想不出应招，每一步都是必然。看桂陵之战，孙膑对运动战的运用真是神乎其神，简直就是在下表演棋。

公元前342年的马陵之战，还是孙膑的单方表演，庞涓根本就只有被牵着鼻子走的份。孙对庞的心态把握得非常准，对战局节奏的控制非常到位。庞涓要灭韩国，孙膑将救韩的时机定在韩国苦战魏国三个月左右，这一点可谓冷静，尽显稳、准、狠三字诀精髓，心不狠真做不来——在这三个月里，韩国苦苦挣扎，损失惨重，战斗非常惨烈。

在庞涓快要拿下韩国新郑时，又接到了齐国攻魏、大梁危急的报告，庞涓心头那是真的火啊，孙膑你能不能来点新招？孙膑说（这当然是我编的）："好啊，这次不在你回来的路上伏击你了，你有种来追我啊！"庞涓一到大梁，齐军纷纷逃跑，乱糟糟的场面那是演得相当逼真，庞涓当然要追了。其实我是很理解此刻庞涓的心情的，小时候玩玻璃球，看到一个菜鸟，那心底的亢奋和贪婪顿时泛起，压都压不住：可逮到你了！我的小面瓜！但结局往往是自己反而输了很多。对抗性的竞技活动，都会有诈的。

这齐军边逃边减灶，暗示庞涓我们都被你们追得溃散了，又派几百名小兵投降招供，明示庞涓我们真的是走不动了，并且孙膑就在军中。而这一切，都是孙膑导演的，真是把诱敌深入的策略用到了极致。逃跑的齐军一进马陵山谷，就从两边小道反身出山，迂回包抄庞涓大军，待其进入山谷后堵截入口，而早就等在山谷的一万齐兵则接替上去，扮演逃跑角色，丢盔弃甲往里跑，演得十分逼真。

孙膑的想法是把马陵道的南北口全部封锁，他要全歼庞涓十万大军！很细节的一点，他把庞涓进入山道的时间"挤在了晚上"，这个"挤"字，用得非常妙。庞涓为了看清一棵大树上写的字——"庞涓死于马陵道"，举起了火把，孙膑连这一点也算准了，只要有一群人举火把围着大树就放箭，结果庞涓成了刺猬。这可能是艺术的夸张，但庞涓确实是死掉了。

孙膑两次使用"围魏救赵"的策略，两次在山地设伏，两次压倒性地击败庞涓，庞涓只有乖乖听话的份，根本没有机会翻盘。这就像：有一次功夫大师李小龙表演截拳道，事先告诉对方要打什么地方，而对方却依然无法防范。

孙膑是聪明，但不是一开始就这么有智慧。孙皓晖先生在书中说，被庞涓陷害挖掉膝盖骨后，他决定装疯卖傻，"也就是从那时开始，他的天赋智慧与无与伦比的悟性神奇地复活了"。人是这样的，凡是不能打倒你的，都会让你更强大。如果没有刺激，蚌不会形成珍珠，牛不会形成牛黄，看看司马迁、左丘明、王勃、李白、杜甫、苏东坡、刘禹锡，哪一个不是如此？所以说，"诗三百，大多发愤之作"。

极大的伤害毁了孙膑，也激发了他的潜能。他和庞涓的两次对决，我隐隐感觉到了他复仇的决心：没有给庞涓留任何回转的可能。

这对同学，最后成了仇人，一死一伤。

三

再说一个正能量的例子吧。同样是鬼谷子门下的两个同学，苏秦和张仪，明明是互相竞争的关系，却相处得很好。关于他俩同学的时间，《大秦帝国》至少有三处说法：一处是"双杰聚酒评天下"这一节中，张仪说"你我在魏国王屋山浸泡了十年"；一处是"安邑郊野的张家母子"这一节中，说张仪，"他与苏秦做了十多年师兄弟"；还有一处是"相逢无由泯恩仇"这一节中，张仪说："苏秦！同窗十五载，张仪竟没看出你是个见利忘义之小人！"这回是落了实锤，两人同学竟达十五年，大家想想有没有同学十五年的？小概率事件吧，从小学开始，小学中学都是同学也就十二年，那得上大学也至少是同一所大学才够十五年。所以，苏秦张仪同学的时间确实很长，基本上是高中本硕博连读都在一起了。

苏秦和张仪学的是一样的专业，都很优秀，按照"良马独槽"的配置，必然是在相互竞争的战国公司就业才合理，两人对此十分清楚。可贵的是，两人彼此都坦诚相对，张仪为此专门千里迢迢赶到苏庄和苏氏三兄弟聚谈，征求苏秦关于去向的意见。张仪一开始说打算先去齐国，如果没意思再去楚国，苏秦建议他去魏国，也解释了自己为什么不去魏国的原因，两人又讨论了燕赵两国，最后苏秦详细分析了秦的情况，他说想去秦国，那儿的事业发展机会大，张仪提醒他："苏兄如此推重，看来定然不差。然则有犀首在秦，苏兄还当谨慎为好。"两人豪情迸发，张仪举杯："苏兄入秦，张仪入齐，驰骋天下！"两人相当于在填报志愿前商量好了不报同一家公司，避免自相残杀。

面对这种毕业后去向的敏感话题，两个好朋友坦诚相对，帮助对方，成就自己，交换意见，互相提醒，这是值得广大应届毕业生认真学习的。再去看看孙膑和庞涓的例子，同样的场景，不同的味道。

究其原因，苏张两人家境差距不大很可能是主要原因之一，苏张两人家境还可以很可能是主要原因之二。张仪的爷爷从士兵做到了将军，爸爸当过魏国管盐的下大夫，后被放逐，家道虽然中落，但从张仪回家时的情况看，"偌大的庄园，只有一个老管家带着三个仆人料理"。毕竟还有个老管家，还有三个仆人，我们现在不要说管家，不要说仆人，能请小时工来做做家务的都只占一部分。那么，苏秦呢，世代经商，张仪去拜访的时候到的是苏庄，你想，能称作"庄"，家底还是可以的。他俩的这种家庭情况，即使是家道败落，也是有骨头撑着的，或者说，是见过世面的人家，这样人家的孩子是不会因为一时的困顿而放弃诗和远方的。所以，这两个同学没有因为家庭背景差异而出现心态失衡的因素，交往相对简单。

苏秦后来在秦国就业不佳，改到燕国寻找机会，后来身挂六国相印，推广合纵策略，与秦国对抗。张仪担任齐国使者后，在楚国遇挫差点被打死，然后辗转来到秦国，推广连横策略，分解六国合纵。两人分明是对头，但张仪入秦一事竟然还有苏秦举荐的因素。秦国樗（chū）里疾跟秦王说："臣出使齐国时，苏秦曾对臣提及张仪，举荐张仪入秦。"这等胸襟，让庞涓何以自处？这种担心没有对手的自信，也就苏秦有。秦王嬴驷倒是对此了然："一个人天下无敌，也就快没有价值了。"从时间上看，苏秦的发达早于张仪，当他成为高管时，张仪连低管都不是。鬼谷子对两人的考语是："苏秦之才，暗夜点火。张仪之才，有中出新。"也就是说，苏秦擅长从0到1，张仪擅长从1到2。苏秦的成功也启发了张仪，苦思对付合纵的策略，至于买家嘛，自然是七国中剩下的那一家——秦国。一入便是丞相，封爵大良造。这两人的遭遇，有点像《历史的天空》里的姜大牙和陈墨涵，想投奔国民党军的结果成了红军将领，想投奔共产党军的结果成了国民党军将领，命运弄人，现实比电视剧还精彩。

苏秦、张仪这对同学的价值在于，即便在后来发生猜疑的时候，两人仍然很有风范，而且心里是想着对方的。因为屈原想要刺杀张仪时，苏秦知道而没有告知张仪，后来两人在齐国相遇，一个要握手，一个要甩开，一个承认有这回事但不解释，一个勃然大怒，十五年的同学看走眼了，说道："自今日起，你我恩断义绝！"孟尝君无论如何调解都不能说和，私下问苏秦为何不解释，苏秦说："知己疑己，夫复何言？"后又暴怒高喝："我待张仪，过于兄弟之亲。你说，他如何能疑苏秦？他！根本就不能如此问我！知道?！"

张仪呢？反而向齐宣王推荐苏秦："张仪以为，齐王若得变法，非一人不能成功。"孟尝君说，这是故意的吧，你张仪是知道齐王知道苏张不和的，你这是假意推荐而让齐王生疑而不用苏秦。这真都是聪明人啊！不过张仪的心思更深，他觉得自己更了解帝王之心，"苏张但有仇，天下君王安"，而且认为这个推荐机会"也许只此一次"。既然如此，孟尝君以为这下两人该复合了吧，张仪却冷冷道："错！不想教大才虚度而已，与恩怨何涉？"读到此处，直想击掌。这两人都打算要断交了，还是保存着底线和那份爱。

庞涓同学，你好好看看你的这两个学弟，打架都打得比你有情有义。都是同学，相煎何急?！

四

一般来说，血浓于水，就亲密和信任程度来说，同学关系是比不上血亲、姻亲关系的，但在《资治通鉴》中可以看到很多血亲、姻亲之间相残相杀的故事，比如像那个赫连勃勃，人家好心收留并招为女婿，结果后来把岳父都给杀了，感觉那真是黑暗的大分裂时代。血亲和姻亲尚且如此，同学朋友之间更不用说了。按说文明是越往后越先进，越往前越野蛮，所以在描写更早时代的战国的《大秦帝国》中看到不少同学之间情谊的故事，感到温馨之外还有一点意外。

让我感到最温暖的莫过于蒙武同学。秦昭襄王隔代指定嬴异人，委托老太子嬴柱（嬴异人之父）办理回国事宜，嬴柱拜见主管王族事务的老庶长嬴贲，嬴贲传令安国君嬴柱，凭黑鹰兵符带领精锐的三万铁骑秘密开赴秦赵边境的离石要塞。由于此时秦赵两国外交中断，嬴异人作为人质被赵国软禁，国内外各种势力客观存在，因此接嬴异人回国不是我们想象的那么便当，即便是对天下强国秦国，这也是一件很机密的事情，所以老秦王的各种命令都不是很直白，需要底下的人用心领会才行。去离石要塞的含义就是接应嬴异人，但嬴柱却是各种不明白，老叔叔嬴贲只好一样样掰开了告诉他，给你兵符就是给你选将的权力，嬴柱一阵茫然，选谁呢？书中说他哽咽一声："我本嬴弱，从来没想过做这个太子也。"

岂只嬴柱茫然，看书的人也茫然，找谁帮忙呢？做事情，人是最重要的。

请注意嬴贲这段话："记住，前将军蒙武为将，他与异人同窗情深，只怕比你还上心；你只坐镇，一切行止悉听蒙武决断，保你无差。"一句"只怕比你还上心"，看了感觉真温暖。嬴贲帮嬴柱选的将是蒙武，除了业务能力突出外，很重要的一点是非常可靠，"他与异人同窗情深"，让老同学去接机，让课代表去接任课老师，这当然是最靠谱的安排。

这真是既在意料之中，又在意料之外，让人有一种恍然大悟的感觉。其实，在前文中就埋了伏笔，嬴异人与卓昭（即后来的赵姬）第一次见面时，认出对方所弹之筝是十五年前自己因为生计窘迫卖掉的秦筝，不禁走到跟前立起筝身，在筝头一拍一抽，拿出一片红色的筝板，上面镶着两行铜字：筝如我心 一世知音蒙武制赠异人君。

这两人还真是同窗情深。那时候没有钢琴，嬴异人小时候弹的是秦筝，像当今很多家长一样，八岁那年他的爸爸给他找了一个秦筝老师——蒙骜，蒙老师跟家长交流面试之后很满意，当即收为徒弟，并安排十岁的儿子蒙武与其一起学习弹筝，文化课也在一起上，刚开始是走读，两年后改为寄宿。这走读和寄宿的感情是不一样啊，一个是白天的感情，一个是白天和黑夜的感情，至少多了仰望星空或者看流星雨的经历。

这两人的下一代，嬴政和蒙恬，也算是同学，说是"也算"，因为从书中描写看，吕不韦曾有意去蒙府安排蒙恬陪读，但蒙恬外出未归，吕说了句："天意也！"因此他俩是否曾经同学不确切，后来两人在校武场相互欣赏，事后结为兄弟，基本上就直接跳过同学阶段了。我的判断是，蒙恬、嬴政两人早慧，相识时已过了启蒙阶段，且嬴政即位较早，两人很可能没有一起上过课。

不过，嬴政倒是有过一个近似同学的老朋友，可惜两人关系处得不太好。

五

这位准同学姓姬，名丹。这么说大家可能想不起来是谁，说他另一个名号就都知道了，他就是鼎鼎大名的"燕太子丹"。他在赵国做人质的时候，赵政（嬴政当时的名字）刚好也在赵国，虽然不是人质也相当于人质，推算起来，燕太子丹大赵政两三岁，两人相处差不多是三四年级的小朋友和一二年级的小朋友的情况，两人在邯郸王城交游，从常理推测应该是一起天真无邪地玩耍过。结果，小哥哥燕太子丹被老爸从赵国叫回来后，在吕不韦当政时被派到小弟弟嬴政（回国后改姓嬴）的国家秦国继续当人质。秦燕又无仇，按说嬴政亲政之后，对这位老朋友礼遇有加才是，结果却是不但不放回燕太子丹，还明令软禁他。燕太子丹屡次上书要求回国，都得不到回复。这也就种下了两人的仇恨。后来燕太子丹逃离秦国，一手策划了震惊天下的荆轲刺秦王，最后在嬴政的威逼之下，燕太子丹被老爸斩首，首级被送到了秦国。

两人关系为什么会发展成这样？难道是因为两人只是童年玩伴没有同学过？

六

李斯和蒙恬也是同学，都是荀子门下的学生。最后李斯一念之差害死了蒙恬，这是一个同学害死了同学的例子。如果说蒙恬是带着特殊使命化名插班到李斯班上的，那么韩非则是李斯铁板钉钉的老同学了，而且两人住同一个宿舍，李斯岁数大一点，为学兄，韩非为学弟。

这两个同学上班以后的几次见面基本上都是热面孔贴到了冷屁股上。李斯到韩国出差，见到韩非时，"坦诚激烈"，但韩非一言不发，李斯邀请他到秦国共展宏图，韩非淡然摇头，临走却拿出《韩非子》委托李交给秦王。李斯觉得奇怪：你既然把秦王当作知音，为什么不去秦国上班呢？韩非也没有解释。后来秦国强要韩非来秦国上班，为了不给韩国惹麻烦，韩非同意了。来的时候韩非特意穿着老韩衣冠坐着老式韩车，李斯兴冲冲地去接老同学，虽然姚贾提醒"此公难伺候，小心"，但想着那是你，我是他老同学，还能真的板脸？他又是拱手又是大笑，把气氛搞得很热烈，想请韩非换乘凯迪拉克（驷马王车），结果韩非冷冰冰地说："韩车韩衣，韩人本色。"相当于说，韩装依然穿在身，我心依然是韩国心，韩车虽然有点破，但我只坐国产车。李斯说，你看凯迪拉克也坐得下，还快，这样还不耽误中午在咸阳吃午饭。韩非冷冰冰一句"不敢当也"回绝了。一路上，想邀请韩非一起吃个饭喝点小酒联络下感情，韩非说"不饿"，考虑到自己是代表秦国形象的，李斯只好忍耐，就着韩非的慢车前行。

传说韩非入秦后，李斯妒忌其才能，在秦王面前谗言构陷，导致韩非被杀。我认为不太可信，理由有二。第一，韩非在职场上对李斯的威胁不大。韩非确有李斯不及之才能，但李斯也有其过人之处，而且李斯比韩非格局更大，综合素质更全面，韩非只偏重一方面，不可能撼动李斯的地位。从韩非入秦的举动来看，他表现得很孤傲，待人处事过于傲娇，以自我为中心，这样的同志人际关系不太可能很好，李斯不用担心会被取代。第二，韩非本身有必死之心。他入秦不是自愿的，外有秦国的施压，内有韩王的求说，他知道秦国是施展他法治思想的最好地方，而且看清了六国必定亡于自身、天下必将统一于秦国的大势，但他又始终记得自己是韩国人，要忠于韩国，哪怕是粉身碎骨。所以他出的计策被认为是阴谋误导秦国，想要秦国陷入和楚、赵的战争泥沼从而保存韩国，最终被下狱自裁也是他的必然悲剧。

这对同学有两个情节值得注意。第一个，是刚到秦国的接风宴结束后，送韩非到宾馆，李斯想"畅谈长夜饮"，韩非说："斯兄，韩非不得已也，得罪了……韩非入秦，你我同窗之谊尽矣！夫复何言？"这里，韩非称李斯为兄，还提到了同窗之谊，说明他并没有忘记往日的同学情谊，只是因为立场不同，不得不成为对立的双方。

第二个，韩非下狱之后，李斯承受着舆论压力，在后园徘徊，姚贾劝他"当断不断，反受其乱"，意思是要李斯依法从快处理，李斯说："决亲易，决友难。"这说明李斯也没有忘记在荀子门下与韩非的同窗之谊。

姚贾的意思有几层。第一，我知道韩非是你同学，但这人思想过于褊狭激进，又很迂腐，考虑的不是天下统一大义，不是为了天下百姓的安宁，而是为了去救一个行将就木的腐朽的韩国，这不就是把才能用到了破坏天下大计的地方了吗？第二，杀了韩非会被人骂，但破坏统一大计就不被人骂了吗？第三，秦王给你留纸条，让你处理而不具体过问，难说不是为了考验你的智慧和勇气、公心和私心。

就实说，按着韩非子所倡导的法治理念，他触法了，也当其罪。

七

看了这些几千年前的同学的故事，不知大家做何感想？

这些年，时不时有什么被同学坑蒙拐骗的报道出来，言下之意是同学关系就应当是纯洁美好的，怎么能对同学这样呢？看了感觉林子大了什么鸟都有，人心叵测，等等。再看了一些同学情深的故事，又觉得同学是最好的关系。普罗大众反复被反鸡汤和鸡汤，多少是有点被弄晕了。因为人的心理有统一性的倾向，对于这种相互矛盾的东西，天然有种不适应。

其实，这真没什么普遍的规律可循，你也许会遇上好事，也许会遇上坏事。关键点在于你怎么定义同学。要想同时能解释正面的例子和负面的例子，你只能往后退一步，放弃掉"同学一定情深"或"同学一定相斥"的感情判断，构建一个基本的底层认知架构作为看问题的起点。这个认知架构就是：同学就是在特定时期、特定空间内与你相处的一个或多个年龄相仿的同性或异性。换句话说，你就是被老天安排和某某、某某和某某某在一个学校一个班级待上了一年或几年，不管你喜欢不喜欢，就是这么着给你安排了。

从这个起点出发，就无关好或坏的判断。同学，一开始也仅仅是同——学。能走向何方，取决于你的行为，也取决于对方的行为。没有不经阳光雨露就能盛开的花，也没有无需耕耘就能丰收的庄稼。夫妻关系好的，都是当这婚还没结。人生美好，都在当初。同学，就当没同学过，就当开学第一天，不去绑架别人，也不被人绑架。追求真善美，谨防假恶丑。

如此，甚好。

那些人生路上的"父子对"

一

世上只有妈妈好，没爸的孩子像根草。父亲的格局，母亲的情绪，框定了孩子大体的轮廓。然而，这也不全是单向的输出，双向的互动往往是关键性的，父子之间的这种互动我称之为"父子对"，脱胎于"隆中对"之说。

刘备三顾茅庐，诸葛亮提出了著名的"隆中对"，对天下大势作了战略层面上的分析和判断，为刘备集团指明了方向、描绘了路线图。人一辈子最重要的就那么几步，也应该有类似"隆中对"这样的战略研讨，而承担这种战略研讨的，最合适莫过于父与子。

父阅历丰富，老成持重，子血气方刚，青春蓬勃。父子之间关于前途的战略研讨，本质上是这两种特质的交融和生发，我觉得这种"父子对"必不可少。

让我们来欣赏一下《大秦帝国》里的几个经典的"父子对"案例吧。

二

第一个是苏秦父子对，可获"最佳战略奖"。苏秦在准备去秦国投简历前回了趟老家，临别前一声"父亲"开始了这场对话。两人沉默，一个要扶，一个"点了点头"，不要扶，两人一起走过院子，到厅堂坐定。苏秦先讲了自己的一番想法，最后说了几点希望，无非是希望老人家多注意身体，工作上的事让大哥去忙吧。听完后，老父亲沉默良久，说了一段很有分量、很有见地的话："何去何从，凭你学问见识。为父唯有一想，你自揣摩：无论厚望于何国，都应先说周王，而后，远游可也。"

这段话说它很有分量是指前面两句。这也是值得我们学习的沟通艺术。世界上最难的是把别人的钱放到自己的口袋里，把自己的思想放到别人的脑袋里。大家发现没有，越是一定要你如何如何，你就越不服气，但要是说"我说说我的看法，也许说得不对，你自己权衡"，反倒容易被人接受。"何去何从，凭你学问见识"，其实就是把决策的责任交给对方，你到哪儿上班，是你的权利，也是必须由你思考和决定的。这叫作对方不能承受之轻。"为父唯有一想，你自揣摩"很有分量，"唯有"强调了后面说的话是很重要的，"一想"是谦虚了，这是以退为进的技巧，这种越是不把自己当回事的，越让人不敢忽视，这叫作举重若轻。父爱如山，那是很重的，但偏偏要轻轻地拿起，轻轻地放下，让你自己掂量。

这段话说它很有见地是指最后一句。"先说周王"这就是战略眼光。周当时已经是日暮西山，谁也想不到去这个即将退市的公司上班。但忠和义是战国时期的通行证，也是防治纵横人士常患的或被认为常患的朝三暮四病症的良药。苏父的战略指导十分老辣，非常的政治正确。后来周天子赠送苏秦旧王车一辆，相当于得到了周天子的背书，为苏秦获得六国的认可起到了重要作用。结识的燕姬则最后成了苏秦的人生伴侣。这个父子对，该获"最佳战略奖"。顺便说一句，周天子周显王也并非糊涂到底，只不过他已无力回天。他是这么说的："苏秦啊，看你也非平庸之士。原先有个樊余，也劝过我振作中兴。非不为也，实不能也。人力能为，何待今日？子为周人，便是国士。找个大国去施展吧，周室王城已经是一座坟墓了，无论谁在这里，都得做活死人。"这和现在在一些不怎么地的公司里照样还是有明白人是一样的。

三

第二个"父子对"其实是"母子对"，无父则母兼父，这说的是苏秦的同班同学张仪的事，荣获"醍醐灌顶奖"。张仪本想料理料理庄园，照顾母亲算了，张母认为这格局小了，先问他学习目的，张仪答：建功立业，光耀门庭。张母冷笑，问：那你这么远离群众、远离主战场，不在实践中磨炼，怎么实现建功立业呢？张仪表示，老妈辛苦半辈子了，因为辛苦过早地老了，我决心在家侍奉母亲尽孝。

这时候，张母说了两段话，一段说："论孝道，莫过儒家。孟母寡居，孟子却游说天下。孟子不孝么？孟母不仁么？你师名震天下，你却不识大体，拘小节而忘大义，有何面目对天下名士？"

面对张仪的坚持，张母带他来到后院土丘的石屋——专门建的一座家庙，引导张仪："你来看，张氏祖上原是隶籍，自你曾祖开始小康，大父为将，乃父为官，至今不过四代。张仪，你对着张氏祖宗灵位说话，你这第四代张氏子孙，如何建功立业？"这话的意思是，咱们张家祖上原是社会底层，经过太爷爷、爷爷、爸爸三代的奋斗，才算是进入了社会主流的边边，老祖宗干成这样，你打算怎么超过他们呢？张仪"不禁悲从中来，伏地跪倒，抱住母亲放声痛哭"。这是启发式的教导，场景式的教育，在张仪情感调整到同一频道后，张母说出了掷地有声的第二段话："张氏一族是重新振兴，还是再次沦落，全系你一人之身，这是大义。孝敬高堂，有心足矣，拘泥厮守，忘大义而全小节，岂是大丈夫所为？"意思是，你有比孝敬我更重要的事业等待你去做，重要的事先做！

这个"母子对"充满了阳刚之气，堪称父母教子的典范，授它为"醍醐灌顶奖"不过分。张仪因此振作起来，后来终于成了秦国的丞相，与苏秦齐名。

人与人之间的智商差异有，但没有那么大，造成结果天差地别的原因在于家里或家族里有没有高人指点你。倘若张母不是这样的刚强女子，满足于儿孙绕膝，那么世上也就没有张仪这个名士了。

四

第三个是嬴柱父子对，可获"最佳感情奖"。说实话，他俩确实让我动情。嬴柱本来不是太子，太子哥哥早逝，矮子里拔高个，被选中了当太子，父亲在位时间很长，等他正式即位时已经五十多岁，没几天就也去世了。他一向被人认为资质平庸难堪大任，但很有自知之明——这一点甚至是很多聪明人、能人都不具备的。他和两个儿子的"父子对"读了以后让人动容。

在确定嬴异人作为嬴柱的嫡子后，另一个儿子——曾经的候选人嬴傒只能是当个"普通人"了，华阳夫人提醒嬴柱要将他安排好，避免和嬴异人同府居住，其揣摩这就是嬴柱父亲秦昭襄王所说的"该当处置者早日绸缪"的意思，因为"以傒儿之浮躁乖戾，年又居长"，恐怕会出事。嬴柱沉默一阵，"长嘘一声"靠在桌子上睡着了，傍晚醒来抹了抹嘴角的口水，喝了点凉茶，去找嬴傒谈到三更，一大早就带着嬴傒往函谷关去。书上没有写这天晚上的"父子对"具体是什么情况，但我相信一定是有很详细的内容的。猜一猜吧，估计当前国际国内的形势是有的，一个年轻人应该如何看待落选是有的，自己对儿子的深厚感情和不得已是有的。再猜一猜嬴傒的应对，从愤愤不平到心悦诚服是有的，表态服从组织安排是有的，决心从基层干起以业绩说话是有的。

我们来看一看这么说的间接证据吧。嬴柱没有说话，说明他也明白了嬴傒必须有所安排，并且要快，所以他"出了书房径自向后园的双林苑去了"，双林苑，那是他苦心安排傒儿读书练武的地方，父子俩聊了很多，因为"直到三更时分方才回到了书房"，回，不是回卧室，而是书房，说明他还要根据谈话结果做准备，天亮后父子两"一车一马出了咸阳东门辚辚直向函谷关"，说明工作做通了，亲自陪同，说明重视和爱护。这相当于一个老爸亲自陪着高考落榜的孩子去职高，准备走另一条成才之路。

嬴傒的变化也是很大的。到了函谷关军营，嬴柱跟蒙骜说想送嬴傒入伍历练，蒙骜说公子傒已有爵位，可以直接做千夫将，也可以担任其他基层或中层干部，这时嬴傒的表现可以说相当的谦逊，三观很正，书中写到，不等老爸说话，就"霍然起身一躬"，坦白说明自己的爵位不是来自战功："今入军旅，愿效当年白起先例，直入行伍军卒，凭斩首之功晋升！"嬴傒以前可不是这样的，老爸请来名士士仓担任老师，第一次见面，嬴傒是"板着脸走过来浅浅一躬"，根本没把士仓放在眼里，说话更是直接顶撞，士仓评价他"此儿不学无术，却不失本色"，愿意试一试。试的结果是非常失望，认为嬴傒"乖戾浮躁"，自己"先墨而后法"，用上了墨家、法家等的知识"多方导引"，可惜"却无矫正之法"，最后写了封信走了。

我认为嬴傒变化的内因在于，在嬴异人确定了嫡子地位后，他自己也开始冷静反思，外因在于老父的那一番彻夜长谈，外因要通过内因发生作用。因为以前也有过一次"父子对"，效果并不好。当时嬴柱意识到组织上派范雎来考察王子王孙是有深意的，马上把自己的书房双林苑让给了"可望成材"的嬴傒，用于读书练武。在嬴傒不以为然的时候，"亲自与儿子密谈了一番"，嬴傒才皱着眉头勉强答应先住三个月看看，不习惯还要搬走。可以说此时的嬴傒是浑然不知轻重，也对即将到来的机会缺少敏感性。

嬴柱、嬴傒之间的父子对具体内容书上没有细说，但一定是很重要的谈话。之所以称之可获"最佳感情奖"，是因为这里面包含着嬴柱对儿子的一片深情，看看他俩在军营临别时的景象就知道嬴柱对这个儿子曾经寄予了多大的期望，而在不能立为嫡子之后表现出的无奈、愧疚，以及希望补偿的心理。嬴傒就要大步离开，嬴柱叫住了他，"解下黑色绣金斗篷默默地给儿子披在了肩头，又解下腰中一口短剑塞到了儿子手中"。这是恨不能将江山托付了，一向粗线条的嬴傒这次都觉察到了父亲的双手"微微颤抖"，"斑白的两鬓顷刻间苍老了许多"。但是他的表现可以说是非常成熟，"瞬间犹豫"，"咬着牙关回过神来笑道"，咬、回神、笑道，说明了内心的波澜和外表的平静，他是这么说的："父亲，这般物事军卒不宜。"是啊，一个刚入伍的新兵，拿着这些东西不是相当于告诉别人说我不是一般的子弟兵吗？让人动容的是，嬴傒"又给父亲系上了斗篷挎好了短剑，深深一躬"，老爸你年纪大了，要好好保重啊！（"君父老矣，善自珍重！"）说完大步走了，嬴柱差点跌倒，蒙骜觉得他有点失态了，心里有点看不起，嬴柱长嘘一声："骜兄，我心苦矣！无由得说……"

《大秦帝国》中如此近镜头地描写一个送子从军的场面，比较罕见，嬴柱本来不是一个善于言谈的人，却跟自认为最有希望成材的儿子至少深谈了两次，最后还在分别时相当于用行动又"谈"了一次，我觉得一切尽在不言中，这一次的"父子对"，效果比前面的几次都好，父子双方都读懂了对方。我是真的被深深感动了。

对于另一个儿子嬴异人，嬴柱也有一次很动情的"父子对"，时间发生在嬴异人行加冠之礼的夜里，地点是在自己书房。开篇问异人对于今天举行大礼感想如何，接着又说这事是爷爷定的，不是爸爸定的，你知道爷爷为何如此吗？嬴异人摇头。嬴柱告诉他，这是为了告诉天下我们有后了！正常来说，我这个太子还没有即位，用不着这么早确定嫡王孙，之所以这么做，是因为我身体不好随时会走，这时他说出了一句估计让嬴异人全身心震动的话："你，才是秦国真正的储君。明白么？"这是一次隔代指定，为的是国家的前途和命运。

更强的还在后面。嬴柱历数了秦国历代君王情况，哥哥和自己先后成为太子，身体都不太好，自己"不恨己身短寿，生平唯有一憾"。嬴异人表态一定全力以赴弥补遗憾。那么，是什么遗憾呢？嬴柱说："为父终生之憾：身后诸子无雄强之才也。"这是直接说嬴异人你也不过是矮子里拔出来的高个，也是个过渡人物。所以说嬴柱虽然被认为是"平庸无断"，但实际上没有那么差劲，他的平庸是跟秦昭襄王这样的强君比较而言的。

嬴异人倒是很诚恳地承认自己确实只能说是"中才"，嬴柱说，好在你秉性平和，没有乖戾之气，守成是可以的。可见，在选接班人的问题上，一般都是优先考虑"稳重"的。像康熙选继承人，发现太子胤礽居然偷看自己，操心自己还能活多久，对人还脾气不好，所以"两废"，最后选了表面上与世无争专心念佛的雍正，那些急吼吼的儿子们最后都败在了表面无所谓的雍正面前。

嬴柱的不平凡还在于他紧接着指导嬴异人现在开始就要做好两件事：第一，要找一个厉害的大臣辅佐；第二，要有一个出类拔萃的儿子。否则，"弱过三代，秦国要衰微了"。可以说很清醒。嬴异人说强臣人选吕不韦怎么样？嬴柱说"试玉之期，尚待后察"，显示了老成。

最后他告诉嬴异人知道做不到，等于不知道。嬴柱的原话也很有水平，他是这么说的：

> 异人啊，记住了，当国莫怀旁观之心。为父时而能说得几句明彻之言，根由便是没有当事之志，而宁怀旁观之心也。隔岸观火，纵然说得几句中的之言，又有何用？

说完后，一个是"低头思忖"，一个是"喘息不语"，两个人长久的沉默，谁也不看谁，因为眼睛里都饱含了泪水。

五

第四个是秦昭襄王和嬴柱之间的父子对，可获"振聋发聩奖"。

秦昭襄王在位时间很长，嬴柱可谓"超长待机"，他俩之间的"父子对"，最重要的关注点是：在当前实际情况（接班人嬴柱相对偏弱）下，国君如何通过为与不为，顺利实现代际传承，保证秦国长治久安，在未来有机会时能把握住。虽然是父子，但这种王家的父子与老百姓是不一样的，中间有很多的生分，秦昭襄王下的命令、指示，嬴柱很多时候也需要去揣摩什么意思，也不能去问"爸，你到底想说什么"。但在嬴柱的华阳、华月夫人卷入立嫡泄密案后，父子俩的交谈却是非常的坦诚交心，质量很高。

嬴柱按谋士建议上书父亲，说明如今嫡子嬴异人无正母，回国时不好处理，请父王指示。两人相见寒暄之后进入正题，嬴柱表态没有参与和知晓夫人之谋，愿意由司法部依法处理。秦昭襄王问，如果你是司法部部长，如何裁决？嬴柱答，首犯腰斩。秦昭襄王又问，你如果是秦王，觉得能否特赦？嬴柱不敢说话。秦昭襄王又问，这次上书意思是还要大婚一次（再结一次婚，嬴异人也就有了正母）？嬴柱还是不敢说话。秦昭襄王拍着榻栏粗重地叹息了一声，说了一段很长的话，录于下：

"嬴柱啊，既为国君，当有公心。无公心者，无以掌公器也。汝纵有所谋，亦当以法为本。秦之富强，根基在法。法固国固，法乱国溃。自古至今，君乱法而国能安者，未尝闻也！君非执法之臣，却是护法之本。自来乱法，自君伊始。君不乱法而世有良民，君若乱法则民溃千里。《书》云：王言如丝，其出如纶。诚所谓也！汝今储君，终为国君，何能以家室之心，图谋国法网开一面？汝纵无能，只守着秦法岿然不动，以待嬴氏后来之明君，尚不失守成之功矣！汝本平庸，却时生乱法之心，无异于自毁根基。果真如此，秦人嬴氏安能大出于天下？惜乎惜乎！秦人将亡于你我父子也！"

这段话说得太好了，所以全文录下。大意是说，你的那点小心思我很清楚，但你是要当国君的人，如果自己不把法律当回事，那么秦国也就完了。你的资质很平庸，但没有关系，只要维护好法律，将来或许你的儿孙中会出现强君，那么你的功劳也是很大的。千万记住，你这样平庸的人如果乱法，那么不要说我们秦国统一六国了，恐怕灭亡都是不远的事。

由于这段话振聋发聩，能量太大，秦昭襄王说完仿佛耗尽了心力，大汗淋漓脸色潮红，太医一阵处理后昏睡了过去，嬴柱则是"涕泪纵横面色苍白地软瘫在了案前"。

涕泪纵横，说明被震撼到了，没想到老爸说出这么多肺腑之言，振聋发聩，想得那么远，看得那么深。面色苍白，说明心中的小秘密被老爸看出来了，自己的平庸被老爸看得很清楚。软瘫，既是被惊的，又是感觉到华阳、华月两人中至少要死一个了，还有就是担心王父一怒之下追究自己的责任。后来他跟蔡泽说，父王的话"是刀是剑！剜心剔骨""面对父王那番训斥，我只恨不能钻到地缝里去"。他的结论是"嬴柱完了，完了"。实际上已经平安过关，他却判断恐怕要完蛋了，应了"平庸无断"之判。有时候不怕被人骂，就怕人家觉得骂你已是多余。

六

第五个是王翦、王贲之间的父子对，可获"针锋相对奖"。背景是灭楚前夕，秦王嬴政起用声称只要二十万兵力就可灭楚的李信为将，认为至少要六十万兵力才能灭楚的王翦则表现得老态保守，关心生活享受。家里装修一番后，连王贲都不认识路了，心里很是不舒服，觉得老爸搞这种奢靡之风违反规定有点过分了，见面之后才知道家人已经全部搬回老家了。到了假山顶上的茅亭，王翦命令管家"任谁不许近山"，说明这是一次非常机密的谈话。这次的谈话一是讲秦王必用李信，而你王贲强于李信，这一点，你知道，秦王也知道。二是讲王家已灭三国，功劳太大有危险。三是讲秦王用李信有不得已之处。

王翦讲的事情，绕不开议论秦王，这，当然是机密的事情，也就父子间能这么讲。说这是针锋相对的父子对，是因为这对父子差不多是吵着说完的。王贲说，你考虑自己家危险，就打算退让了？退让也罢，干吗搞得老态龙钟，还要全家回到农村种田？王翦说，我要的"不是自家气度，是国家气度"。王贲反驳："大臣尚无气度，国家能有气度？"王翦说你反驳得好，现在呢秦王用大家认同的李信为将，有利于平衡朝局，成功了，则朝中力量均衡，失败了，大家也就没话可说，谁有本事谁上。意思是到时候我们王家再出马，也就不会有人提意见了。

王贲很恼火，你这种想法太自私了，明明知道领导这样做是在冒险，为什么不提醒领导？你应该以商君为楷模，极心无二虑，尽公不顾私，你要不说，我就自己打报告争这个主将。意思是为了国家利益，我也不去顾别人说我抢功了。我也不跟你这个老头说了，我要走了。

王翦一声厉喝："给我坐下！"过了一会儿，他站起来，完全不是老态龙钟的样子，"彪悍利落之态虎虎生风"。啊呀，原来王翦之前的老朽样子是装出来的！王翦说，你小子还是太嫩。自以为忠于国家，就可以想说什么就说什么？商君面对的王是谁，我们面对的王是谁？他当时的形势是什么，我们现在的形势是什么？现在也不好说李信就不能灭楚，秦王用李信也是得到像你这样的新锐将军赞同的，属于集体决策，我去提反对意见，有用吗？

最后，王翦淡淡说了一句有千钧之力的话："世间多少事，只有流血才能明白。"王贲听完，"瘫坐在亭栏不说话了"。

事后的情况也证实了王翦的判断，李信灭楚失败，最后秦王还是用王翦率领六十万兵力才灭了楚国。

七

上述五个父子对，如果嬴柱父子算两个的话应该是六个父子对，是《大秦帝国》中比较典型的例子，都有很好的借鉴意义，排名不分先后，他们共同的特点是：这是上一代和下一代之间，尤其是父子之间，在一个重要的时点，对于形势、定位、策略进行的重要的而且往往是不能对别人说的掏心掏肺的谈话，通过双方观点的交换甚至是交锋，达成意见的一致，起到的作用是定战略、定方向。

我觉得，父亲这个角色最重要的一点，就是这个定战略、定方向。

当然，开篇的那句话也是戏言，在父亲缺失的家庭，孩子也一样能够成才，所以，父子对中的"父"，准确地说，是一个代表刚强的角色，执行这个角色的，也可以是母亲，或者家族中的其他长辈。

父爱如山。山，要厚重、高峻、坚定不移。

在人的一生中，有那么一个或几个高质量的父子对或母子对，路即使崎岖，也不会太难走。

三个老男人的再就业

"少年不识愁滋味，为赋新词强说愁。"辛弃疾的这一句词说透了年龄和心境的关系，年轻时装老，真老了又想装嫩，前者是假愁，后者是真愁。人这一辈子，活着活着就觉得前有堵截，后有追兵，不似年少时有万般可能，倒是越来越没有可能。不说别的，看看招聘启事上"35 岁以下"的要求就知道诸多热闹已经与己无关，至于"特别优秀的可适当放宽年龄"的说法似乎又给你点希望，然后等你有这种感觉时又一棍子打死："但不超过 40 岁"。你要说等到将来不再允许有这种年龄歧视了，恐怕也到了拄杖四顾心茫然的岁数了。

"四张机，鸳鸯织就欲双飞。可怜未老头先白。"这恐怕是大多数人的情形，过去如此，现在如此，将来也会如此。中年人最大的困境不是面对年岁渐高的事实无能为力，而是岁数记得太牢，梦想丢得太快，不到七十岁就早早地不逾矩了，认定了只能围着杵在地上的那根橛子转。

其实，不必。广阔天地，大有作为。

一

范增大家都知道，项羽的亚父、重要的谋士，刘邦的眼中钉，范增不去，刘邦不安。公司上市后刘邦曾说："项羽有一范增而不能用，此其所以为我擒也。"可见范增的重要。但范增主动投奔项梁时多少岁了？说出来你恐怕不信，已经 70 了，那可是战国时期。秦汉时期的平均寿命也就 49 岁，这应该是可信的，按生卒年份相减的方法计算，秦始皇刚好活了 49 岁。电视剧《大秦帝国》里芈八子跟弟

弟魏冉说要祝贺他四十大寿，今天谁会庆祝四十大寿？这说明当时
活到 40 岁人生已不算失败。古话说人生七十古来稀，这说明活到 70
岁的人不是没有，只不过不多。不要以为天天锻炼身体吃绿色食品
就一定长寿，那是春秋战国，兵荒马乱，很多人未必能按照自己的
想法学到老活到老，学着学着被咔嚓掉的也不少。

所以，当我看到范增 70 岁了还投奔项梁的创业公司，而且是主
动的，真的是惊呆了。书中写到项梁驻军于东阳休整，范增听说陈
胜死了，就"风尘仆仆来了"。范增"此时年已七十，须发雪白矍铄
健旺，一身布衣谈吐洒脱"。这个热衷于造反的老男人，应该是真爱
这份事业。

不管怎样，70 岁的范增在项梁那儿找到了工作，而且岗位很重
要。他一来就贡献了几个重要的意见：第一，陈胜吴广失败是必然
的，树张楚旗号是不行的，虽然接近答案，但还不是正确答案；第
二，要大力宣传"楚虽三户，亡秦必楚"的重要流言，搞得好的话
能抵十万大军；第三，楚怀王被秦国抓住死掉后，国人很怀念，现在
必须找到楚怀王的后代，作为反秦的旗帜。就凭这三条，这水准就
超过了当时大多数人。范增善谋，有了他，项梁就像夜里走路有了
手电，雾里开车有了雾灯。后来项梁还让项羽认他作亚父。

范增以前是干什么的，史书上记载很少，小说中也只是说他是
九江郡居巢人，"素来居家不出，专一揣摩兵略奇计"，相当于是个
老宅男加兵痴。活了 70 岁，不可能没做过工作，具体什么不清楚，
但确实在 70 岁的时候跑出来参加了初创公司，搭台子、定战略，就
差带队伍了。谁要不服气，70 岁时随便找个独角兽公司去求个职，
看会不会被当作疯子赶出来。所以，不佩服不行。

随便说几件范增的事吧。第一，苍头军陈婴是他收服的，没有
费多大力气，只是拜见陈母聊了个比较长的天。说明他做了不少功
课，会做思想工作。第二，提出以"诛灭张楚叛军"的口号把秦嘉
的势力干掉，树立盟主威信。这秦嘉估计是有苦说不出，自己确实

背叛了陈胜的张楚国，大家都是反秦的，为什么你可以反，我不能反呢？有话好好说，你为什么不像收编陈婴那样好好谈谈，说不定我就同意从了你呢？哈哈，范增要的就是诛灭叛贼的效果，一下子站到了道德的制高点上，这下支持陈胜的人也会支持项梁。要知道，名正言顺一向是很重要的。范增一听说秦嘉军来，马上就向项梁道贺——这实在是需要眼光的。第三，他看出刘邦有潜力，出谋在鸿门宴上干掉刘邦。另外，他很有自知之明，认为"善谋者不成事"，自己和张良一样，做谋划是可以的，当老板是不行的，这种冷静是很了不起的。

这个老男人的再就业，靠的是自己可变现的智慧，这本身就是智慧。想想也是，有个段子讲："一个人如果二十岁不美丽，三十岁不健壮，四十岁不富有，五十岁不智慧，那他基本上就永远也不会美丽、健壮、富有和智慧了"。到了七十岁，也只能靠智慧了。

二

《大秦帝国》里还有两个老男人，到了六十岁，一个是改行再就业一个是赌徒再就业，都当上了高级参谋，也是蛮奇特的。

他俩一个姓薛，在魏国受了冤案，一个姓毛，年轻时恃才狂傲，为这位薛姓朋友说话，被朝臣陷害灭了族，一下子被逼疯了（到邯郸好了，应该是假疯）。两人在赵国邯郸过日子，薛公卖甜酒为生，毛公靠赌技混日子，这后半生也就打算这样过下去了。卖酒就卖酒吧，还有一套理论，什么你不买就不卖，买就卖。赌钱就赌钱吧，赢了还还给人家，只拿一天生活费。

这两人是被吕不韦在邯郸商业街上翻出来的，一开始找的是薛公，薛公说我还有个朋友，"智计过人"，如果允许的话，最好一起搭台。吕不韦当然求之不得，请两人一起当了赢异人的策士，相当于参加辩论赛的辩手的指导老师，嬴异人看什么书，记住什么东西，怎么去信陵君府上参加辩论赛博得名声，如何出入邯郸交际场，如何一步步在邯郸出名，然后再把这名声传到秦国，都在他俩的指导下进行。吕不韦则在秦国说动华阳夫人吹枕边风，让太子嬴柱立嬴异人为嫡子，最后两人又协助吕不韦，惊险地在赵国平原君收网之际让嬴异人逃离邯郸。这些都不细说了，总之确实是有本事的。

同样是谋，薛公代表的是正，毛公代表的是奇。这两人的故事应该是作者虚构的，但也是合理虚构。作者借毛公之口，说出了很多有预见性的话，为后来所证实，唯有一处虽然也是预见，但不同于其他的伏笔性质，而是写实。那就是吕不韦带着未婚妻卓昭接待嬴异人，背景是嬴异人为了一个夜里弹秦筝的神秘女子神魂颠倒，吕不韦和薛毛两公商量后找了一个落魄的小国公主冒充，想要在宴席上介绍给他，没想到卓昭硬要出风头，上去弹秦筝显示自己水平高。这时候毛公看着吕不韦嘿嘿一笑，说出了让人心神俱惊的一句话："吕公呵，天下事鬼神莫测也。"

嬴异人认准卓昭就是那个神秘女子，卓昭刚弹完筝，嬴异人上去就拜，一下子软瘫了。薛公边说边摇头："吕公呵，此时收手，尚来得及，三思了。"毛公则嘿嘿一笑——这是对薛公的话不以为然了——"鬼话！半坡碌碡（liù zhou）能收手？只说如何决断，吕公舍得否？"薛公的意思是，吕不韦可以这样，也可以那样，但你要注意这是个转折点。而毛公的意思则是没有这样那样，只有一样，那就是嬴异人喜欢上了卓昭，你若是还想继续"奇货可居"的战略，就让出，如果就此放弃，那就和卓昭就此离开这儿。

总之，毛公有点神神道道，有点像看穿世事的预言家。作者借薛公、毛公之口暗示了故事的发展结果，在很多地方埋下了伏笔。实际上，这两个人是一个人，这可能是小说的一种写作技巧吧。我看《西游记》，哪里是师徒四人，很多地方像是一个人。电视剧里四个人是性格各异，但在书里，这四个人讲的话并不完全符合身份，八戒会掉书袋，悟空会骂唐僧，在有些段落人物的角色差异并不大。

薛、毛二人，受魏国迫害而依然爱国，在吕不韦相邀一起去秦国的时候，悄悄地告了别，明知魏国不可为而为之。他俩当嬴异人高参的那段时间，也算不是入仕的入仕，了了自己年轻时进入"官场"的梦想，在吕不韦看来成功在望又十分需要他俩的时候却"辞职"了，没有社保，没有年金，毅然决然地走了。如果说秦国是敌国的话，他们帮吕不韦的原因只有一个，那就是吕识货，尊重他们，相信他们的才干，给了他们施展的舞台。他们的离别，除了明面上的爱魏国以外，也有急流勇退的原因，当止则止。

有意思的是，临走前一夜，薛公专门让毛公到吕不韦那里，向吕夫人（就是本来想许配给嬴异人的那个小国公主）告假，把吕请了出来，到山口喝茶，言明不带酒。清风明月，三人喝茶畅谈，意境甚好，只是吕没有意识到，这是两老在郑重地做最后的建议陈述。吕不韦感慨万分，直言今后荣辱一体，要在秦国一起做几件大事。薛公则有意提醒吕，到秦国任重道远，等到嬴异人上位，还要周旋秦昭襄王、嬴柱两人，真正辅助嬴异人获得投资回报，总共要周旋三代国君，真正是长线投资，一定要记住戒躁。吕不韦表示虚心接受。吕不韦说："来日方长，随时可说，今夜不妨赏月品茶。"这时候薛公说，一来是原本就有几件想到的事讲一讲，二来自己老了怕忘了，所以还是趁现在想到了就说了——薛对吕来日方长的说法委婉地说了不。这也是个要走的信号。

薛公讲了秦王的几个故事，结论是这个老秦王是坚决走法治道路的，只有把握这一点，才能从容应对，"明此老王，刻刻在心，秦国事可为也"。吕向毛请教，毛讲了十二字方针：秦法在前，只宜事功，不宜事学。吕不韦不太明白，毛公也不过多解释，只说你自己慢慢揣摩吧。这自然是预言了吕不韦后来政见不行时强推《吕氏春秋》失败的事。

船撑出去这么远，也该回来了。我们关注的重点是这三个老男人的再就业。

范增是不把自己当七十岁看，看样子顶多是当自己四十岁。学了文艺韬略，便要卖与帝王家，看准了项梁可造，便倾心相助。抛开刘汉王朝正统的角度，客观地讲，范增是个超级人才，是老天派来助项梁的，可惜项梁过早地去世了。大争之世，能入庙堂，靠的还是几十年磨炼出的手艺。

薛毛二人的年龄并没有在一出场就描写，而是在不经意间提到已经年过花甲了。薛毛两公是年轻时奋发，该读的书都读了，该受的挫折都受了，接下来就像酿一坛酒，等待时间的积淀。薛公在赵国卖酒，总归是有条生路，有点事做。毛公全族被灭，却没有看到他有什么要复仇的想法和行动。或许是敌人太强大了，或许是他觉得主要还是怪自己吧。虽然他拿的是铁杖，薛公拿的是竹杖，但他在精神上是无法自立的，薛公带着他，他也服帖薛公，一切都是那么自然。前面讲了，薛毛两人看成是一个人也可，他俩其实就是化学上的催化剂，反应前后化学性质一样，催化了吕不韦和嬴异人后，也就离开了。从再就业的角度讲，他俩是被动的。是金子，总会发光的，只要不是掉在粪坑里。离开了平台，他俩也饿不死，一个会酿酒卖酒，一个会赌钱，还有一个认可他们的贵人信陵君，这是再就业的保底货。

老男人，色衰年弛，放眼望去，后浪一浪高一浪，转过身去，一帆高过一帆，要再就业何其难。好在手是自己的，脚是自己的，这两个永远不会背叛自己。练好手艺，走路时先迈左脚，再迈右脚，交替进行。如此甚好。

如何做一个受人尊敬的"好流氓"

一

我上大学期间，曾经淘到过一本教说"不"技巧的 64 开大小的小书，看完之后大彻大悟，功力大长。说"不"，是人一生中必须要学会的课程，敢不敢说"不"，会不会说"不"，常常是区分你是人生的业余选手还是专业选手的标准之一。

当然，我们也会遇到被人拒绝的时候。相对于满口跑火车最后一事无成的人，我和广大人民群众一样，还是更喜欢一开始就说"不"的人，我们称这种人为"好流氓"。好流氓的意思是不帮你，但也在一开始就告诉你不帮你。推而广之，一切在一开始就明确说"不"，不浪费别人感情不耽误别人事的，都属于这种"好流氓"。

如果能成为一名受人尊敬的"好流氓"，虽不能说是德高望重，但至少是把伪君子拉开了十来条街，那么也是一个不差的选择。好人最终选择走一条不寻常的精进之路，还不是为了给后世留下一点真善美的种子。如果你不善于与假恶丑周旋，只会问人家"茴香豆的'茴'字有四种写法你会么"，那终究会在一片耻笑声中落败。所以，虽然东邪黄药师在子女婚姻问题上持明显的双重标准，但我们仍然觉得他可爱，因为他的"邪"代表了我们对于俗世的一种反抗。

然而，说"不"又何其难！举个例子，有这样一位同志，对你知遇有加，在业务上是你的师父，在仕途上是你的贵人，在做人上是你的榜样，有一天跟你说，我们一块辞职去创业吧，你怎么办？有的人说这还不好办，这是好事，不去说不定错过了一个亿。那么，假定你并不看好这一块的前途呢？再假定公司的老板对你还挺赏识的，你怎么回答好？

这里面有几个维度的考量：第一，他对你有恩，你在他最需要的时候断然拒绝，难免有"忘恩负义"之嫌。第二，公司或公司的老板对你不错，你跟着出走，影响一大块业务，置公司利益于何处？第三，在高人指点贵人相助小人监督的情况下，你事业小成，继续干下去说不定几年上一个台阶，而离职创业，且该项目你并不看好，你所难的不是判断，而是如何说"不"。总而言之，核心是在忠义之间、义利之间如何抉择，如何避免自己的人设崩塌。

这难不难？当然难了。不过在《大秦帝国》里有这么一段情节，非常精彩，值得学习揣摩。

二

吕不韦在明知不可为而为之，强行公布《吕氏春秋》失败后，想带领大批干部离开秦国，以此要挟秦王嬴政。为此，他专门给两个最看重的亲信李斯、王绾写了密信，要求一起离秦。吕不韦的算计是王绾、王翦、李斯、郑国都是秦国的少壮栋梁，这些人不是曾经是自己的得力下属，就是自己推荐的或直接提拔任命的，有把握带领一起离秦，如果秦王要请回这些人，那么必须接受《吕氏春秋》为治国纲领。

对于李斯、王绾，吕更是直觉这是三个手指捏田螺——十拿九稳的事。没有想到的是，两人都表示了拒绝。

当时王绾已经身居要职（长史），回信仍自称"门人王绾顿首"，很谦虚，首先说明信已收到，感谢老领导信任。不过，我受您的推荐进入中枢已经十年，和秦国已经融为一体，老板也很信任我，我怎么能突然离职呢？我也不想隐瞒，我追随老板以来，看到他非常勤政，懂得尊重和重用人才，让我十分佩服。我尊敬老板，也尊敬您，现在要作出选择，我感到很难。我想了一夜，终究觉得，作为知识分子，还是要公事为大，私事为小。我服务老板是公，服从您是私。这也是您的《吕氏春秋》所阐明的大义，我如果舍公就私，怎么面对您的大作呢？另外，我也私下劝一下您，希望能采纳：目前国内形势不明朗，舆论环境复杂凶险，您如果能够收回《吕氏春秋》而专心于国政，那就是天大的功劳啊。

王绾这一封信可谓不遮不掩，一方面，非常尊重吕不韦，也表示没有忘记他的恩情，另一方面，也坦白自己对公司和老板的忠诚，表明了自己的价值观，并且委婉地提醒吕不韦回归公司。吕不韦看了长叹一声，他当然明白，这最后的私言，应该也是老板的授意，因为王绾的政见原本应该是和自己一致的。如果是老板授意，显然是在传达一个意思：你若回来，还是丞相。

我们还是来看一下王绾的这封信吧，值得不想错过一个亿也不想走错路的人学习：

门人王绾顿首：得尊侯离秦密书，绾心感之至。然，绾蒙尊侯举荐事王，业已十年，入国既深，又蒙知遇，今在中枢，何能骤然撒手而去？绾不瞒尊侯，自追随秦王以来，亲见王奋发惕厉，识人敬士，勤政谋国，其德其才无不令绾折服备至。绾敬尊侯，亦敬秦王，不期卒临抉择，绾心不胜唏嘘矣！然，绾回思竟夜，终以为贵公去私为士之节操根基。绾事秦王为公，绾事尊侯为私。贵公去私，《吕氏春秋》之大义也，绾若舍公而就私，何以面对尊侯之大书？绾有私言，愿尊侯纳之：国事幽幽，朝野汹汹，尊侯若能收回《吕氏春秋》而专领国政，诚补天之功也！

三

李斯收到密信后是从泾水工地兼程赶回的。在见吕不韦之前有个插曲，秦王嬴政派蒙恬秘密将李斯接到船上，就《吕氏春秋》作了一番问答，大致清楚了李斯的立场、观点，李斯也感受到了秦王的领导魅力，想法有了改变。见面后，李斯坦陈了被秦王请上船的事情，他未必知道吕已经知道了此事，这种自然而然的坦荡，是李斯的优点。继而，李"略带歉意地直言相劝"，希望吕审时度势，和秦王同心协力，坚持以法治国。吕质问，难道我是法外行事？李说，《吕氏春秋》牵涉大政方针，没有经过朝廷公议通过就公布于世，不合法，宽政缓刑的说法也不合秦法，您应该带头守法、专注国事。吕觉得李"前拥后倒，无愧于审时度势也"！——李斯进入秦国时先做吕的舍人，后来经蔡泽推荐做了该书后期的总编辑，将其公然传于天下也是李的主意，事实俱在，不容分辩。如果你遇到，该如何回答？那么，李斯是怎样化解这个难题的呢？

李斯是这样坦然说的：

> 当日操持《吕氏春秋》，报答之心也；今日劝公收回《吕氏春秋》，事理之心也；弃一己私恩，务邦国大道，时势之需也，李斯不以为非。

这又是把私和公摆在明面上说的思路，可以说和王绾的观点是不谋而合。话是对的，不过对吕不韦确实是个打击，所以他说："李斯呵，言尽于此矣！"这相当于说：既然这样，那我也不想跟你多废话了！只不过语气没有这么生硬，道不同不相为谋，战国时期的人常常用"言尽于此"表达自己对对方的失望和不是断交的断交之意。

不过，我们今天是要研究"好流氓"，所以重点在李斯的答词。首先，李表达了自己没有忘恩，这是基本人设不崩塌的前提，其次，李说明了为什么这一次不支持吕的做法，原因是：你的做法确实不对，应该纠正；第三，说明了自己对公、私轻重的衡量，阐明了自己的价值观。

有的人觉得对别人有恩，就要别人无条件地永远支持自己，而不论自己的观点、做法如何，一旦别人不支持自己或者因此疏远自己，就怒斥为忘恩负义，心中不忿，口出污言，甚至不惜耍无赖。这肯定不是一个"好流氓"。

吕虽然不希望李斯如此，但还是好说好散，至于两人都没提密信的事，也没提李的前程的事，是因为两人都知道没有必要了。就此而言，吕的三观是正的。

四

小结一下。

第一，一个"好流氓"，三观必定是正的。三观如果不正，学着学着就会歪了，只可能成为真流氓。奇正相辅相成，奇是以正为前提的。

第二，一个"好流氓"，心底是坦荡的，坦荡不是说没有秘密，也不是说没有算路。具体如何，请参见王绾和李斯的答词。

第三，一个"好流氓"，应该很清楚自己的方向，也很清楚别人的对错。

有人说，有这三点就能成为一个受人尊敬的"好流氓"吗？放心吧，"好流氓"是"尊敬"维度的，肯定不是"喜欢"维度的，你好到位了，不尊敬都不行。确实，仅此三点，不能成为一个立体的人。生命的魅力在于不断精进，一篇文章不可能帮你解决所有的心魔。

我相信，未来，是属于"好流氓"的。

冤枉你的人比你还清楚你有多冤枉

一

人生在世，要自己证明自己没做过什么事，可能是最难的事之一。如果不信，请看被凌迟处死、百姓争啖一片肉的袁崇焕：他能在当时证明自己没有做过里通外国的事吗？或者想想《让子弹飞》里面的六子为了证明没吃过第二碗粉丢了性命的故事。倘若再不信，有朝一日被生生投入监狱，你怎么证明没有做过那件坏事？电影《肖申克的救赎》里，安迪说完自己是冤枉的后，狱友们哈哈大笑：我们都没有罪。

要证明没有做过什么，远比证明做过什么难。

在民间，有一种方法可以破解这个难题，或者说在一定程度上可以破解，那就是发毒誓。不管他是唯物主义者，还是唯心主义者，这种方法都是适用的。在实际生活中很少听到人发毒誓，有一个原因是，很多人言不由衷，抗风险能力又差，家里的几口人经不起这样的折腾。

因为信任一个人，而信任他说的话，这是一种朴素的传统思维，要不怎么说要先做人后做事呢。问题是，建立信任，尤其是在短时间内建立足够的信任是困难的，更何况建构和怀疑往往是并生和交互的。尽管这样，我们仍然会不由自主地实践这一理论，比如这样的说法：我实话跟你说，我坦率地跟你说，我真心诚意地实话跟你说，我掏心掏肺地跟你说，我是真把你当兄弟实话跟你说……

然而并没有什么鸟类的蛋可以用。

二

难道就没有别的办法可用了吗？

还是有的。电影《教父》里的教父说过，要讲道理。

《大秦帝国》中，嬴柱驾崩，临终时吕不韦以太子傅身份顾命。蔡泽大为吃醋，认为与嬴柱相互信任，不可能临终不召唤他，实际没有召唤他，肯定有问题，"你吕不韦是否矫书亦未可知"！这是跟谋反相当的大帽子。蒙骜、王龁奉命归都，见不着新君嬴异人，直接质问吕不韦"莫非章台之变不可告人"。等三人沟通好，到太后宫，宫中已经擅自举哀，说到法度，华阳太后反问吕不韦：要说法度，老太子府举哀在前，要管也得先管她——这是指嬴异人生母夏姬，"你容她而责我，其心何偏"！

这三拨人都不是善茬，所说之事都不是吕不韦能控制的。秦王嬴柱临终之前叫谁不叫谁，是吕不韦能控制的吗？新王嬴异人能不能在蒙骜、王龁一来就召见，是吕不韦能控制的吗？夏姬在老太子府举哀，是吕不韦能控制的吗？这都是因为别人的行为，而被人怪罪，而且还非常严重。蔡泽、王龁的质问都上升到了谋反、政变的高度，随随便便就能让吕不韦失去一切。华阳太后说吕不韦偏心、不公正，吕不韦能马上证明心正好在中间、自己十分公正吗？

这中间随便一个问题，估计都能难倒大多数人。虽然这是小说，但扪心自问，现实生活中就没有类似的场景吗？恐怕是只有太多，没有太少。

那我们又是怎么回答的呢？好像第一反应是坦白交代，事情是怎样怎样的，当时是怎样怎样的，最后加一句，我这说的可都是实话啊！至于碰上华阳太后的质问，首先想到的是赶紧叫人通知夏姬不要搞了赶紧撤下，一定要注意保密，服从治丧委员会的具体安排。

有用吗？不知道朋友们遇到的情况这样说有没有用，我反思了一下，结论是：然而并没有什么鸟类的蛋可以用。

三

你越希望别人相信你，就越得不到信任。你越表现得诚实坦白，就越像一个狡猾的两面人。没办法，情况就是这样，人性就是如此。

然而，我没有看到吕不韦对任何一个人拍胸脯、作保证，但都化解了对方的化骨绵掌。

对于蔡泽，点明你不是开府独领而是与太子共领相权，一句"秦王弥留，召君亦可，不召君亦可，何来必然之说"先堵了对方一下，然后讲了情况仓促的客观情况，但蔡泽仍然愤然沮丧有情绪，则"决意要在这关节点上将话说开说透"，直接将蔡泽的心思挑明，一层层讲道理，一句话，你的格局有点小，不应该啊！这一番疾风骤雨般的"教训"不但没有让蔡泽愤怒，反而让他对吕有了信任，十分服气，百般折服：

"老夫今日始知，政道见识，吾不如子也！也罢，足下既为顾命，只说要老夫作甚！"

对于蒙骜、王龁，则明确提醒，如果怀疑有不可告人的事情，可公开于朝野按法处置，如没有凭据还是要慎言。说到新王受制于人的可能，则反击"自古唯重兵悍将可为"。蒙骜讲出了疑虑，吕有三句话很有分量，一句是："上将军若一味心存疑虑步步紧逼，恕不韦无可奉告。"一句是："护法安国，死何足惜？王龁恃功乱国，枉为秦人！"一句是："要说不信，只怕促成大军东出在外才是上策，何须急命止兵又召两将军入朝？"都说宁跟明白人吵架，不跟糊涂人聊天，便是如此。话说到这个份上，蒙骜再不明白也就不是蒙骜了。整个过程，吕没有一点求蒙、王两人相信他的为人的意思，有的只是讲这里面的道理。一番交锋之后，双方反而有了信任，此时吕不韦才有机会细说章台之事，这要是在蒙、王二人紧逼之下说出，恐怕反而不能获信。

对于华阳太后，则点明你和那个她不一样，你要把自己当落后群众要求，那就走程序让大家来说吧：

"目下太后暂摄公器政事，非比寻常女子，若执意与名分卑微的夏姬锱铢必较，臣唯有诉诸王族族法，请驷车庶长府会同王族元老议决。"

都是明白人，要么合作，要么你去和第三方斗气，后果还很严重，但跟我没关系。所以结果自然是华阳太后主动让步，撤去灵堂和各种布置，赶紧入座有事说事。

这中间，无论是蔡泽、蒙骜、王龁，还是华阳太后，都不需要马上信任吕不韦这个人，只需要听明白中间的道理关节，就自然会明白，也就会相信吕不韦的做事没有出格，是可以在一起议事的。信任来信任去，最终不就是为了解决点事吗？既然这点事解决了，你就是在心里不信任吕这个人，又有什么打紧，下一个回合你喜欢斗还可以跟他斗啊，只要你自己掂量政事才具超过他一截就行。

四

所以，人与人之间，所谓的信任，也是建立在对利害关系的共识上的。这个道理，顺之者顺，逆之者逆。以道理存信任，则信任存，不讲道理强求信任，则信任亡。

遇到天大的事，也不必急于表白自己的无辜，这样做大概率是无效的。你说你是好人，谁信啊？冤枉别人的人，往往也是一时进水，偶尔没电，等到电吹风吹吹，插上电充一会，也能摆脱看谁都是来害朕的低电量模式。现在看起来，还是讲道理好，如果这道理讲下来，你就是被冤枉也是合理的，那就认吧。

道理讲对了，讲通了，就有信任。这比拍胸脯作保证强，因为拍得轻了别人听不见，拍得重了伤肺。

点炮的人

一

世人常说选择比努力重要。人这一辈子，选择的机会很多，但关键的就那么几个，选对了或蒙对了，及格是至少的，要是发挥稍微好一点，基本上进入中流是没有问题的。

我觉得，这种关键的选择或者说关卡就像铁路上的道岔，有些是和主观能动性高度相关的，当事人就像扳道工，有时，需要主动地扳动道岔，及时转到正确的方向上。

除此之外，还有一些和选择无关，或者本质上无关选择，而是完全受因果关系或者说无量因缘制约，体现出来是环环相扣的关系，你要做的就是要及时切断某一不好的环，中止化学反应。这是好的情况。有的情况则可能根本无法干预它，甚至无法了然这里面的草蛇灰线。所以自然会得出一个结论：还是本本分分、老老实实做一个好人罢，好人有好报，好人一生平安！这个结论不看个例，看概率。超越个人而看社会发展的话，就是一种历史的必然性。

有这样一种人，对他而言是做了一次选择，而对别人而言，则相当于点了一次炮，从此天崩地裂，巨石滚山，或者齿轮转动，看似缓慢实则不可逆转，明显趋向收敛。

我在《大秦帝国》中看到了这样的人，由于他的点炮，秦赵大决战提前发动，出现了长平四十万赵国降军被坑杀。但你也怪不了他，他很有自知之明，点完炮后主动离开了是非之地，也不要诱人的待遇。

他就是韩国上党郡的最高行政长官冯亭。

二

地市级的冯亭无论如何算不上是个大人物，但确实是一个影响了历史的人。情况是这样的：上党高地一部分属于赵国，一部分属于韩国，两国都有一个上党郡，对于秦赵两国来说，无论谁占领全部上党高地，对对方都是一种战略压迫。赵国占了，秦国也别想随便往东扩张了，秦国占了，邯郸也就危险了。本来呢，冯亭在上党郡经营得挺好，但随着秦国不断蚕食，上党郡几乎成了一块飞地，后勤补给已经不可能跟上了，从秦国走，要交关税，从赵国绕，路途遥远，等粮草运到，估计一大半已经被参与运输的人马吃了。这就意味着韩国守不住上党郡只是个时间早晚的问题。

正常来说，面对强大的虎视眈眈的秦国，韩国上党要么死撑，要么投降，还能怎么着？

结果冯亭想出了第三个办法：把上党郡送给赵国！

于是，赵国君臣就面临一个选择：接受还是不接受。争论的两方都有道理：一方认为，这是一个烫手山芋，天下哪有这么便宜的事，冯亭肯定是想引祸到赵国；另一方认为，这虽然是个烫手山芋，但赵国不要的话，如果投向秦国，赵国形势将更糟糕，而秦赵两国的对决看样子难以避免，不如先占据有利地形。

最后赵国的选择是接受。秦国费了大劲，结果赵国得了好处，这还得了，秦国当然十分恼怒，不肯罢休，一定要把战略要地上党拿下来。后来的事情大家都知道了，主张积极出击的赵括和他的几十万大军在长平全军覆没。

问题是，冯亭提出献上党后，赵国有选择吗？人家的东西已经不要了，先想着给你，你如果不要，人家就再问问别人要不要，哦，你说扔垃圾箱里。那扔垃圾箱里你去不去捡？不捡的话自有人捡。再者，如果冯亭把上党先献给秦国，赵国怎么办？岂不是更糟糕？

所以，对于赵国来说，即使知道两种选择的利弊，其实也没有什么选择的机会，这只是一个伪选择，实际上是一本道的事。赵国权衡利弊之后，只能接受。

从长远来看，战国历史发展到秦赵两强对峙的局面，决一雌雄已经是难以避免的了，冯亭不献上党，秦国也照样要对赵国进攻。但冯亭献上党，显然是加快了这一进程。赵国势成骑虎，绝不损失上党一寸土地是很自然的政治正确，在秦国的压力下，不断增兵抗衡也是必然的，这就给了秦军与赵国主力提前决战的机会。

三

其实，冯亭献上党对于韩国来说也是最优选择。冯亭说得很清楚：

"河外道绝，目下又正当春荒，三月之后上党军民必乱。若秦国奇兵突袭，乱军必不能应。上党若归秦，赵国岌岌可危矣！赵国若亡，韩魏必接踵而亡也。不若将上党归赵。赵思上党久矣，得之，必感韩国之情。秦亦欲得上党久矣，其时必力夺上党而攻赵国。赵与秦战，必亲韩，韩赵结盟则魏国必动心，韩赵魏三家同心，则可抗秦于不败之地也！"

话已经说得很明白了，冯亭献上党，本身也是从韩国利害出发得出的结论，韩国也没有更好的选择。

这么说起来，这是秦国压迫的必然结果了。只不过，秦国没有算到韩国会走出将上党白送给赵国这一步。也只不过，对于实力派的秦国来说，献与不献关系不大，谁都无法阻止秦军东进的步伐。

虽然这是韩国的最佳选择，但冯亭能想出来还真是有点水平的。因为，这毕竟是铁板钉钉的"卖国"啊！

但冯亭没有求荣，反而表现得非常清醒。赵国希望他继续当合并后的上党郡最高行政长官，管政不管军，如果不愿意，也可以到赵国首都邯郸当国尉（职位低于将军，相当于今天的团级军官）。结果冯亭都不接受，只希望回到韩国去做些有利于韩赵两国人民友好的事情。这是小说中的说法。《史记·赵世家》中也是说给他封地封侯时，冯亭流泪不见使者，说自己不能处于三个不义的境地：

> 为主守地，不能死固，不义一矣；入之秦，不听主令，不义二矣；卖主地而食之，不义三矣。

意思是说：第一个不义，守土有责，自己没有死守；第二个不义，韩王本来想把上党让给秦国，自己没有服从命令；第三个不义，我卖了这个地给赵国，赵国又从中拿出一些地给我，相当于损公肥私。

所以，冯亭不是那种见利忘义的人，头脑还是非常清醒的。千百年来，也没有听到谁骂他卖了韩国的国。但如果他真的接受了封地，情况还真难说了。有一种可能，赵国惨败之后，复盘上党对峙前后的事情，会怪他当初故意引祸给赵国。

把一百个人摆在冯亭的位置上，没有九十九也有九十个人会选择留任上党或到赵国首都任职，毕竟分公司合并了，当个分公司总经理或者回总公司当个部门领导是很自然的事，谁会鲜花金钱地位统统不要，几乎就是回家养老了？

但冯亭做到了。千百年后的今天，我仿佛看到他点了个炮，然后转身走了，边走边流眼泪，背影之中，依稀拿着一个扳手。

需要注意的是，冯亭已经是冯亭，而我们生活中遇到的点炮的人，可能是冯亭，也可能不是冯亭，只不过，炮确实是他点的。

荆轲刺秦之惑

一

荆轲刺秦，青史留名。风萧萧兮易水寒，壮士一去兮不复还，无疑是个悲壮的故事。陪同的人还都是一身白衣，表情肃穆，这样的开工点火仪式总是让人感到心里有点虚虚的。

因为已经知道结果，所以哪怕是前面各种热火朝天的准备，读来也是凉凉的感觉。成功是死，失败也是死，这个项目实在是缺乏激励性。如果是为钱，人都死了如何去花？如果是为义，燕太子丹与荆轲并没有什么深厚的交情。他俩之间至少隔了太子傅、田光两个人，田光是太子傅推荐的，荆轲是田光推荐的，在加入这个项目之前，荆轲是和高渐离天天喝酒唱歌的状态。他本来就是卫国人，祖籍齐国，跟燕国谈不上有什么深厚的感情。

以前我读书少，你们说荆轲是个义士、壮士、烈士，我也就信了，现在我读了点书，看这个项目的经过时有非常明显的不协调感，因此对荆先生有了很大的怀疑，包括他的动机、能力，以及其他。至于刺秦这个项目，也有疑惑。

二

荆轲刺秦，完全可以拍一部非常好的电影，但是，很遗憾，就"本色表演"这个历史项目来说，还没有看到佳作。李雪健是个很优秀的演员，但他主演的《荆轲刺秦王》很糟糕，秦王的气质完全没有表现出来，他的演技可能是止步于省部级干部了，再高的角色驾驭不了了。《英雄》则是多了编剧和导演的想法和理念，谈不上是历史剧。所以，目前最好的还是在小说《大秦帝国》的文字中。相比《史记》来说，小说丰富了故事架构，把刺秦项目的前前后后交代得非常丰满，情节上环环相扣，已近完美。如果看《史记》中的描述，会发现小说基本上是按照史记的脉络描写的，就好比考古学家根据一堆骨头复原了当年那个活人的形象一样。

然而，正因为写得太好了，项目的问题、人的问题也显现了出来，这就像有了放大镜的帮助，我们看得更加清楚了。

首先，这个项目是明显的虎头蛇尾。前面哼哧哼哧准备了好几年，刺秦用的匕首是名牌（易中天语）——徐夫人牌，还淬了剧毒，见血封喉的那种，还拿死囚作了临床试验。准备做诱饵的燕南地图特地用摩擦力较大的牛皮制作，还特意做旧，上面的名称全部用古地名，为的就是让秦王和他的高级幕僚们看不懂，举手提问。只要你勤学好问举了手，荆老师就有机会靠近前来，亲自帮你打开卷子，然后用一把刀告诉你，其实这些地图上的历史知识并不是考试的重点。至于原材料选用牛皮，则是为了尽量能挂住名牌匕首不掉落出来。

荆轲，以前我以为就是个刺客，现在看来不是这么简单，他的确是刺客，但在这个项目里，他被精心包装了，他的人设是郭开那样贪图富贵、欲壑难填的卖国贼。大家知道，能当卖国贼的都是有身份的人，没错，他的公开身份是"上卿"，相当于国务卿或国家高级顾问，只有这样才能最大程度地让秦国的行政、情报、安保等部门不起疑，非但不起疑，还变成一个盲区。最让人吃惊的是，燕国（实际是荆轲的主意）还把叛逃秦国、投靠燕国的樊於（wū）期将军的人头包装好作为随礼，不惜自我矮化国际形象。总之，一切都是精心布置，不惜代价地实施。

可是，到最后的关键实施阶段，却显得非常潦草，简直是太过随意了。《史记》上说，荆轲在等一个人，"其人居远未来"，所以没有主动跑到项目经理那儿说："丹总，我已准备好，可以提交差旅申请单出票了！"最后丹总等得都有点怀疑了，催了他，然后他怒了，就算了，不等了，丹总临时找了个叫秦舞阳的人作为他的副手代替原来要等的人，就此出发。小说里要等的这个人叫"宋如意"，不管怎样，荆轲是愤愤然出发的，这说明这个时间点并不是认真挑选的，没看黄历，天时不占。秦舞阳和荆轲向无交集，两人连磨合的机会都没有，荆轲如果有真本事，那么也是个内秀不外露的类型，这从他和盖聂、鲁句践的故事就可以看出，而秦舞阳是血勇之人，他和秦舞阳恐怕是相互不能理解的。这样的搭档，已失人和。而这个秦舞阳最后差点露馅提前爆仓，没起到什么好作用。

你说这是不是虎头蛇尾？怎么说这也应该是个国家重点项目，最后的实施太不可思议了。燕太子丹这个项目经理的理由是不能再等了，再等就没有机会了。有道理，也没道理。有道理是秦攻赵，燕国感到害怕，这个时候割地求和容易让人相信，也有交易价值。没道理是这说明丹经理和荆老师没有经常性地筹划、交流思想，说得直白一点，就是没有例会制度，沟通主要靠猜。我猜你不想干了，你猜我不相信你了，好吧，那就开始吧。

第二，项目经理缺乏足够的领导力和影响力。燕太子丹，是燕国实际的掌权者，至少在担任刺秦项目的项目经理期间是这样，他的父亲寄望于他挽狂澜于既倒，全权委托他主持燕国的工作。但无论是和太子傅鞠武请教，还是和田光商量，或者是和荆轲沟通，总有一种无力感。鞠师傅的意见是不要收留樊於期，借匈奴之刀杀了最好，秦国很强大，燕国要等待时机联合西、南、北三个方面的若干国家和地区，再和秦决一死战。这个饼画得太大，让人怀疑没有合适的锅来烙，怪不得丹总说：

　　太傅之计，旷日弥久，心惛然，恐不能须臾。(《史记·刺客列传》)

最后鞠师傅推荐了一个自认为已经衰老了的田光，丹总还没说要干什么事呢，田光自己说老了不行了，"不敢以图国事"，让人感觉毫无为国为民的英雄气概，然后说荆轲可以，我推荐他。反过来看，相当于鞠师傅推荐的人不是能够一步到位的。田光表面上说是因为丹总要求保密让他感觉到了不信任，从而以死明志，实际上则是对荆轲能不能加入项目没信心，以死来激发荆轲。结果荆轲来了以后，丹总一番慷慨陈词，按照我们理解的剧本，荆轲应该豪言壮语一番：秦王太过分了！丹总说吧，有什么需要我荆某人做的，尽管吩咐！结果荆轲说了什么大家能猜到吗？他说：

> 此国之大事也，臣驽下，恐不足任使。(《史记·刺客列传》)

意思是说这事太大，我没什么本事，恐怕不能胜任，听了让人好丧气。结果是"太子前，顿首，固请毋让，然后许诺"，画面感极强。丹总看样子就差跪下来求了，十分的低声下气，感觉荆轲的加入好勉强。

按照我们的理解，以燕太子丹当时的地位，那还不是一声令下，项目组当即成立，令行禁止。但从书上描述看，他像是个化缘的，也像个被踢来踢去的足球。表面上他是项目经理，实际上他受制于荆轲。

接下来，荆轲被聘为上卿，天天吃喝玩乐，意思是要塑造一种误国之臣的形象，但他从来不主动汇报刺秦项目的工作进度。书上讲，"久之，荆轲未有行意"，等到丹总问工作进展了，他提要求了，要有樊将军的头和督亢地图才行，要不然秦国不会相信。问题是为什么要等到领导问了才说呢？这让我想起一个博士的故事。跟着导师干活，本来是应该在考察客户企业后要出一份报告，但久久没有出货，也不主动说到什么地步了。导师催他，第一次说是因为腰不舒服，宾馆附近没有提供按摩的地方，所以写不出来。第二次催他，说是因为电脑的输入法用不习惯，写不出来。荆轲啊，这样搞法难免让人猜测你会不会也有腰不好和输入法不习惯的情况。

所以说，燕太子丹在这件事中完全是一个被动的角色。本来是甲方，结果搞得像是个乙方。有人说了，这不能怪他，燕国积弱已久，不是你想象的强国的太子——这只能说是原因之一，我们说的是结果。顺便说一句，有的人喜欢找这样那样的理由来解释自己的不堪，但无论如何，结果很重要对不对，事实不需要"解释"就摆在那是不是？

三

至于荆轲，更是有问题。

第一，业务水平令人怀疑。

这里的业务水平主要指剑术、武艺，毕竟他是作为刺客人选进入项目的。小说《大秦帝国》对于荆轲的过往神勇描写得十分详细，简直是神人降世。田光游云梦泽时遇到大蛟，差点要把船吞掉，这时候荆轲以一己之力，飞身上前把大蛟斩了，书中是这样写的：

> 正当怪蛟长吼，驾浪凌空扑向大船之时，弥天水雾中一声响亮长啸，布衣士子飞身而起，大鹏展翅般扑进了茫茫水雾中。挂在高处的田光看得清楚，水雾白浪中剑光如电，蛟吼如雷，不断有一阵阵血雨扑溅船身。须臾之间，江面漂起了一座小山一般的鳞甲尸体。及至风平浪息，一个血红的身影仁立在船头……

这种水平，叫作"近神"。结果在和秦王伸手能拉到衣袖的近距离情况下，荆轲一刺不中，还追不上，也扔不出匕首，最后被秦王拔出剑来一剑砍断左大腿，这时候荆轲拼死扔出去匕首，插在铜柱上，整个过程，连秦王的一点皮都没有划伤。徐夫人牌匕首能扔进铜柱里，可见确实是名牌，王麻子和张小泉的可能还不行。但秦王难道比大蛟还厉害吗？在秦王拔出剑之前，就是一个没有武器的人，而荆轲有着最锋利最毒辣的徐夫人牌匕首，有着良好的身体条件，只要碰破秦王点皮就能要了他的命，居然失手，前后判若两人。这两段描写形成了强烈的反差。

对此，曾经把荆轲骂退的鲁句践说，荆轲失败的原因是剑术不精，并且回顾了当年两人相遇的情况："我当时骂退他，别人还以为我粗鲁和没有礼貌，其实我知道他技不如我，没资格跟我争道。"

还有一个叫盖聂的人，和荆轲切磋剑术的时候，用眼睛怒目而视，荆轲掉头就走，盖聂断定他马上就逃离了本地，结果让人去荆轲住的旅店看，荆轲果然已经离开了。

这两个例子都说明盖聂和鲁句践在气场上都盖过了荆轲，至于业务水平，看官们可以自行判断，我是觉得荆轲的表现很失水准。切磋时瞪一眼，路上相遇时为了抢道骂一下，和韩信遇到的要求从胯下爬过去的情况还不一样。韩信遇到的是侮辱，而盖聂怒目而视只不过是比试时的一种辅助手段，鲁句践骂一下只不过是类似"你给我滚开让开"的话，结果荆轲是"嘿而逃之"，注意，不是"逃之"，而是"嘿而逃之"。这是什么意思呢？至少不是大义凛然地昂然而去吧，感觉像是"嘿嘿"讪笑着逃走了，不仅如此，还"遂不复会"，就是说以后也尽量避开鲁句践了。荆轲在这两件事里的形象实在不怎么样。有时候两条狗打架，一条狗很凶很壮实的话，另一条狗可能就不再开打，而是低头垂尾表示认输，然后走开。感觉荆轲和盖聂、鲁句践的故事有点这个意思。

第二，志向不在刺秦。

荆轲本来也是打算在卫国走仕途的，击剑只是爱好，但是卫国的君主没有采纳他的意见，后来卫国亡了就四处游荡了，到了榆次遇到盖聂，到了邯郸，遇到鲁句践，然后到了燕国，与杀狗卖狗肉的人和擅长打击一种叫筑的乐器的高渐离天天在市场上喝酒，高渐离演奏，荆轲唱歌，过得好开心，有时也抱在一起哭，旁若无人。他喜欢和有本事有势力的成功人士结交，这类成功人士也愿意与其结交，所以他不是没本事，本事在出策上。天天喝酒唱歌一会哭一会笑，其实是行为艺术，因为他"为人沉深"，别人也搞不清他什么底细，我估计田光也是被他神秘的外表迷惑了。我们的童年渴望奇遇，希望遇到高人、不凡的人、神秘的人，古人相当于人这种动物的童年时代，喜欢这样的人和这样的偶遇，也是很自然的。

佐证荆轲志向不在刺秦的有力证据是：燕太子丹跟荆轲声情并茂说明项目背景、项目内容时，荆轲丝毫不为所动，直接说这事他干不了，也没有说"让我回去想想再答复"的话。击剑这种事玩玩票可以，靠这个吃饭不是他所长、所志。从后面的情节看，他要求做旧地图、给予待遇等，说明荆轲出谋划策还是可以的，这才是他的专业所长。遗憾的是，他动手能力不行，所谓盛名之下，其实难副。另外，书上只说他击过剑，剑和匕首还是不一样的兵器，他未必是后者的熟练使用者。

人不仅有躯体，还有精气神儿，相辅相成，相互影响。剑术、武艺，一个术，一个艺，都有精神气质的成分在里面，像荆轲这样天天又哭又笑又唱又舞的人，感觉是"漏气的人"，搞点音乐艺术或许还行，剑术怎么可能高超呢？难道是醉剑？酒能壮胆，但酒也能消磨人的意志。像竹林七贤那样经常醉酒度日的人，真干事业未必行。曾国藩不是说过么，功名看器宇，事业看精神。精神状态不好的人，做不好事的。

第三，他并不想死。

当然，不想死是人之常情。不过，荆轲刺秦，知道的人都知道他必死无疑，成功的话不可能逃出秦宫，失败的话更不用说了。所以在易水河边，燕太子丹一众人白衣白帽送别荆轲，意思是给荆轲活祭。

荆轲的筹划确实非常成功，他成功地接近了秦王，为秦王徐徐展开地图，这可是刺杀的良好时机。结果他多了个自选动作——左手去抓秦王，就是这一抓，让秦王有了挣脱的时间，袖子被扯断，但也赢得了逃生的机会。如果荆轲直接用右手持匕首刺出，结果很有可能成功。这就是考试时遇到太容易的题，自己想多了。不过，真实的原因其实荆轲后来说了。他失去反抗能力以后，靠着铜柱，叉开双腿，说：

> 事所以不成者，以欲生劫之，必得约契以报太子也。(《史记·刺客列传》)

意思是要不是想活捉你，不至于失手。这句话我一直以为是荆轲在给自己的失败找台阶，但现在想，人之将死其言也善，也许是实话，他真的是想活捉秦王。他天真地以为是在瓮里捉一只鳖，其实是在河里摸一条滑溜溜的黄鳝。

虽然太子丹一开始跟荆轲说的时候把劫持秦王作为上策，但这带有试探的意思，太子丹的真实想法就是要刺杀秦王。要不然，为什么四处求购锋利的匕首，还淬上剧毒，用死囚实验，这不就是为了能更容易要秦王的命吗？在易水河边，也没听他跟荆轲说，上策是你劫持了秦王谈条件，最好你还能活着回来，到时我为你庆功，下策才是杀了他破坏秦国一统天下的意图。他和宾客们白衣白帽，就是认为荆轲不可能活着回来。

但是荆轲想的是最好能活捉秦王，到时候签订盟约是自然的，或许自己也能活着回来——这些想法可能是出差途中想到的。秦舞阳被秦宫的阵势吓得瑟瑟发抖，是因为他知道自己必死无疑，而荆轲镇定自若，除了他的心理素质确实要好于秦舞阳外，还有一个原因，很可能是他知道自己不一定死。就是说，在秦舞阳的心里，这一趟只有一个 A 计划，而在荆轲的心里，这一趟除了 A 计划，还有 B 计划。

四

荆轲本来是想以文科获得进身，没想到被当作体育特长生招进去了。因为面子问题还推辞不掉，也不能跟太子丹坦白说破其实江湖上的那些传说都是假的，他曾经怕过盖聂的眼神、鲁句践的大嗓门。后来好吃好喝，也满足了一下当"官"的愿望，好舒服好开心，富贵真好，也算是过了一把瘾。但他绝不主动提下一步，能拖就拖，拖不下去了，就提了个看似不可能的条件：要樊於期的人头。结果樊於期也同意了，接下去也就只好一条道走到黑了。要是樊於期不同意，那这事还不一定能继续下去。

然后又说要等一个人。这件事上说不定燕太子丹的看法是对的，关于刺秦，毕竟他和荆轲都只是口头秘密地说说，也没签什么杀手协议，万一荆轲反悔说不去当刺客了，还能怎么办，毕竟他已经是国家高级干部了，捋下来程序上麻不麻烦是一回事，接下来再找谁去执行项目呢？

以秦王及秦国对安保的要求、对六国的防范，能走到秦王面前献宝的不可能是两个人，秦舞阳也罢，荆轲要等的人也罢，大概率是只能在外面等，等秦国卫士拥上来绑起来或者格杀勿论。

所以，燕太子丹的怀疑有一定道理，荆轲的怒有点被人看破的意思。都是要面子的人，那就去吧，什么情况去了再说吧。

《大秦帝国》对于荆轲进秦国后的所见所想写得挺好的，写出了荆轲看到秦国蒸蒸日上一片正能量后思想上的动摇，这有一定的合理性。毕竟他是要用暗杀的手段去终结一个天下大国的王的性命，一旦成功，影响无比巨大。当时一天下的趋势已经明朗，这种逆潮流而动的行为无论如何也是阴暗的。按照我们现在的史观来说，谁能统一中国，谁就是中华民族的有功之人，荆轲刺秦幸亏没有成功，如果成功了，不知道又要乱上多少年才能统一，也不知道有没有后来刘邦的事。

不管怎样，荆轲还是决定行动，而不是放弃。但从结果看，他不堪此任，如他所言。至于上述的原因分析，固然是推测，但确实是从读文本时直觉上的疑问开始的，不是非要哗众取宠。

五

至于樊於期，真的是可惜了：白死了。樊将军的这种报仇方法，前期投资太大，收益却不一定，甚至不能保本。即使报了仇，也无法有愉悦痛快的感觉——因为自己已经死了，实在不是一般人可以理解和接受的。唉，跟荆轲话赶话，把自己给逼到死路上去了。这个荆轲不当策士实在是可惜了。

荆轲刺秦的故事里还有一个人，挺有意思，估计是历史上中医救人的突出人才了。情况是这样的：荆轲追着秦王的时候，有兵器的卫士没有命令不能上殿，大臣们不能带兵器，秦王虽然带着剑，但太长拔不出来，所以眼看着王的命要休矣，这时候宫中的中医夏无且把中药袋扔了过去，荆轲躲了一下，就这躲了一下极短的时间给了秦王喘息的机会，攻守情况顿时逆转。在荆轲的计划里，既没有考虑西医，也没有考虑中医，实在是百密一疏。

秦王在邯郸的玩伴燕太子丹，则在秦军的压力下被其父燕王喜斩首后头颅送往秦国。这样的燕王没有谥号也很正常。

司马迁写的《史记·刺客列传》中讲了几位刺客，曹沫、专诸、聂政是成功的，豫让、荆轲是失败的。如果不是和秦王嬴政这个大 IP 关联，荆轲不会这么有名。世人因此知荆轲，而不知盖聂、鲁句践。

从秦王的角度，如此犯险，要反思对燕太子丹压迫过甚了，燕太子丹谋划刺秦，既是国仇，也是私恨。

那年在易水边，高渐离击筑奏乐，荆轲和歌，"为变徵之声"，相当于升唆（sol）了，半音的出现往往让歌曲更有味道。我记得上大学时，《音乐欣赏》课的老师举过《教父》主题曲的例子，其中多处出现半音，尤其是升发（fa），这是我们的五音中没有的，所以一听就知道是西方音乐。荆轲能在此场景唱出"变徵之声"，说明音乐水平可以，而且当场唱出千古名句："风萧萧兮易水寒，壮士一去兮不复还！"然后又改为"羽声"，这是以拉（la）为主音了，抒情最佳，自然慷慨激昂。所以说荆轲的文采、音乐、胆略都还行，就是剑术武艺一般。

他话赶话把樊将军的头装进了小匣子，也话赶话被燕太子丹当成了体育特长生。

其实他是还不错的有胆略的文科生。

大忽悠往事：徐福出海

一

小时候在小地方见的世面少，没什么动物园，鸡鸭鹅猫狗羊是见过的，牛都很少见。有一年来了一群牛在一片草地上待宰，同学们恨不得天天放了学都去看一看，胆大的还靠近去摸摸扯扯骑骑。鼠辈虽然见过，却总是一晃而过，不得细观，马更是只能在电影中欣赏一下。所以，举办集市时，三教九流云集，人头攒动，人声鼎沸，正是我等大开眼界之时。

卖老鼠药的摊是集市标配，倘若没有便不像个正规的集市。只见一大块布铺在地上，靠近各位看客的那一边一字排开一溜死老鼠标本，从小小鼠到小鼠，到大鼠，再到硕鼠，绝无争前恐后之相，一定是整整齐齐地趴着，眼珠子有点亮更有神，看到最后那只，大小就超过了我们对于老鼠的想象力，后来想有可能是黄鼠狼担当。事实胜于雄辩，摆的老鼠越多，种类越齐全，就说明药效越好。来来来，一包起卖，三包优惠，保证有效，无效退款！现在想起来，这卖老鼠药的也不容易，收摊后这么多老鼠是放行李包里吗？哎呀，也是不可想象啊！说起来，这老鼠药多少还是有用的，鼠患不绝只能说鼠辈是很聪明的一种动物，会传递信息避免上当。

练武卖膏药的也是集市标配，倘若没有便不像是个有档次的集市。地上铺一块布，上面摆各种灵丹妙药，旁边是各种练武的物件，先打一套拳，舞一阵枪，清一清嗓子，双手抱拳四周行礼，声若洪钟：

"各位父老乡亲兄弟姐妹！俗话说，在家靠父母，出门靠朋友！今日在下初到宝地，身无盘缠，故在此卖艺，望各位有钱的捧个钱场，没钱的捧个人场！先谢过大伙了！"

歇一歇，便说起这舞枪弄棍耍拳出腿难免有个小伤小痛，怎么办？当然有祖传膏药卖。有时会从人群中挑一个长相老实的人来试验。这是 A 剧本，有时候一看要钱，人都散了，或者大家觉得不起劲，或者大家想起豆腐还没买饲料还没买赶紧散了先办事，这个时候就要用上 B 剧本，嗓门提高八度，同时走一圈八卦步，朗声道："来来来，看一看喽，碗沿上立啤酒瓶了！"说着，从地上抄起一个瓶作势要立，但是又不马上立，人都是好奇的，于是就又聚拢来，这时候酒瓶一放，先来一套拳，继续按 A 剧本演，一看有散场的苗头，赶紧吼一嗓子："碗沿上立啤酒瓶了！"

到最后收摊也未见得他真的在碗沿上立啤酒瓶。这多半是忽悠。至于集市上那种从眼睛里挑出白虫来的，现场揭出白内障"膜"的，用功法逼出体内毒气的，回忆起来好像都有过。

这些忽悠其实还不算什么，因为也就是忽悠忽悠小老百姓。

二

真正的大忽悠，忽悠的是大人物，只能说胆子真肥。

皇帝在封建社会，是神秘的高高在上的天子，对普通老百姓来说，是在心理上难以逾越的存在。据说李莲英当初从永定门进北京城，愣是在永定门外望着高高的城楼不敢进城门洞，因为怕，看着巍峨高大，想着自身渺小，这是封建时代平民百姓对皇权的真实心态写照。即便是朝廷命官，"欺君之罪"也是一个不可触碰的红线，小则掉头，大则灭族，故而，"不敢高声语，恐惊天上人"。

可偏偏有人敢骗皇上，而且是骗中国第一个皇帝——始皇帝嬴政。吴思先生说，皇上也是冤大头。他是从明朝皇帝身上发现这个现象的，其实在第一个皇帝身上，也可以清晰地看出冤大头的模样。

秦始皇看到山下李斯车队庞大，随便说了一句丞相的阵势真不小，过些天再看到就发现规模大大缩小了，遍查身边人而不得要领，于是将当天在身边的人全部杀掉。如此杀伐决断，让人多么胆战心惊，然而，这不过是受方士卢生的摆布之一而已。

卢生是燕国人，出海给始皇帝找长生不老的仙药，药没拿回来，却拿回来一块怪石，上面的远古文字破译后是："亡秦者胡也。"结果皇帝非但没有怪罪他更没有杀他，反而信了这句话，派了蒙恬率30万精锐部队北上九原抗击匈奴。他还说服皇帝相信了"真人密居密行而长生不死"的说法，修筑复道、甬道，把能挡的都挡起来，总之是要搞得神神秘秘的，谁也不知道皇帝在哪，相当于脱离了"群众"。查谁泄露的口风便是受卢生保持神秘的思想影响。

在秦国，对于方士一向是不信的，秦始皇是有用就用，没用就杀掉，叫作"不得兼方，不验辄死"。比如说，有个方士说认识天下百草药石，看人一眼就知道有什么暗疾，御史丞就拿出一丛野花来让其辨认，又问他："老夫有何暗疾？"一连追问之下露出马脚，结果被拖出去斩了。所以，去找药的也一样，要是找不回来长生不老药，也是死路一条。后来这个卢大忽悠觉得纸包不住火了，就煽动学宫里的方士儒士们逃亡，自己也逃之夭夭。秦始皇一怒之下坑杀了四百六十多个方士，这很好理解，自己对卢生的工作是充分信任和支持的，结果他非但欺骗自己，还煽动别人逃跑，而且还说自己的坏话。

有意思的是，举报卢生的人也是方士，叫徐福，他把卢生真实身份是鲁国公室后裔、实际是想复辟的情况连同族谱等一系列书面证据交给了秦始皇，最后说："陛下为方术之士根除异类，免除灾劫，老夫铭感不尽也！"

就是说，卢生是个假方士，真正的方士是不会这样坑蒙拐骗的，而我就是真正的方士，清理卢生这样的本门败类，是我求之不得的。结果，卢生负责的工作就交给了徐福。没有想到的是，这个徐福是个更大的大忽悠。

徐福的徒弟是这样报告皇帝的：徐福派徒弟带领船队出海，几年下来一无所获，然后是徐师父亲自出海，三下五除二，终于搞定了瀛洲仙山在什么地方，仙药在山上什么地方，仙药的主人真人什么行踪，现在就等夏天出海一鼓作气把仙药弄回来了。但是呢，海上有一种大鲛鱼，比船还大，不得了的厉害，船队受害匪浅，只好请皇帝定夺。皇帝说，你这个请示不行啊，总得有个方案吧，我才好说行还是不行，你不能让我做开放式的解答题吧？徐师父的徒弟说，哦，这个啊，徐师父已经有对付的办法了，只要有大型战船装上连弩神器，射杀大鲛鱼就行了。

后来，秦始皇亲自送徐福出海，还带上了一百多名工匠、粮食种子、车辆、丝绸等各种物品，传说中还有几千童男童女。结果大家都知道了，徐师父一去不复返，倒是在日本有了不少纪念他的遗迹。徐福可能是中国历史上借出差机会卷款卷财卷人逃跑的第一人。

徐福的骗局真是一环扣一环，骗的还是对方士警惕性很高的秦始皇嬴政。真是不可思议！

三

归因于外，不如归因于内。

骗子无非是掌握了受众的需求特点，进行了适当的心理按摩而已。等到发现已经被骗子裹挟，有身份的人能轻易说"老子被骗了"吗？这话只能在心里说，出口的只能是：

> 对于新生的事物，公众难免会有疑虑、怀疑，究竟对不对，还需要时间的检验。在这个过程中，我们要多鼓励探索，错了可以改正嘛！

徐福骗秦始皇的时候，就没有一个人怀疑吗？要三千童男童女随行，难道海外仙山上的仙人是和河神一个路数？魏国的西门豹大人不是让巫婆下水去商量了吗？求个仙丹，还要各行各业工匠随行，你这是有移民倾向好不好？仙人要什么有什么，点石成金都是雕虫小技，还需要人间的工匠吗？

肯定是有人怀疑的。即使是秦始皇，也不会是一点没有怀疑。秦朝本来就行法治，不信方士，卢生、侯生已经被证明是骗子，四百六十多方士也已经被坑杀。只能说人在溺水的时候，有根稻草也是要抓的。秦始皇深感时日无多，眼看帝国事业蒸蒸日上，自己不忍就此撒手，长生不老哪怕只有万一甚至亿一，甚或至于万万亿一的希望，也是想试一试的。成不成听天由命，万一成了呢？

做什么事都要专业。你看看徐福，线放得很长，第一次出海，没拿到长生不老药，但还是回来了，这说明诚实啊，要不诚实还不早就逃跑了。再看他的身姿形态：

> 几年不见，富态白皙的老徐福变成了一个黝黑干瘦的老徐福。嬴政皇帝颇感意外。徐福却依旧是安详从容……

这分明是敬业于皇帝委托的事业所致啊！徐福奉上丹药给始皇帝吃了，又运用真气为始皇帝施治了半个时辰，嬴政确实感到十分舒泰，这说明有疗效啊！

徐福登船远行之前又回身叮嘱秦始皇派个人回秦地祈祷山川："不要觉得我说的虚妄，鬼神的事情主要在心。"

"万分真诚的徐福殷殷地看着皇帝，第一次显出了一种近于人之本色的踌躇与留恋。"

这一段我觉得写得很好，徐福心里自然清楚自己将欲何往，面对这个威仪天下而对自己言听计从的皇帝，是不是也有一点不忍啊？

四

以严谨著称的日本人，修建了不少徐福的纪念物。因此，我倾向于相信徐福是到了日本，也许将来会有进一步的考古实证吧。

不管怎样，徐福在几千年前成功忽悠了秦始皇，他和苏秦张仪的忽悠不一样，苏秦张仪的忽悠还是着眼于大争之世的天下大局，而徐福的目的和手段都是统一于大忽悠，他是当之无愧的大忽悠老祖宗。

往事悠悠，悠悠往事。

有一种深情叫放下

一

不是所有的告别都有机会说再见，也不是所有的告别让人一目了然。比如《大秦帝国》里悄然与吕不韦分别的毛公、薛公，他们都没有当面说再见。

毛公、薛公在小说《大秦帝国》中是两个非常亮眼的别致人物，无论是身世经历，还是行事谋划，都堪称传奇，让人怀疑是小说家完全虚构的人物，然而在《史记》中还真有此二人，不过只在《魏公子传》中出现了两次。一处是信陵君魏无忌在赵国寻访毛薛二公并与之交游，受到平原君质疑，从而引发信陵君感慨，另一处是信陵君拒见魏使，二公前往点拨信陵君，留下一段很有见地的话："公子所以重于赵，名闻诸侯者，徒以有魏也。今秦攻魏，魏急而公子不恤，使秦破大梁而夷先王之宗庙，公子当何面目立天下乎？"前一处简略介绍了两人坎坷的过去，但也是寥寥数句，而在《大秦帝国》中两人事迹却铺陈得十分舒展，仿佛天文学家根据几个视野上相近、实际却远隔不少光年的星星描绘出形象的人或物的星座来，又如古生物学家根据几块出土的骨骼化石复原出完整的有血有肉的远古动物来，实在令人称奇。

有意思的是，在百度百科里居然专门有一个词条就叫"毛薛"，意思是战国时赵处士毛公和薛公的合称。毛薛二人，其实应该是薛公在前，用吕不韦的话来说薛公是"稳健缜密"，而毛公虽然"灵慧无双""智计过人"，但毕竟举止有点"疯癫"，思维经常跳跃，这个两人组合的队长应该是薛公，毛公可能是占了姓氏笔画和拼音排序上的便宜吧。

书中从吕不韦寻访薛公、毛公讲起，吕邀请两人入世筹划赢异人入秦事宜，兼做赢异人的辅导老师，后来在平原君收网前虎口脱险，吕受秦国邀请即将入秦。可以说，薛公和毛公差不多是从吕不韦的奇货可居项目创业第一天开始就和他在一起了，算得上是初创团队的成员，到上市前一起经历了多轮考验，情深义笃，在即将上市前分手，不说吕不韦接受不了，就是读者也是难以接受。

那一天入夜，薛公、毛公特意邀请吕不韦到山河口来品茶，畅谈天下大事，事后想来，两人所谈的吕不韦入秦注意事项实际上就是临别嘱咐，只是人在事中不觉罢了。吕不韦说"今夜不妨赏月品茶"，别的事"来日方长，随时可说"，薛公却是"摇头一叹"："垂垂老矣！不说过后便忘了，还是想起便说的好。"这是薛公早已计划说完就要离开了。

聊得尽兴之时，吕提议将随车带来的三桶老酒饮了，那是心情舒畅之极的表现，毛公雀跃，薛公却道："好酒老夫也带了，只一坛。要得痛饮，我等回仓谷溪。"这一坛倒出来也就一人一碗，显然不是作畅饮想，而放出"要得痛饮，我等回仓谷溪"的烟幕弹，显然是薛公沉稳老辣的做派，真是滴水不漏，让人无论如何想不到他早已谋划好这碗酒喝完就要悄悄告别了。薛公说"今日一饮，醉别河西"，吕不韦一点都没有察觉到异样，他理解的是"醉别河西，咸阳再饮"。实际上三人再无在咸阳相见之日。喝完酒，三人在归途中谁也不说话，到了离石城堡，薛公、毛公下车后"对着吕不韦深深一躬，径自回自己帐篷去了"，这两个细节写得很有意思，似无意，却有意。

第二天，吕不韦想着让两人多睡会，谁知道等到去请人时才发现人去帐空，只留下一封信：

吕公台鉴：老朽两人不能随公南去，至为憾事。遇公至今，感公大义高才，快慰平生也！老朽魏人，不当入秦，非为卑秦，实为念魏矣！故国屏弱，士民凋零，我等逃赵之士欲谋重振魏风，成败在天，但尽人事耳。酒后不忍辞，未与公酣畅痛饮，唯留他年之念也。薛毛顿首。

吕不韦难抑深情，热泪纵横，便是书前的读者又何尝不是唏嘘感慨。人生知己难求，同道难遇，而今是遇上了却不能同始终、共进退，就是分别，也没有能够当面坦白，酣畅淋漓地喝个痛快的分手酒。他年！他年？恐怕是"人生不相见，动如参与商"吧？

二

如果不是在《史记》上真有毛公、薛公两人，我真有一种感觉，这是一人双面的写法：表面上是写两个人物，实际上是一个人。薛公是不完美的，毛公也是，但合起来就完美了。吕不韦找薛公做事的时候，薛公想了想，提了个条件：最好把毛公捎带上，此人加入团队，有助于办成事，希望吕先生能容纳。这肯定不是为了解决好友毛公的就业问题，而是薛公有自知之明，自己固然有长处，但也有不如毛公的地方。

这两个人的特点，书中都有交代。对于薛公，由吕不韦之口说出，是"稳健缜密"，有两个地方可以看出，一是当吕不韦说出其简历及行事仗义的特点时，他没有"遇见了知己"的冲动作态，而是冷静地问吕"煞费苦心，探人踪迹，意欲何为"，二是"买则卖，不买则不卖"的经营和处世哲学，一方面显示了他的一种士子自尊，另一方面也显示了他严谨的逻辑思维。

对于毛公，由薛公评价刻画，是八个字：灵慧无双，智计过人。毛公的读书法是和后世的诸葛亮差不多的：观其大略。他的灵慧和智计体现在读书和博戏上，不过前者给他带来了灭族之灾，后者给他解决了日常生存所需。平时薛公常称呼其为"老癫""老疯子"，说明这个人思维比较跳跃、出奇的同时，行事方面常常不按常理出牌。放浪形骸，以假示真，是经常的事。

比较而言，薛公较稳重，能保不败，毛公能出点子，感觉灵敏，能求得胜，这样的搭配，也就狼和狈能媲美。若要拿我们熟悉的人物来比较，薛公像洪七公，不管怎么着，是个管过几十万人的干部，方方面面要稳一点，毛公像周伯通，虽然全真教的班子成员都得叫他师叔，但毕竟没担任过什么职务，想法无拘无束、行事没大没小是其特点。这是《射雕英雄传》里两个外表有点像的白胡子老头，但仔细比较的话，这两个老头真的不一样。

薛公以正为主，毛公以奇为主。但毛公的奇中也有正，有好多次是他出言警示，起到了净友的作用。这两个人在一起，是净友和趣友的合璧。

不过，一般来说，肯直言劝谏的朋友，往往不太有趣，有趣的朋友，往往不会犯颜提醒。大家想想周围的朋友是不是这样的。兼具两者于一身的朋友实在是少之又少。薛公、毛公两人在山河口与吕不韦夜谈之后悄悄留言离开，让人替吕不韦感叹，这也是原由之一。前路漫漫，智囊不在，谈友酒友不在，净友趣友不在，岂不是有点孤独？可惜，毛薛组合是可遇不可求的。

三

臧天朔的成名曲《朋友》唱道："朋友啊朋友，你可曾想起了我，如果你正享受幸福，请你忘记我。朋友啊朋友，你可曾记起了我，如果你正承受不幸，请你告诉我。"歌词大意是浅显的，但要全面理解它则需要听众或读者有一定程度的"参与创作"。

共患难易，同富贵难。这是古人得出的结论，当然，薛公、毛公的离开不是基于此，倒更像是臧天朔唱的"如果你正享受幸福，请你忘记我"。吕不韦前途固然还有很多艰难，但阶段性任务已经完成，再往下走，自我评估已经不宜同行，所以就此别过，宁留一点思念，不要将来翻脸。

这可能就是朋友的功能性表现吧：救助、帮助。从陈胜吴广起，国人就有"苟富贵，莫相忘"的朴素想法。就是说，当年大家是一起玩的朋友，如今你发达了，是不是可以不要相忘，不说提携吧，至少吃喝玩乐时想着加双筷子。因此，"如果你正享受幸福，请你忘记我"这句歌词给我的第一感并不真实，这种不给别人添麻烦的仗义态度，或许也是一种期待对方主动的不相忘的对价。不知道朋友们听这首歌时是不是感觉有点慷慨激昂，我觉得是应该要如此，但实际真实的感觉又无法慷慨激昂起来，反而是有点悲凉：朋友要成这样，是不是也有点低声下气悲戚戚的没意思。

四

答案或解决方案其实还是有的。

那就是用"离开"代替"忘记"。朋友相交的层次由物质而精神，从吃喝到志趣，每况而愈上。如果交往的主题是大多数人容易做到的，交情就不坚实，无酒无肉便无友；如果是只有少数人能做到的，比如分析一桩复杂的事情，交情却能历久弥坚，清茶一杯闲谈半天也是享受。薛公、毛公的离开，令人唏嘘之余，也有一点让人羡慕，那就是这两人倒是形影不离，毛不离薛，薛不离毛。等到这两位劝信陵君自立为王不成时，又是"飘然去了"。后来信陵君拒见魏使之时，这两位又出现了，留下了史书上记载的劝谏良言。有了小说家言与史家之言的对照，读来真是相映成趣，这两个一会出世一会入世的宝宝实在是可爱。

这两人放不下的，其实是深情。为秦作谋，其实是感谢吕不韦的识货知遇，薛公说得清楚："我等避祸他乡，自甘市井风尘，若非吕公宏图大谋，何得重入士林也！"而毛薛二人的贡献，则在于吕不韦说的"树人于落拓不济之时，发才于平庸萎缩之日"，可谓在高层面上互有交织，绝非一时酒肉之欢的交情。

所以，我们还是相信薛公的判断吧。毕竟吕不韦说他是"稳健缜密"之人，他俩的离开应该是薛公深思熟虑后的明智选择，既是感性的，又是理性的。

世上的人和事，无常是常，还是当放则放为好。

有一种痛叫正失去

一

佛说人生有四苦：一是生老病死，二是求不得，三是怨憎会，四是爱别离。其实哪止四苦啊，那种不加糖的咖啡就苦得很，苦瓜也是苦的，很多中药也是苦的。在人生的种种苦中，有两种苦最让人心智折磨，这便是"得不到"和"已失去"。前者或许便是"求不得"。

这里的"得不到"和"已失去"，大多数情况说的不是一部手机或一沓钞票，而是人的感情，且往往是"爱情"。爱情是否存在，众说纷纭，有的打死也不相信有，有的不用打也相信有，若是去问街头的算命先生，则很可能得到"信则有，不信则无"的解答。

那么，到底有没有？

世界这么大，应该是有的。为什么说应该是，底气似嫌不足。

二

不过，在看过《大秦帝国》之后，我便坚定地信了。

吕不韦和卓昭的相识很是浪漫。运河之上，吕不韦的白帆游船让出中流航道给顺流直下的大货船，这时候在"船头临风伫立的"吕不韦"不经意回首"，只见：

> 淡淡晨雾之中，一位绿衣少女跪坐高高的船头，裙裾随着河风飘起，宛若云中仙子。

由于排水量差异太大，两船擦肩而过的时候，估计吕不韦就是仰头也是看不到的，只能是开出一段后回头才能看到大船上的人，衣服是绿的，人是女的，年轻的，穿着裙子，有点风，有点朦胧，画面很美，怪不得吕"目光骤然一亮"。

这时候绿衣少女玉臂轻舒，弹出一首曲子，"低沉舒缓，清丽空阔"。曲声未了，歌声出来，是诗经里的名句，只不过最后一句似是自己添的：

> 蒹葭苍苍，白露为霜。
>
> 所谓伊人，在水一方。
>
> 溯洄从之，道阻且长。
>
> 溯游寻之，宛在水中央。
>
> 何有伊人，相将共扶桑。

何有伊人，相将共扶桑。不管是一起扶桑树，还是一起种扶桑，总之是在一起，所以问有没有"那个人"来一起，我理解这相当于是征友启事了。

接下来的桥段则是作者特意渲染的了，简直是太太太浪漫了。河上的群众一听齐声喝彩，说"大河国风，谁来对歌——"这时，"雄浑激越的歌声从白帆船头飞起，划破晨雾，直上云中"：

> 苇草茫茫，大河长长。
>
> 壮士孤旅，古道如霜。
>
> 何得伊人，集我苞桑。
>
> 悠悠大梦，书剑共稻粱。

这差不多是讲了一下自己的简历，看样子是经常一个人行走江湖，运河里，古道上，都有我壮实而孤独的身影，不知道有没有"那个人"来帮我掰玉米棒子采采桑叶，一起读书、舞剑、吃饭、啃馒头，一起做梦。总之，意思是：俺也单身。

这边唱着，那边乐声相和，丝丝入扣，甚至歌声停了，乐声还来了"悠长空阔的一声叮咚，依稀不胜惜别"。未曾谋面，已经"不胜惜别"了，可见弹琴唱歌之间，已经视为知音。所以朋友们，说的比唱的好听没有用，还是唱的比说的好听有用，女的不会弹琴，男的不会唱歌，这种场合只能错过。

这时候，"绿衣少女从巍巍船头站了起来，向着白帆小船遥遥招手"，意思是：你有微信吗？而"白帆下的白衣散发人对着巍巍大船也是遥遥一拱，白帆小船箭一般顺流直下了"，意思是：距离太远，摇一摇不管用了。

说这一段是作者特意渲染的，理由如下：

乐声和歌声相和实际上很困难。白帆游船和大货船是同向行使，两船相对速度不慢，擦肩而过后，两船必是越驶越远，《诗经》的歌都是慢节奏，一段唱完，早就驶出很远了。按照多普勒效应的原理，在运动的波源后面，波被拉长，波长变得较长，频率变得较低，吕听到的和绿衣少女听到的都只会越来越低，想要听得清并相和实在是太难了。

即便如此，我们也爱看。你看，"淡淡晨雾中，犹见绿衣少女凝神远望，良久伫立船头"。"犹见"没有主语，显然是说吕不韦"犹见"，两船现在前后而行，两个人如果都是在船头的话，是见不到的，所以，很可能是绿衣少女转到了船尾，此处的"船头"应是"船的另一头"的意思。总之是远远地不仅看到了，还看清了是"凝神远望"。茫茫河面还能有谁呢，估计是在看我了。我以为，这便是吕不韦爱的信息，人家只是随便一看，在同一方向有很多人，却也觉得"是在看我"。

小说当然是虚构的，更何况有上面提到的几处有点如梦如幻的情节，但这种因一次偶遇一次对唱而看对了眼的情况，是很令人感到熟悉的，就像李健演唱的《传奇》那样：

> 只是因为在人群中多看了你一眼
>
> 再也没能忘掉你容颜
>
> 梦想着偶然能有一天再相见
>
> 从此我开始孤单思念……

因为熟悉，所以相信。

三

不要说古代了，即便是在当今，两颗星星的相遇倘若不互相留下坐标，再要联系上也是不容易的。

一个时辰后，大货船靠上了鸿沟码头，魏国的甲士横加刁难，要将船主——绿衣少女的爷爷——带到大梁官署论罪。俗话说，无巧不成书。说话间，白帆游船早已靠岸。白衣散发者看到这一幕后，挺身而出，轻松腾挪一番，领头的小吏就笑呵呵地拿了塞到手里的棕色小皮袋撤了。

接下来绿衣少女的几个举动分明显示了对白衣散发者的好感。先是"一撇嘴揶揄地笑了"，点评了一句："耶！挥金如土。"待到白衣人解释时又甩过一句："谁却说你了？"脸上却是笑容灿烂。白衣人一看事情已了便要告辞，这时绿衣少女连说"哎哎哎"，"飞步跑过来拦在了白衣人面前"，"红着脸急匆匆"地借爷爷的名义要对方留个姓名，白衣人似乎浑然不知，说有急事还是要走，这时又是一连串的"哎哎哎"，焦急之情溢于言表，连"爷爷快来，他要走"的话都喊出来了，看得出这是个敢想敢爱的姑娘。白衣人与卓原老爷爷聊完之后告辞，两个人都很客套，一个说办完急事后来我家住两天好好聊聊，一个说感谢邀请到时一定来，但地址在哪没人问也没人说。这时候，"绿衣少女笑吟吟递过来一方竹板"，说这是"车道图。莫错了地方"，估计就是导航图。等人走远了，还小声嘟哝："哼，一个不问，一个不说，一对老少糊涂。"

我觉得这一段的描写是很好的，节奏是轻松的。吕不韦的浑然不知和卓昭的急于联络形成了鲜明对比。一个是温吞水，一个是外向活泼型，好像不如此便不能引人入胜。试想，若是这个白衣人一见便说，哎呀，这位姑娘，刚才弹的是什么乐器，真是好听，在下十分仰慕，敢问芳名，可曾婚嫁？估计给人就是欧阳克的感觉了。读者便无法代入郭靖模式了。

世上有没有爱情？吕不韦和卓昭之间有没有爱情？

我认为是有的。人们常说，在正确的时间和正确的地点，遇到正确的人。当两个异性的荷尔蒙同时起作用且当量足够时，就是爱情。这也就是在正确时间正确地点遇到正确的人之意。

只要不把爱情过分拔高，很多问题就会迎刃而解。比如，有人说婚姻是爱情的坟墓，这有什么，不就是荷尔蒙没了么。将来科技发达了，去药店买几克成对的荷尔蒙，就有爱情了。那些感情枯萎的夫妻，就会重燃神奇的激情了。

哦，有可能太贵？或者不需要那么多？嗯，那就先来一克吧。

四

总之，照书中描写，吕不韦和卓昭之间是有点一见钟情的，也是两情相悦，英雄救美人的爷爷，也是挺好的桥段。

后来，吕不韦开始经营"奇货可居"的事业，投资了嬴异人。

在家宴上，卓昭弹得一手好秦筝，嬴异人认出这是自己以前卖掉的筝，两人言语之间，嬴异人弹了一曲，卓昭舞了一曲。最后嬴异人软瘫昏倒，"厅中宾主尽皆愕然，一时神色各异"。一顿忙乱之后，薛公跟吕不韦说："此时收手，尚来得及，三思了。"毛公则说了一句让我掉到冰窟的话："鬼话！半坡碌碡能收手？只说如何决断，吕公舍得否？"

这两个人说的话意思很清楚，就是说嬴异人和卓昭对上眼了，只是可能卓昭自己尚沉浸在本女主要让这小子见识一下本宫才艺的兴奋中，还没有意识到事情已经在朝向另一个方向滑过去了。

五

《大秦帝国》中让我感觉到胸口被重捶一下的，一个是商鞅被车裂，一个是白起被杀，一个便是此处。

吕不韦本来事业、家庭双丰收，请嬴异人来赴宴，也是在运筹之中完全掌握着主动的事。谁想到也就一两手棋的工夫，形势就急转而下，要么事业，要么家庭，只能二选一。薛公的说法还给人一点点希望，似乎是二选一的事，毛公的说法是根本不给人一点希望，感觉已经是一本道了，只剩下你自己心上的坎过不过得去的事了。

毛公眼光毒辣，有其独到之处，不过却是重重地捶了我心口一把，虽是真话，我却不太喜欢。既然是好友，当然希望是帮自己的，他倒好，自己嘴巴舒泰了，却扎人家心口一刀。

世间的因缘，总要有个接触的由头，无有接触，无有知晓，也就没有缘起。所以，那些未婚的、未定的、朦胧的关系，不妨晚一些见光，尤其是如卓昭这般心气盛的、爱出头的、沉不住气的，不如此往往便会生出枝蔓来。

就这一点而言，我也不喜欢吕不韦虚伪的温吞水的这一面，他自然是喜欢卓昭的，只不过掩饰得很好，书中交代，他的内心也是痛苦的，是"一声悲凉的叹息"，觉得"人算何如天算也，命当如斯，徒叹奈何"！

书中的这一节题目就叫作"殷殷宴席生出了无端波澜"，已经说得很清楚，是"无端"的波澜，也就是可以避免的事情。这就如心中知道不会是好事，待到事来了，还是被狠狠地打击了一下。一个成功的商人，仅仅一个小小的错误安排，就此陷入极为为难的境地，而刚刚在此之前，还是成竹在胸的先手局面。

我觉得，吕不韦此时的痛苦甚于"得不到"和"已失去"，这种痛苦叫"正失去"。

因为爱，所以会痛。因为突然，所以太痛。

不过，人这一生酸甜苦辣，缺了痛的苦味，也是不完整的。品尝一种苦味，也会收获一种韧性。可能这就是所谓的"有剥夺，也有馈赠"吧。

第五编

自强者成：
觉醒后的光明与平静

完璧归赵：测不准情况下的主动把控

一

完璧归赵的故事大家熟悉吧？让我们简要地回顾一下吧。

秦王派人跟赵王说，听说和氏璧很好，想用十五座城池跟赵国交换。赵王很懵圈，这相当于是班里最身强力壮的同学跟你说，拿十五个烧饼跟你换个玩具，烧饼虽然香，但你也担心玩具交出去了烧饼换不回来，大概就是这种情况。赵国君臣讨论了半天也没合适的人选去秦国出这趟差。后来一个无权在会上发言的干部取得赵王允许后，提出手底下有个叫蔺相如的人可以胜任。蔺相如跟赵王分析，秦国和我们交换财宝，没什么不对，我们要是不同意，是我们理亏，如果我们把和氏璧给了秦国，秦国不给城池，是秦国理亏，权衡利弊，"宁可选择交付玉璧而让秦国理屈"。

到了秦国之后，秦王拿过和氏璧后十分开心，跟身边人传来传去欣赏，蔺相如一看这地方不像是君臣开会的严肃的地方，再看秦王轻佻的样子，不像是要割让城池的架势，感觉十分不好，担心有诈，就骗秦王说玉璧有个瑕疵，要指给秦王看。蔺相如拿过和氏璧后以命相搏，要求秦王斋戒五日后举行隆重仪式，才能奉上和氏璧。秦王权衡了一下利弊说好好好，照你说的办。蔺相如暗地里派人把和氏璧送回了赵国，等到五日后秦王举行隆重仪式时，他告诉秦王要璧没有，要命有一条，还可以水煮活人。他建议秦王先割城池，你们这么强大，赵国哪敢不把和氏璧给出来。秦王再次权衡了一下利弊，说好好好，杀了蔺相如也得不到和氏璧，做买卖嘛，主要是双方开心，愿意做就做，不愿意做也没有关系，我想赵王不至于为了一个玉璧欺骗我大秦，烧开一锅水还不容易，你还是回国去吧，换和氏璧的事以后再说。蔺相如不辱使命，完璧归赵，回国后立即被纳入公务员编制并获得火箭般的升迁，完璧归赵这件事也被千古流传。

故事讲完了，问题来了，请问：一开始秦王是真的想骗得赵国的和氏璧吗？秦王斋戒五日后，秦王是想骗蔺相如，还是真的想用十五座城池交换和氏璧？

二

完璧归赵的故事是一个多轮博弈的案例。赵王、蔺相如一方，秦王一方，都是在做约束条件下的最优解。只有这样才能解释这个故事中蔺相如的一个矛盾：既然一开始说了秦强赵弱，不能激怒秦国，宁可吃点亏让理屈在秦，也不要反过来，那么，秦王相信你的话，斋戒了五天，搞了那么隆重正式的九宾之礼，你跟他说和氏璧已经送回赵国了，老子不相信你真的会割让城池，这不是更加激怒秦国吗？

蔺相如是先锁定了秦王第一次见面时失信的人设，所以才敢走这个险招。那一天，秦王没有否认自己动过骗的心思，那就是"莫须有"了，这对于蔺相如来说已经够了。

回到前面的问题，答案是什么？

我觉得是薛定谔的猫。真不好说秦王是要骗，还是要公平买卖。这件事，在测量之前完全不确定。只有当测量时，比如蔺相如举璧质问时，才可以判断秦王有骗的心思的概率大一些，但你的测量行为也会影响结果。事实也许是秦王真的喜欢和氏璧担心被这个家伙真的摔了呢？

秦王举行隆重仪式，依然可能是骗，也可能是真的愿意认真对待，用十五座城池交换和氏璧。棋局在上手的掌控之中，可下可不下，你如果相信了他愿意诚心交换，很可能会受骗，但你如果不相信他愿意诚心交换，也有可能会判断错误。

这是什么意思呢？

三

其实，秦王关我们什么事，关我们事的是老王老张老李小王小张小李，以及叔伯姑姨舅哥姐弟妹，还有唐长老孙长老猪长老沙长老等各路神仙。我们研究秦王，是为了处理好我们和这个世界的关系。

这才是 21 世纪最重要的事情。

手里没有宝贝呢，没人睬你，手里有宝贝呢，总有人想骗你。你想想看，是不是这个道理？所以，蔺相如的故事值得好好看看。我们好多时候面临的难题，不比蔺特使容易。

前半辈子完全相信人，后半辈子完全不相信人，这是被气糊涂了。

前半辈子完全不相信人，后半辈子完全相信人，这是用脑过度老年痴呆了。

秦王在哪里呀，秦王在哪里？秦王就在小朋友的眼睛里。你若是个小朋友，天真无邪，那你就等着被一个个秦王骗吧。小朋友是什么人，小朋友就是完全相信人，容易相信人的人。那你若是怀疑一切呢，还记得我说过打开微信朋友圈，实际上你看到的就是自己吗？这个时候你也会因为杯弓蛇影把自己折腾死。

四

人的心理上有一个优点，同时也是个弱点，就是统一性倾向。

人对于矛盾的事情天然难以接受，比如衣冠禽兽，比如说谎的好人。更容易接受的是一大堆好的品质集中在一个人身上，一大堆坏的品质集中在一个人身上，哦，这才是合理的。要不怎么说一个人能够把矛盾的两个观点兼容并蓄就是一个非常厉害的人呢？因为这是违反人的原生心理特点的。

这是说人，转而说到人说的话，更是如此。

我们更倾向于相信一个人说的所有的话，或者不相信一个人说的所有的话。有人会说，怎么会呢？当然不是这样了。是的，那是理性，但"所有的话"本来就是说得绝对了，在特定的场合，有真话有假话，合起来就是局部的"所有的话"。人的这种倾向本质上是因为懒，因为这样大脑最轻松。

副作用是最后会发现：他怎么是这样一个人啊！我那么相信他！或者是：他怎么是那样一个人啊！我那么不相信他！这就是出现了"方程式无解"的情况。

如果说人这一辈子是在做题目的话，遇到"无解"的感觉是很有挫败感的。其实不用这么焦虑，没有有理数解，还有无理数解呢，还有虚数解呢。以我们卑微的人生，谅还不会那么幸运地遇到太复杂的多元高次方程。买过那么多彩票，大多数时候还不是"谢谢惠顾"或"下次再来"？

作为芸芸众生中的一员，我也有过类似的困惑和焦虑，直到我发现了一个秘密：对于别人说的话，既不能什么都信，又不能什么都不信，这样，世界就又和谐有解了。

还是那句话：具体问题要具体分析。根据事情来判断，根据利害来分析，而不要死盯着人品来判断和分析。另外有一点很重要：测不准原理。合理利用这个原理，你可以影响真与假的结果，想要真就营造真的氛围，一辈子假装说真话就是真的好人，将一辈子微分，在某一段控制住，就能发现一个局部好人。

以上我说的话，你信么？

嘴是两扇门，全靠理和礼

礼、乐都是形式，为什么古人那么重视，连最高学府的最高长官都叫作"国子监祭酒"？那么烦琐的内容，是不是一种形式主义？这些儿时的疑问长久地困惑着我。直到随着年岁的增长，才渐渐体会到，礼、乐虽然是形式，但代表着秩序，遵守礼乐意味着对秩序的尊重和认同。换句话说，礼、乐是面子上的问题，但体现的其实是里子的东西。

蔺相如有三件大事闻名于世：一是完璧归赵，二是渑池会，三是将相和。这三件事都很精彩，第二件事由于过于精彩刺激，即便已经被司马迁记在《史记》里，仍然常被认为是小说家言。

渑池会上秦昭襄王和蔺相如争的是面子问题。秦王请赵王鼓瑟，本来是给宴会增加乐趣的环节，赵王想来也曾经爱好和练习过瑟这个乐器，欣然而鼓，结果秦王让御史记下来："某年月日，秦王与赵王会饮，令赵王鼓瑟。"本来是平等的事情，搞得跟一主一仆似的。这下蔺相如不干了，拿了个盆近前跪下，请秦王敲盆，还说什么听说秦王善长打击乐，希望来两下活跃一下气氛。秦王当然不愿意了，老子刚占了点便宜，你是什么人，就要想羞辱我弄回去，不敲！赶紧滚出去！

蔺相如是什么人？虽然经过完璧归赵一事已从布衣升为上大夫，但本质上还是 nothing to lose（无可再失）的人，即光脚的人。当即把盆往左肋一夹，右手从皮靴里拔出一把匕首，架在自己脖子上——注意啊，不是架在秦王脖子上，说道："五步之内，相如请得以颈血溅大王矣！"这叫不是威胁的威胁，表面上是要自残，实际上是要拼命。旁边的人也不敢莽撞上来阻止，毕竟蔺相如眼睛睁得老大，声势不小，为了安全先等一等好。秦王没办法，"为一击缶"，估计是拿筷子敲了一下蔺相如腋下的盆，场面有点搞笑，但蔺相如没忘正事，叫来目瞪口呆的赵国御史，记下来："某月月日，秦王为赵王击缶。"一顿操作下来，谁也没有占到便宜。面子问题，两厢平衡。赵王既不是秦王的从属，秦王也不是赵王的从属。

放到今天，如果是平等主体，比如赵某同学和秦某同学相见，当然是要相互尊重。如果是有尊卑高下，则按规矩来，一样也是有相互尊重的问题。

中国人重面子，既有历史传统的原因，也有内在规律的原因。这个内在规律就是：外是内的体现，表面的给面子、重礼仪，体现的是里子，是内心尊重的体现。除却个别的失误，不给面子，都有内在的深层原因。怠慢怠慢，不放在心上，不当回事，不及时回应，就会在表面的礼仪形式上表现出来。

俗话说，言为心声。不要小看这个言，心里想什么，再怎么掩饰，都会在言上体现出来。嘴上说着尊重，心里实际上不尊重，就会在言语上玩弄技巧。要不怎么说大巧若拙呢，大巧，首先是心里是真的、善的、美的，表现出来自然是实的。土豆虽丑，毕竟能吃。土疙瘩虽大，却是吃不得。

先发未必制人，后发却可争先，关键在理、礼二字。不讲理，不循礼，就会寸步难行。小说《大秦帝国》中，赵王邀请东道主韩王一起入席，韩王"满面春风"地举杯敬两位王，秦王却不给面子，坐着一动不动，笑着揶揄韩王：

> 看来呵，三晋皆有魏惠王遗风，都是盟主癖也。明是列席会盟，如何东道盟主一般作势了？

韩王尴尬异常，赵王也一时反应不过来。坐在后面的蔺相如起身鞠躬行礼，说了一番话：

韩王列席会盟，并兼东道司仪，虽是赵国动议，却也得秦王首肯而成。秦王正在盛年，何其如此健忘也？且韩王一国之君，不惜降尊纡贵而执司礼之职，秦王不念其心殷殷其劳仆仆，却是反唇相讥，何以树大国风范？

这一番话说得确实有水平。小说中前面交代过，让韩王列席是赵王跟秦王提议过的，而秦王没有反对。所以首先说其健忘，毕竟健忘没有恶意，比故意忘或假意忘要好；其二，韩王毕竟也是王，人家给你们搞这个仪式，没有另外请司仪，自告奋勇客串主持，在礼仪上属于高配，已经很谦虚了，给足了面子，你连在一个包间吃饭都不让吗？——古代实行分餐制，各坐各位，各有餐桌，所以不能说不让上桌。

秦王再狂，也不能驳这个理，人家的理是正的，你要翻过来，你就是反面。所以，秦王像所有知难而退的人一样哈哈大笑：

"原是戏言两句也，上大夫当真了？来来来，赵王韩王，干此一爵！"

这酒桌上为了酒杯高低、喝多喝少的事，争个面红耳赤的事常有。最后真弄得不可开交的，都是心上出了问题。

说回秦王的事。蔺相如是真不怕你出题目，不服的话尽管放马过来，来一个灭一个。他的底气来自一个理，一个礼。赵王等在心里并没有怠慢或看轻秦王的想法，礼节上也十分尊重秦王，遇事也是好说好商量，这就先站得正立得直。

所以，以礼待人，既是尊重对方，也是尊重自己。说到底，一味地争强好胜不是好事，做人做事，还是要先求不败，而后待胜。

一个祖宗规矩消解的案例

一

历朝历代都有一些老祖宗立下的规矩，一般来说，刚开始都会遵守得很好，到了后来就会有"祖宗成法能不能变"的讨论，最后就渐渐地消解于无形。我们当然可以说这是熵增的过程，因为规矩意味着秩序，而维持秩序是需要主动努力的。站在老祖宗的立场看，当初立下那样的规矩自有道理，而且一定是付出了相当的代价才立起来的，后世维持它实际上要顺当得多。

那么，为什么到后来会逐渐被消解掉呢？

我们来看看秦国的例子。秦孝公、商鞅变法使秦国走上了强国之路，在战国七雄中，秦国走的是典型的法家治国的道路。商鞅为了让国民相信法令的说一不二，特地导演了一场南门立木的戏，谁能把一根三丈长（秦制，约合现在六米长）的木头从南门搬到北门就奖赏五十金。激赏之下必有勇夫，商鞅真的兑现了承诺，给了搬木头的幸运儿五十金，这可能是历史上赚钱最快、最多的棒棒了。不是说这个活真的值五十金，而是说法令的严肃性超过了五十金。商鞅的法治原则最有名的便是：有功于前，有败于后，不为损刑。有善于前，有过于后，不为亏法。就是说，不管你过去有多么大的功劳，做过多大的好事，只要你犯法了，照样依法处理，不会因为功劳和好事给予减刑。通俗点讲，就是一码算一码。执法方面完全执行火炉原则：只要你敢碰火炉，立刻一定就会受到烫伤的惩罚。

因为坚决地执行变法，秦国逐渐成为耕战强国，在战国七雄中脱颖而出，昔日的小弟一跃为有望统一天下的最强国。可以说，虽然法令严苛让人感到不自由，但秦国确实尝到了国家实力大增的甜头。小说《大秦帝国》中，秦昭襄王专门在太庙勒石，强调法是国家的根本，乱法必定亡国，如果后代君主乱法则"人人得诛"，这是非常合理的做法。

司马迁说商鞅是个刻薄的人，主要还是因为他的法不容情。即法外不开恩，该赏的赏，该杀的杀，赏完再杀真是这种人做得出的事，可谓一丝不苟的强迫症加完美主义者。

从令行禁止的角度说，商鞅的这种毫无商量余地的执法理念是有效的——能够最大限度地保证"法"的落实，这符合秦国的长远利益，但不符合个体的和部分群体的利益，所以，力度越大，反作用力也越大。

这一点毫不奇怪，但有意思的是，即便是作为最高统治者的秦王，到后来也会自觉或不自觉地成为反作用力的一方。

二

小说《大秦帝国》为我们描绘了这一幕。信陵君魏无忌一生中最有名的战例有两个，一个是窃符救赵，另一个就是组织五国合纵打败了蒙骜，这是史书上记载的事情，小说补齐了蒙骜兵败的细节和回国后的情况。

蒙骜折在信陵君手里也不算冤。在战国四公子中，信陵君魏无忌是最有军事才能的，且一心为国，有国际主义精神，非常有格局。司马迁给四公子作的传中，只有他是叫某公子传，其他三位都是某君传，可见他们在太史公心中的地位是不一样的。

信陵君的谋划是：在孙膑曾经设伏的桂陵东北山林设伏，由平原君率军强攻王陵，佯败南逃，于五百里处设伏包围王陵，但又假装歼灭不了只能相持，这是连环套，目的是诱使蒙骜主力来救，然后故作崩溃状继续南逃，这里赌的是蒙骜杀心顿起全力追杀，接着在百里之外又有第二伏，在此给予蒙骜军重击。蒙骜看出了第一伏的计谋，但中了第二伏的圈套。这里面，蒙骜有不听王翦劝谏的错误，王陵、王龁有不听命令穷追敌军的错误。按照老国尉司马梗的点评，主要的几个错误都不是高级错误，因此也难以开脱，就是说，换一个平常的将领去指挥调度，都未必会犯这样的错误。

所以，主管司法的廷尉的判决是：蒙骜、王陵、王龁、桓龁各按所错处斩刑，侦察营的大将情报工作失误，也是斩刑，王翦贬为普通士兵，按照"败军不论赏功"的原则，伤亡战士有抚恤，无军功。另外，丞相吕不韦失察，削去侯爵收回封地，负责外交的行人署负责人流放。

这样的判决以事实为基础，以法律为准绳，且蒙骜等人负荆待罪无所怨言，法理上没有什么错。只是这一个个斩刑后面，是秦国大伤元气无疑。

那怎么办呢？身为秦王的嬴异人只能跟老爹嬴柱学习，当场半真半假地晕厥过去，将这尴尬的表态难题暂时躲了过去。

好在有胸有成竹的文信侯吕不韦，他认为关键在于秦王以何者为重："我王若以秦国兴亡大局为重，不拘泥成法，事则有为。我王若以恪守百年法统为重，以为成法不可稍变，虽有良策，亦难为之。此谓难在王心也。"

说白了也很简单，鱼与熊掌不可兼得，那就挑一样吧。目的和手段你挑哪一个？那自然是目的了。百年法统可以为兴亡大局服务，兴亡大局肯定不是为百年法统服务的。所以，解决之道是要实用，尽量合规，先活下去、发展好，再说老祖宗的事。

三

吕不韦一番运作之后，最后颁布的王书大意就是高高举起，轻轻落下了。比如，"此次战败既有战场之误，亦有庙堂之失"这样的狠话也说了，但由于"诸般纠葛涉及广阔"，所以现在这个时候"非杀将可以明法，非严刑可以固国"，明确了原则上不杀将，然后又说不漏掉一个责任者，负责决策的庙堂大臣和负责执行的军队大将要共同承担责任，只有这样才能戒惧后来。随之举了秦穆公的例子，当时该杀孟明视、西乞术、白乙丙三将而没有杀，结果是国家干城得保，三将戒骄戒躁，终于为秦国赢得了胜利，因此对吕不韦、蒙骜等人处理如下云云，反正都是降级降职降待遇，关键的是命都保住了，而且将士们也都按正常作战的规矩进行赏罚。最后的结果是大家"百味俱生"，又惊又喜，觉得既在意料之中，又在意料之外，这篇文章做得真好！可以说是既教育了人民，又鼓舞了人民。

　　这件事能办成，很重要的是人心。人心此前已经普遍处于绝望无解之中，由绝望而生盼望，这是吕的策略能成立的前提。人们不是不能接受改变，只是需要一个台阶。其实，秦穆公例子在先，秦孝公商鞅变法在后，拿穆公做法说事，也就是个戏法。

　　实际上，吕不韦主张的这个巧妙斡旋之法，已经动了秦孝公和商鞅奠定的变法基础。虽然吕经常讲他改的只是商鞅之法有缺憾的地方，对于根本的地方是坚决维护的，但什么只是缺憾，什么就是根本，谁来判定呢？有时候，把树连根挖出来，包扎好，用卡车移到另一个地方，种下去，这树也能活得挺好，但有时候，折断了几枝，恰好伤口遇上虫害细菌病毒，或许这树就此不活也有可能。那你说根本是哪个？

　　蒙骜困局的故事情节固然是小说家言，但蒙骜与信陵君交战而败是史实，秦之严法也是客观存在，对其的处置有难处也是可以想见的，所以，情节是合理的。其实，类似的决策难题比比皆是。俗话说，不痴不傻，不当阿家翁。大到帝王，小到家长，都会遇到两难的问题。不说别的，就说现如今的教育孩子，有多少家庭是从0岁到18岁都是严格执行"法治"的呢？

四

透过这件事可以看出，老祖宗规矩能不能破坏，主要还是值不值得破坏，这里的"破坏"是中性的，理解成"改变"也是可以的。而值不值得，就是对利害得失的权衡。

在蒙骜困局中，如依法判蒙骜等一班武将斩刑，利是维护了法不阿贵，有功于前、不为损刑等法的原则，害是秦国将失去一批非常有能力的、能让山东六国胆战的将军，国运是否还能沿着统一天下的路线图走下去就不好说了。如按书中所写保留蒙骜等一班武将性命，利是不损军力战力，而且有了一批交过学费的将军，害是损害了有法必依、执法必严的法的严肃性，或者说违背了祖宗的规矩。但在吕不韦、蔡泽等人拟稿的王书中说了，类似的事是祖宗做过的，严格地讲，还是祖宗的祖宗做过的。祖宗的祖宗，应该是比祖宗更像祖宗，所以相信这样做，祖宗也不会反对的。

这里的利和害，权衡时都是取实际的、现实的利，避实际的、现实的害，而对于相对虚一点的利和害，则不放在第一位取，不放在第一位躲。简言之，就是先解燃眉之急，再争取时间来弥补不足，这就是权衡取舍的指导原则。这就好比人心跳都停止了，首要的是恢复心跳，赶紧做心脏复苏和人工呼吸，而肋骨是不是被压伤压坏就是第二位的，抢救过来后可以再说骨折的事。不然，骨骼完好，但命没了，又有什么意义？当然，能不造成肋骨伤折当然是好的。

微妙的是，祖宗的规矩，一旦已经到了被权衡得失的时候，就注定是要被"破坏"的了，问题只是从是否遵守祖宗规矩转化成了如何解释将要采取的行为"实际上"并没有违背祖宗规矩。最好的办法是搬出祖宗的例子来，但不到万不得已，是不会去举商鞅和秦孝公变法时说的"三代不同礼而王，五霸不同法而霸"的例子的，因为这样的话就是赤裸裸地要去改变祖宗规矩，阻力会特别大。

在蒙骜困局中，秦王君臣做利害得失的权衡是非常必要的，要理解这里面的利害之大，只要看祖宗的祖宗穆公做的一件事就知道了。秦穆公英明神武，但他去世的时候竟然带了一百七十七人殉葬，其中包括了大部分贤臣，结果怎样？司马迁引用君子的话说"是以知秦不能复东征也"，意思是别指望还能实现征伐山东统一天下的美梦了。事实上，秦穆公后秦国确实迅速衰落了，人才都到了地下，人间还能怎样？

秦孝公的《求贤令》中说道："会往者厉、躁、简公、出子之不宁，国家内忧，未遑外事，三晋攻夺我先君河西地，诸侯卑秦，丑莫大焉。"看看这名字，厉、躁、简，都不是好字，出子干脆连公字都没了，可见秦国这些年真的是一蟹不如一蟹。板子打在这些子孙屁股上，但毛病还不是出在祖宗身上？如果不是出了秦孝公，秦国恐怕将是一路滑滑梯，在山东六国长时间强力压制下很可能有被肢解的危险。人才不仅是 21 世纪最宝贵的，也是公元前所有世纪最宝贵的。秦穆公殉葬良臣，是亲者痛、仇者快的蠢事，如果嬴异人、吕不韦将蒙骜等武将斩首，相当于重蹈秦穆公覆辙，自毁干城，后果将是严重的。

规矩该不该破坏，很难一概地说好或不好。只要时间足够长，破坏是必然的，这不仅会让祖宗伤感，而且也会让所有爱好秩序的人伤感，但这恰恰最可能是真的。海会枯，石会烂，看完《三体》之后的伤感之一是没有什么东西能在非常非常非常漫长的时间后永久保留。我们能说的，只是：第一，规矩在一开始破坏时，是因为解决不了现实的难题了；第二，规矩在一开始破坏时，常常是以维护规矩的面目出现的。

规矩的作用，本质上是降低交易成本。一旦遵守规矩非但不能降低交易成本，反而大大提高成本，变化就在所难免。人类生存到今天，天上不会掉馅饼是真理，如果有反例，那么天上不会持续地掉馅饼是真理，意思就是老祖宗定的规矩是帮助你的，但也不能一直帮助你，无论是说降低成本，还是提高收益。理论上讲，也不可能一服药治所有的病，要那样，子孙们也就不用动脑筋去解决问题了，大脑就会逐渐退化，早晚会出现脑力无法胜任的新问题。

所以，想明白了世上好物不牢靠的道理，也就没那么伤感了。还是那四个字，无常是常。还是那九个字：永远不变的就是变化。破与不破，还是要实事求是。

如果沟通难，想想"实事求是"

一

人活一辈子，不知要说多少句话，不知能成多少件事。前者之多、后者之少，很大部分跟嘴有关。因为这张嘴，成了多少事，又因为这张嘴，坏了多少事，恐怕都是心知肚明的事。

回想起来，大体有三个阶段。首先是童言无忌的阶段，那个时候不知人情世故的关窍，说出来的话多数既真实又直接，大人听来不怒反喜。第二个阶段是懂了一些人情世故，会了一点拐弯抹角、层层叠叠、深深浅浅，真话假话都说过，最高的境界也就是真话不全说，假话全不说，能做到这一点已经算是玲珑剔透了。第三个阶段是返璞归真，说出来的话好比是有了包浆的童言无忌，虽有棱角却不伤人，虽有圆滑但很真诚。如果人生是一场修行，最好能修到第三个阶段。此时看山还是山，看水还是水，只是此山已经不是彼山，此水已经不是彼水。这种真诚其实是高级的选择，背后是对理的通透。

二

这个理，至少包括了对方的利益、自己的利益，相互的矛盾点、可能的解决点等等。如果要概括一下三个阶段的话，第一个阶段就是我我我，主要关注自己的需求，我要什么；第二个阶段就是你你你，主要迎合对方的需求，不伤脸，甚至有时要委屈自己，包括伪装自己，伪装也是一种委屈；第三个阶段就是我和你，你和我，既阐述了自己的立场和利益，又站在对方的立场思考问题，有同理心，了解、关注对方的立场和利益，并提出适当的解决方案。只有到了这个阶段，才能有所谓通透的感觉。

所谓人情练达、世事洞明，就是通透的表现。达和明多一分则滑，少一分则拙，真是难啊！通则不痛，不通则痛，人际交往方面的痛苦无外乎看不通、想不通、悟不通、行不通。

《大秦帝国》里有一场权力博弈描写得非常精彩，也是一个非常好的人际交往和沟通的案例，当然也可以看作是表态学的一个案例。当时的情况是这样的：嬴异人的嫡母华阳太后着意给嬴异人施压，希望秦王嬴异人立蔡泽为开府宰相，但嬴异人属意的是吕不韦，然而自己根底浅，不敢顶撞母后。他身边有眼线，思想工作只能在地下进行。到了要摊牌的朝会上，华阳太后、阳泉君一派支持蔡泽，上将军蒙骜、巴蜀两郡太守李冰等支持吕不韦，太史令和李冰更是对太后能否摄政提出疑问，釜底抽薪地要剥夺其在选相问题上的发言权。蔡泽一派准备了吕不韦的一些黑材料，但在下属要回去拿的当口，蔡泽制止了，表态退出竞争——这是他及时止损的明智行为。接下来吕不韦的说辞值得体味，首先两句话交代清楚入秦由来和蔡泽的帮助，接着两句话评价了与蔡的交往："论私谊，不韦自认与纲成君甚是相得，诗书酒棋盘桓不舍昼夜。论公事，不韦与纲成君虽不相统属，然各尽其责互通声气，亦算鼎力同心。"接下来一段话的领首一句确定了今日的讨论性质不是"争相"，后续展开拆解，阐述自己观点，可以说是非常坦诚、精彩：

> 今日朝局涉及纲成君与吕不韦，人或谓之"争相"，不韦不敢苟同也。朝会议相乃国事议程，人人皆在被议之列，人人皆应坦荡面对。人为臣工，犹如林中万木，唯待国家量材而用。用此用彼，臣议之，君决之，如是而已。被议之人相互视为争位，若非是非不明，便是偏执自许。若说相位有争，也是才德功业之

争，而非一己私欲之争也。前者为公争，唯以朝议与上意决之。后者为私争，难免凭借诸般权谋而图胜。今纲成君无争，吕不韦无争，唯朝议纷争之，是为公争，非权谋私争也。即无私争，何来争相之局？

接着，对蔡泽拱手说明：

纲成君无须虑及破颜绝交。自今而后，无论何人为相，无论在朝在野，不韦仍与君盘桓如故。

这两番话后，蔡泽只好笑着点头呼应，好的好的，应该这样。朝臣们则是从"大感意外"到"肃然起敬"，吕不韦已然得到认可和接受。

接下来对于吕不韦过去所写文章观点的事，廷尉继续追问，吕不韦坦陈当年的观点属实，也讲述了自身随着年龄、阅历的增长，想法观点的升级更新，并强调要实事求是，他当然不会说"实事求是"这四个字，但意思是这个意思：

何谓治国之真知？能聚民，能肃吏，能强国，治国之大道也！去秦法秦政之瑕疵，使秦法秦政合乎大争潮流，而更具大争实力，有何不可也？若因山东六国咒骂之辞而摒弃当改之错，无异于背弃孝公商君变法之初衷也，不亦悲乎！

古今中外，无论做什么事，都脱不开"实事求是"这四个字，若是背离了，必受或大或小的磨难。小说中吕不韦往文一事给我们的思考是：我们在判断一个人的时候，能不能因为这个人过去的错误观点，不顾他现在的观点而永远地批判他？另一方面，说话写文章还真是要小心，一旦变成白纸黑字，将来随着自己认识水平的提高，认识到自己的错误或者欠妥的地方，有了新的观点，人们仍然可能揪住老辫子来说你很早的时候就是那样的糟糕不堪，或者等你前后观点不一样了，再批驳你自相矛盾，善于迎合和伪装，好在互联网是有记忆的，当年此人是如何如何说的，云云。这种情况可能要等大多数人的认知水平都有了明显的提高才可能得到实事求是的评价和看待。

三

权力的斗争虽很精彩，但我们关注的是小说中吕不韦等人的思维和表达，以及它的效果。吕不韦说的都是真话、实话吗？未必，但你能说哪一句是假话吗？也难。因为，这里面的真与假是相对的、动态的。吕不韦和蔡泽显然是这场相位竞争中的对手，吕不韦的意思是无论谁当，比如蔡泽当了，他照样会和蔡泽做个好朋友，因为大家都是为了国家利益在争。说这番话之前，或许他心里不是这样想的，但当他说完这番话后，很可能自己已经笃信这样才是最优最好的做法，也是符合自己价值观的做法，当然，也会真的这样去做。

明明是争，却分出了公争和私争，顿时把游戏规则定义了，从策略的角度说，这叫划清界限，很高明。从沟通的角度说，这叫达成共识，很专业。接下来，你们是愿意议还是愿意争？议就好好商量吧，哪种方案对国家最有利。争的话，你们是想公争，还是私争，不要害羞，大胆说出来吧。要是说出来是私争，那也不用说了，就默默地看着你自行退下吧，要是说出来是公争，那就议一议吧，反正是为了国家。这实际上从游戏规则上限定了大家的活动范围，避免了无序的乱争，这是吕不韦说话的意义。

另外，他也很坦诚。自己是什么想法，过去是怎么年少轻狂的，如今是怎么思考的，有什么观点，自己的心态又是如何，并没有给人有遮遮掩掩的感觉。我们不可能遇到和他一样的场景，但大概率会遇到类似的沟通场景，有时候需要表达赞同，有时候需要说明拒绝，一言不合友谊的小船就可能说翻就翻，这时候就要好好运用这种第三阶段的沟通法。

前面说了，这种沟通法的核心要诀是：我和你，你和我。就是说，不是说要你无私，一点都不考虑自己的利益，而是在自私和他私之间有个合理的均衡。台湾作家高阳的胡雪岩系列中，胡雪岩的一个原则就是上半夜想想自己，下半夜想想别人。凡事只想着自己的利益，或者只想着对方的利益，都是走不远的。一时的走快没有意义，长期的走远才有意义。

首先，心态要放平稳，你既不是超人，也不是菩萨，不是说没有了你人家就活不下去了。人家来找你，也只是说协商一下看能不能有个好的办法。你先做好凡人再说，喜怒哀乐忧，柴米油盐醋，都是正常的装备。是你的跑不了，不是你的抓不住。无论是什么东西，都是这个理。

其次，所有的交往都是价值观的交往，价值观要摆正、立住，然后是展现。按价值观判断和行事，而不是按情绪来判断和行事。价值观的展现实际就是定调、定性，而评价的基础就是事实。摆事实、讲道理、列数字、说逻辑，好像是以前小学生作文课上讲过的，然而却是很多复杂人际沟通事宜绕不过去的真经明道。

最后，珍惜真诚的萌芽，好好呵护它。这可能是童年留下的，也可能是成年以后自发的，这是不败之本，也是唯一选择。世界上的高人很多，虚伪、狡诈、做作都不是高维做法，很多是小儿科，不可能骗过高人。真诚是慧眼，有可能帮助自己看清事情中间的理。

成年人的真诚是包浆的童言无忌，仿佛羞羞的铁拳，虽然羞羞，但很有力，虽然很有力，但很羞羞。总之，把握好尺度就好，有时候真的需要做好被自己说服和感动的思想准备。要不怎么说要先悦己、后悦人呢？

十场面试的启示

一

每个人都有一张嘴，说话谁不会？但会不会聊天、能不能通过交谈达到目的就不一定了。这种语言的交汇，难度并不亚于刀枪之争，常常在谈笑间就已经有了高下胜负。而其中极致者，就是面试场合的对话，说是交锋也不为过。核心是两个基本点：了解对方的想法和表达自己的观点。所有的技巧都是围绕这两点展开的。

据不完全统计，《大秦帝国》里有十场典型的入职面试，其中：张仪三场，分别对魏、齐、秦，一败两胜；苏秦三场，分别对秦、赵、燕，两败一胜；犀首对秦一场，败；商鞅、范雎、吕不韦对秦各一场，均胜。以上十场，涉及秦国的有六场，相关的君主有秦孝公、秦惠王、秦昭王。

第一场。张仪求职魏国的时候，魏惠王是一个失败的考官，第一问居然是：张仪，你是魏人，却为何身着秦人衣色？张仪回答说，生地与秦国风习相近，民间多黑衣，无损国体，亦不伤大雅。本来这个话题已经过去，偏偏"草包"丞相公子卬要上升到政治高度，结果被张仪说得满殿哄笑："公之高论，当真令人喷饭。若以公之所言，秦人好食干肉，公则只能喝菜汤；秦人好兵战，公则只能斗鸡走马；秦人好娶妻生子，公则只能做鳏夫绝后了；秦人尚黑衣，公也只能白衫孝服了？"面对无聊的问题，张仪回答得体，而且最关键的一句是"无损国体，亦无关大雅"，这是高级答法，响应的是对方内心所关注的点，也即话中之意。无聊的问题，也常体现对方的真实关注点，釜底抽薪及时止痒止痛是高手。公子卬的调调今人也不陌生，张仪的反驳之法是将其推而广之、大而化之，从而将其中荒谬的逻辑明显地暴露出来，达到不战自溃的效果。

魏惠王觉得这个张仪很有趣，"常伴身边，倒是快事也"。孟子毒舌了一把："魏王高明。此子，当得一个弄臣也。"这种好话其实也不是什么好话，等到张仪回答什么是纵横之学时，孟子又插了一句："自诩经天纬地，此等厚颜，岂能立于庙堂之上？"结果是张仪和孟子辩论一番，以孟子惨败而告终，虽然最后没有录取张仪，但张仪很好地表达了自己，魏国乃至天下也见识了张仪的辩才。这种情况相当于是专家面试法，就是由专家孟子对应聘者张仪出题测试，有的单位要招高管，自己没把握，就从大学里请个教授来一起面试，是个好办法。

张仪的辩驳有几点值得注意。第一是先肯定对方，再随机应变，先扬后抑，威力巨大。"久闻孟夫子博学雄辩，今日一见，果是名不虚传也。"孟子若是见好就收可能就罢了，但孟子自我感觉良好："国士守大道，何须无节者妄加评说。"这还顺带骂了张仪是无节者，所指便是纵横家周游列国，见鬼说鬼话见人说人话，纯粹是为了骗个官做做。张仪就从其根本的"大道"说起，釜底抽薪，让对方的立论倒塌，"一个惶惶若丧家之犬的乞国老士子，谈何大道？分明是纵横家鹊起，乞国老士心头泛酸，原也不足为奇。"这一下就让孟子脸色铁青。第二，先立住论点，然后反攻。张仪把一国一议说成是根据国情量身定做，而不是"以一己之义理忖度天下"，把孟子的坚持以一贯的理论游说各国说成是兜售私货。"所谓投其所好，言无义理，正是纵横家应时而发不拘一格之谋国忠信也！"这是自己先稳固立论，接下来是直接炮轰对方旗帜："纵为妾妇，亦忠人之事，有何可耻？却不若孟夫子游历诸侯，说遍天下，无分其国景况，只坚执兜售一己私货，无人与购，便骂遍天下，犹如娼妇处子撒泼，岂不可笑之至？"到这里，孟子已经簌簌发抖欲语不能了。孟子强挑张仪，结果自取其辱，张仪赢了辩论，但输掉了面试。

张仪还有一个亮点，便是回到主题。在解释为什么要给孟子还以颜色之后，说明这次来魏国的主要目的是"为献霸业长策而来，非为与孟夫子较量而来"。这叫作思维的连续性，也是在面试中经常会被用到的，考官东一榔头西一棒子，突然回到前面的一个问题追问，考察的就是思维的连续性。

第二场。张仪在齐国临淄求职，此时的齐国正面临越国的军事压力，最重要的是争霸的路线图不明确，接下来几步怎么走还看不清楚。齐威王在湖边茅亭设小宴接待张仪，张仪礼节性地赞美了茅亭"令人心醉"，齐威王问，你可知这亭叫什么名字。张仪说"受教"，齐威王叹息了一声："国士亭。惜乎国士亭，冷清近二十年也。"

张仪的开场属于对周遭景物的客观描述和主观感触，这是很常用的对话开局，齐威王的设问叫顺势过桥，借着对方的"桥"自然地过渡到自己关心的主题上，"冷清近二十年"是感慨，也包含一点自责，也是暗示，不过对张仪来说有点着急了，张仪觉得这一上来就这么抬高自己，"心中掠过一丝阴影"，无他，进度太快反而让人起疑。这就好比男女朋友刚认识，帮忙搬东西到家里，顺便上个厕所，结果对方感叹一声：唉，这马桶盖已经两年没有掀起来了。

好在张仪没有瞎猜，直接就问齐威王了，我没有功劳，为什么要给我这么高的待遇？这也是个不是技巧的技巧，有些疑问该问就问，要不然，憋死事小，猜错事大。其实也就一个茅亭，但名字起得太响，竟然让人坐立不安了。所以，那些把包间名称起成666、888 的饭店要好好考虑一下了。最近在一家茶馆喝茶，一个靠窗的小隔断居然起名叫"才子厅"，好玩之外也觉得老板是揣摩过客人心理的。

齐威王应该也感受到了张仪的不安，他正儿八经地说明了理由："大梁挫败孟子，先生之才可知。生为魏人，先行报国，先生之节可知。挟长策而说诸侯，先生之志可知。如此才具志节，安得不以国士待之？"这番话堂堂正正，把张仪结结实实地感动了。这时候两人基本上完成了情感铺垫，开始推杯换盏了。顺便说一句，在孟子眼中的张仪无节，到了齐威王嘴里又是有节，角度影响看法，值得玩味。

齐威王说得实在，本质上还是在夸奖人，但说得有模有样，事实真假已经不重要了，其中的价值判断和情感表达是真的。所以，夸奖人一定要具体，不具体就容易显得虚伪。你的眼睛明又亮，你的眉毛好像弯月亮，这就很具体。

接下来齐威王抛出了这次面试的第一个问题："先生远道来齐，欲入稷下学宫？抑或入国为官？"这是一个非常高明的问题，自己明明缺钱，但一副很关心朋友的样子："你是想做点保守理财呢，还是想找个项目做做？"这种隐藏自己的困窘而试探对方的问话是很巧妙的，可进可退。棋道高手最厉害的莫过于"试应手"，你应得好就不吃亏或少吃亏，你应得不好就会出棋。上手和下手对弈，只要不断地出选择题，总有一题套住他。

张仪的回答很好："谢过齐王关切。然则，张仪不是为游学高官而来，却是为齐国急难而来。"接下来一番拆解，两人真正进入主题，最终张仪提出了十六字霸业长策，赢得了齐国认可，面试成功。

张仪有两点值得学习。第一，他能洞悉对方想法，不被对方的提问牵着走。第二，他有很强的抗信息干扰能力，知道自己所为何来，也知道对方痛点何在。

另外，"为齐国急难而来"还有几层含义可以琢磨。首先，这是先说结论的方法，有的人从去年买羊开始说起，等他说到今年夏天羊冻死了不知要到什么时候，先说结论！还有的人说半天，最后发现打错电话了，先说结论或者要求！其次，这也是适当地卖关子。谈话要深入下去，既要试探，也要引起对方好奇，你说不如他问。一场没有"问"的谈话是乏味无趣的。

第三场。秦国咸阳。这是决定张仪最终效命秦国的一场重要面试，共分两面。一面是秦惠王和樗（chū）里疾化装后在客栈对张仪进行的场景化面试和饭局面试，二面是在秦国庙堂由秦惠王和嬴虔、樗里疾、司马错等重臣参与的多考官面试。

这次面试的背景是：秦国方面，由于苏秦合纵六国成功，秦国面临巨大压力；张仪方面，在楚国受挫后再次复出，由于在七国中苏秦已经占了六国，张仪别无选择，也看中了秦国的潜力，因此有意投奔秦国。秦国君臣知道张仪入秦后在尚商坊暂住，就由秦惠王和樗里疾化装为胡人，邀请张仪共饮，由酒聊起，说到来秦的买卖，透露了与秦修好的意图，谈到六国合纵对付秦国，直说秦国翅膀要折断了，自己心情十分放松，所以来大吃大喝了，将来可以放开马跑了。这一番话，引得张仪说出了自己的世界观和价值观：第一，秦国这只黑鹰不会折翅；第二，秦国是华夏屏障，面对胡人，中原各国是一体一心的。这算是第一问。第二问是樗里疾嘿嘿一笑，张仪你要是说得出黑鹰永远不会折翅的理由才服气。于是，张仪从战略上对秦与六国形势作了判断，从战术上指出了"散六不敌混一"，并大致讲了秦国的弹性策略选择，得出了最终"六国合纵必然瓦解"的结论。第三问是苏秦这么厉害谁能应对？张仪的回答高屋建瓴："六国病入膏肓，苏秦纵然奇才，也只能救六国于一时，不能救六国于永远！此乃时也势也，尔等大熊国岂能尽知？"第四问是："先生如何对秦国有此等信心？"这是对张仪是否了解国情的明确试探。这次面试是成功的，为二面赢得了机会。

二面通知是由嬴虔和太子嬴荡送到客栈的，规格非常之高，还老老实实地等了大半天。这也是张仪的反方向试探，放在今天，谁敢这样怠慢通知你二面的人啊！二面采用的是师生宾主的座次，而不是君臣座次，显示了对人才的尊重和渴望，开始的一番客套自不必说，进入正题后，秦惠王开口出题："先生昨夜所言，大开我等胸襟。今日请为秦国谋划，望先生不吝指教。"张仪提出"合纵之势乃是山东六国与秦国真正抗衡的开始"的战略判断，对于破合纵，"更要立足长远抗衡，绝不能头疼医头脚疼医脚，跟在六国之后疲于奔命。从此开始，秦国之每一对策，都要立足主动，变后发为先发"。

《大秦帝国》里的君主常常以"请先生不吝指教"或"先生教我"方式求教，非常谦虚，现在好像听不到或说不出"先生教我"这样的话了，但我看"先生教我"，感觉却是非常诚恳。谦虚使人进步，谦虚也使人舒服。张仪的回答有大势判断，有战术指导，有指导思想，无论哪一点都是不凡的。我尤其欣赏这里说的"先发"思想，围棋里的先手就是你下了以后对方必须应的落子点，要想提高棋艺，必须要有尽量下先手的意识，即要争先。

具体到策略，张仪提出四策：第一连横，第二扩军，第三吏治，第四称王。然后细细拆解，详加分析，考官们都忍不住赞叹。能让人愿意追问下去，或者赞叹，都是言而有物、面试有望成功的标志。

自然，这次张仪面试成功了，从此开始了连横对合纵的辉煌篇章。

二

你想要的，不给你。你不想要的，给你。你拥有的，让你得到更多。你缺少的，连带你已有的也夺去。这是上帝的行为法则，应验在张仪和苏秦身上也不差：张仪原来是想在六国就业的，对秦国并不看好，结果却在六国受挫，在秦国建立了功业；苏秦原来看好秦国，却不被认可，最终身佩六国相印在六国施展了一番事业。

让我们来看看和苏秦有关的三场面试吧。

第四场。秦国咸阳。苏秦自信，虽然自己的长策和前一个应聘者犀首一样，但结果不会一样，"无得新策，有新说"。甚至跟犀首说先别离开咸阳，好好看我的。他觉得提出的王霸策略是一方面，更重要的是如何实施，在这一点上他有信心说得更好。

不过面试的开场不太好，这是怎么回事呢？本来隔夜准备了一番应答，各种材料、说辞准备了几套，想着在主考官面前出一下风头，结果到了考场，几个部门领导围着你问这问那，不说几句吧不好，把干货就此抖出来吧不甘心，关键是不排除这就是主考官派来试探的，这不是相当于在面试前还设了一道槛么？

苏秦遇到的就是这种情况。进入面试场所，正四处张望，太傅嬴虔、上大夫樗里疾先进来了，双方打招呼寒暄一番客套一番，这些都很正常。坐下之后，樗里疾拱手笑道："先生远来，定有佳策了？"这就好比本来准备给大领导汇报的，结果一个中层领导先跟你说："这次汇报你打算说些什么？"苏秦当然不太舒服，但怎么应对呢？请各位看官看这两人怎么把乒乓球打过来，打过去。

苏秦答道："上大夫执掌国政，定有治秦良策，苏秦愿受教一二。"这就把球打回去了，樗里疾也明白，嘿嘿一笑："先生有回头之箭，果然不凡。"他也很厉害，又把球再次打给了苏秦，他"拍拍自己凸起的肚皮"，这叫作善于利用自带的道具，说道："你看，樗里疾酒囊饭袋，内中尽是牛羊苦菜。先生若有金石之药，不妨针砭，何须自谦？"樗里疾是酒囊饭袋吗？当然不是，他这才是自谦、自嘲、自黑。一个能做到"三自"的人，多半是说不倒的。这是以退为进，步步紧逼。

苏秦当然不简单，答道："谚云：腹有苦水，必有慧心。上大夫满腹苦菜，安得无慧心良策？"这叫作顺水推舟，回头望月。这两个人你来我往，说到正主秦公嬴驷到达面试现场也没进入正题。这一番太极推手，足见双方功力。苏秦为什么这么厉害？因为他抱定一个念头：就是不告诉你。倘若有一件事，你抱定了这个念头，那么你自有千般智慧与人周旋。

秦公嬴驷开场一番饮凉茶的洒脱举止让苏秦顿时觉得秦公仿佛田间农夫，真是平易近人！嬴驷从凉茶说起，直说到这类生活经验还是乡野民间多，宫廷中也就知些皮毛，苏秦也来了一次"顺势过桥"，说道："乡野庶民，原是国家根本。秦公有此识见，秦国大业有望矣！"这就从闲聊过渡到了正题上，但凡有目的的谈话，都不可忘了目的，船撑出去三五里地，就要想法撑回来，切不可一去不回误了正事。

秦公自然也是明白人，一听就知道这就是"名士说辞的开始"了，顿时也严肃了起来，问道："秦国大业何在？尚望先生教我。"接下来，苏秦坦然承认自己的长策跟犀首一样，都是王霸之策，只不过目标是要统一中国。但他所举的种种可行性，实际上犀首陈述时基本也包括了，不幸的是，与秦国的真实情况并不合榫，早就被秦国君臣在面试犀首时用数据否定了。以至于嬴虔听了以后，连礼仪也不顾了，直接说苏秦是"避实就虚，不得要领"。说完就告退了。樗里疾也是嘿嘿一笑，说这"颇似名家诡说"。秦公小结："先生之论，容嬴驷思谋再定。来人，赏赐先生二百金。"苏秦面红耳赤，钱也不要就告辞了，樗里疾追上去问愿不愿意先委屈当个战略研究院院长（"屈居上卿之职，策划军国大计"），苏秦拒绝了："犀首尚且不屑，苏秦岂能为之？"

这里有几点值得注意。第一，顺势过桥和船出要回。第二，犀首是愿意把面试情况跟苏秦详细说的，但苏秦有点自傲，如果他认真听犀首把秦国君臣的想法说说，也就有机会调整策略。第三，嬴虔、樗里疾都不是一般人，遇到这样的角色，没有实在的干货是会直接打脸的，这类人在人群中客观存在，能碰上一两回，早点受刺激、遭挫折未尝不是好事。第四，秦国君臣即便不认可来面试的人的观点，也还是尊重人才的，哪怕是先养起来，这和魏国、楚国一比，高下立现。第五，在领导在场的情况下，樗里疾就敢直接许诺官职，虽然有可能他和秦公有过短暂的商量或请示，但说明他们的行政效率是很高的，沟通效率也是很高的。这种最后的挽留，即使不成功，也给人以温情，说不定有一天人家回过头来愿意加盟呢？有些著名的企业，对于离职的人非常好，这是非常高明的。后来张仪入秦就是苏秦推荐的，你能说没有一点这里的因素吗？

第五场。苏秦在赵国求职。这一次他的思路不能算错，找了赵国的实际掌权人物奉阳君赵城（国君赵成侯的弟弟）求职，只是运气不太好，被心怀叵测的奉阳君视为潜在政敌而设计拒绝了。第一次求见，奉阳君倒是兴致盎然，被李管家一撺掇就决定缓一缓再见。第二天晚上一面时，奉阳君开口就出了一道不阴不阳的题："先生策士，若以鬼之言说我，或可听之。若言人间之事，本君尽知，无须多说。"这是很没有修养和礼貌的话，外强中干者多喜如此，俗话说，空的响声大，又云：墙上芦苇头重脚轻根底浅，山中竹笋嘴尖皮厚腹中空。心中有鬼，防备之心过甚，才会有这种怪异的思路和说法。苏秦随机应变："以鬼之言见君，正是本意。"又道："贵府人事已尽，唯鬼言可行也。"这番话出来，奉阳君也只能大笑一声赞叹，局面算是打开了。

苏秦这一番话，确实是"见人说人话，见鬼说鬼话"的教科书式示范。他当然不可能事先想到赵城的开场白，所以他的应对是一种即兴的临机而变，这也是一种顺势过桥法。你只要有桥，我就能过。

苏秦用土埂和孤木作比喻，土埂泡烂了晒一晒还是土埂，但孤木遇上连绵阴雨则四处漂泊不知所终，就像奉阳君您一样，"无中枢之位，却拥中枢之权"，危险得紧啊！一般人通常听到这里，都会催促对方赶紧讲啊，但这奉阳君很奇特，想了半天，说你先回去吧，明天再来。他这是太谨慎了，担心听到不该听到的吧，或者是被惊吓到了，以前从来没有人这样说过，今天一听如雷轰顶，不知所措。苏秦把面试官给吓着了，这场面试也就结束了。

二面更加奇特。奉阳君赵城事先在两耳里故意塞了丝绵，什么也听不见，无论苏秦如何滔滔不绝，他都木然无动于衷，看着像是莫测高深的样子。可惜了苏秦一番说辞，浪费了很多很多感情，最后只能告辞。怪异的是，出主意的李家老还追上苏秦，告诉他是怎么回事，并让他第二天再来拿赏钱。第二天，奉阳君连说一番"昨日受教，如醍醐灌顶"的话，苏秦也配合着说啊呀，我水土不服，还是回家去好之类的话，宾主之间气氛很好，最后吃了一顿酒，拿了很多黄金珍宝和一辆轺车走了——这相当于是配合演出的奖品。这一节在书中叫"奉阳君行诈苏秦"，这个李家老尽出馊主意，曾受这对主仆捉弄的肥义将军后来兵变，奉阳君全家尽灭，李家老也身首异处，真是罪有应得。

张仪说苏秦说秦失败是"策不应时"，其实苏秦在赵国应聘失败也是"策不应时"，要是在赵城倒台之后来赵国，说不定是另一番情况了，毕竟赵国有一个强人即将登上历史舞台，他就是赵肃侯的儿子，太子赵雍——他另一个为人所知的称号是"赵武灵王"。

这场面试告诉我们，找对人很重要，但这个人也要对才行。有的时候应聘不成功，不是你不行，而是别人担心你太行，所以不要气馁，多失败几次，成功就不远了。

第六场。苏秦在燕国面试。这一次，有两个人是他的贵人。一个是南门尉，帮忙叫开了东门；另一个是燕姬，在洛阳王宫见过面，彼此有点意思，帮他约见了燕国国君燕文公。这又是一场饭局面试，两人从燕酒、赵酒说起，燕文公自得之时，苏秦轻轻将了一军："酿得好酒，又能如何？"这是放出了一个话钩子，燕文公若是就此请教，就入正题，要是如书中所说继续说酒的重要性，苏秦就再来一问："燕公博闻，可知天下贵胄，品位第一者何人？"说老燕酒的品评就是来自这个第一者公子印——而这恰恰是燕文公所看不上眼的"声色犬马之徒"。听到这里燕文公陷入了严肃的思考，问道："先生似有言外之意？"由此，苏秦便侃侃而谈燕国种种糟糕透顶的情况，把燕文公说痛了说通了，最后提出了"内在变法，外在合纵"的战略方针以及配套的国内外形势分析。这一次面试苏秦成功了，燕文公承诺聘苏秦为燕国丞相，以特使身份出访山东各国，苏秦由此开始了身兼六国丞相的辉煌事业。

看这一场面试，需要注意，考官一开始没有问什么问题，反而是应聘者在问问题。问，是非常重要的，既可以投石问路，又可以引发对方思考，逐步进入同一频道。即使是被面试者，也不是不可以问。问，说明你关心这家公司；问，也说明你有思考，有想法。只要你不是问诸如"食堂的菜好吃不好吃"这类低层次的问题就行。

看苏秦的这三场面试，要学的东西很多。首先，你要会闲聊，闲聊可以说是最最重要的本事之一，不会闲聊，只能闷死。其次，你要懂得推手，想推就能推出去，还能推得人舒服和无可奈何。第三，不要拘泥，考官也是人，也是有心脏的，在确保安全的前提下，吓一下未尝不可，你不用我，公司就完蛋了，但最好仅限于应聘CEO（首席执行官）职位，应聘个门卫就算了。既然进了面试这个环节，你是找工作，对方是找人才，都是平等的，你求职他求人，不要唯唯诺诺，有想法问问也是可以的，大不了你问得太高深他回答不出来。你嗓门再大，也不至于问得天塌下来。

三

犀首，就是犀牛的头，用此名号可见其人勇猛，犀牛产于亚洲南部、东南亚及非洲撒哈拉以南，据此推断，犀首应该是南方人。犀首的真名叫"公孙衍"，根据马王堆汉墓出土的帛书《战国纵横家书》记载，他才是真正与张仪唱对台戏的合纵倡始者，小说《大秦帝国》中则将其事迹移植于苏秦。让我们来看看小说中犀首的一场面试吧。

第七场。秦国咸阳。樗里疾举荐犀首，犀首一进面试场所——秦国大殿——就让人眼前一亮，"疾风般进得殿来，一领大红斗篷，散发无冠，长须连鬓"。当中一站，"四面一扫，人人都领略了那双炯炯生光的眼睛"。

这里有几个点需要注意。首先，走路姿势固然各人有异，但磨磨蹭蹭、左顾右盼肯定给人印象不好，狼顾更是不佳，走得自信一些，麻利一点，至少说明身体健康、精神抖擞、态度积极。

其次，既然是面试，着装自然要正式一点。没有红领带，没有黑风衣，披一件大红斗篷也是不错的。衣服打扮，都是给别人看的，无非是传达一个信息：我很重视你。

第三，发型不必求异，随大流就好，那个年代谁都没有美丽的发夹，那就都散发，帽子就不用戴了，如应聘需多年战略咨询经验的职位，留点胡子也好，嘴上没毛办事不牢嘛。

第四，目光四面一扫很好，这就是和在座各位考官有了个不说话的交流和招呼了。至于你是逐行扫描，还是隔行扫描，关系不大，反正这方面的分辨率要求不是很高，有胜于无。人生就像一场戏，好的演员台上一站，四面一扫，台下所有人都觉得在看我。就怕到中间一站，谁也不看，自我感觉是玉树临风，实际上是傻不愣登。要深刻领会这一点，融会贯通很有必要。有的人加你微信，然后一句话不说，还只公开三天朋友圈，空的，不发不赞不转不评不说话，其实就是这种进了场子不看人的样子。

第五，眼睛炯炯有神很关键。眼睛是心灵的窗户，好的眼睛是会说话的，人的五官中最美、最生动的也是眼睛。你看2003年非典期间，大家都戴上了口罩，北京街头涌现了多少美女帅哥啊。行家里手练眼是下了苦功夫的，比如开始于黑暗中注视一个烛头，练得好了再提高要求到注视一个香头。六小龄童其实是个近视眼，但他所扮演的孙悟空却有火眼金睛的效果，无他，"苦练七十二变，方能笑对八十一难"。普通人怎么办呢？晚上早点睡。

一般来说，进场坐下后打个招呼"考官好"或"各位考官好"都是可以的。犀首就是这么干的，"快步上前，深深一躬"，道："山东犀首，参见秦王——"这个时候，秦国的国君还是公，没有称王。公、侯、伯、子、男五等，王是比这五等更高一级的，称王不是随随便便的小事，弄不好就是木秀于林。朱元璋当年采取的"深挖洞、广积粮、缓称王"，就是为了避免过早树敌。所以，主考官秦公嬴驷一听就不大高兴，我还没有称王呢，你这是什么意思呢？要把我放火上烤吗？

原来这是犀首有意为之的一个"破绽"，"此乃犀首献给秦国之第一策：立格王国"。犀首提出了十六字纲领：正名称王，东出争霸，中原逐鹿，一统天下。樗里疾问他，你为秦国谋划，有什么想要得到的吗？犀首说："策士为邦国谋划，邦国得利，自然要授策士以高官厚禄，此为两利不损，天下正道也。"

犀首在那个年代，直言就是为了当官拿高工资，确实是比较率直的。他还有一招：从随身带的包里抽出一卷竹简，说具体方案就在其中。太傅嬴虔想看，犀首不肯，战略可以公开，具体策略分解那是机密。嬴驷当场决定任用犀首为秦国上卿，带着犀首找了个地方，作了一番单独的交谈。晚上又与众臣一起为犀首接风洗尘，顺便听他细细解说。席间，犀首谈到了当今策士气候已经形成，"真正的新锐策士已经出山"。人家自然要问是哪些人啊，答曰：苏秦、张仪。上大夫樗里疾看似很随意地问了一句："先生以为，苏秦张仪，较之先生如何？"

这里有两点值得关注。第一，樗里疾的这种问叫作攀藤而上、深度挖掘，和顺势过桥相对，无论是面试还是闲聊，都是必备的技巧。就对方谈及的一点作进一步的询问，就如在一幅图中，选中一个局部放大，既可以验证对方是否真的有所研究、有所思考，又可以引导谈话方向，朝深度和广度发展。不会在聊天之中发掘新的话题，就容易把天聊死。有时候人家在某方面很专业，巴不得你问呢，就如《围城》里有个人物，人家问他问题，他觉得这是个显示学问的机会，当时不回答，瞅准机会，说："你刚才问我的那个问题是什么？"

第二，樗里疾的这种问题是比较促狭（吴语，音 cù kà，近"促卡"，意思是让人尴尬而无可奈何）的。你既然提到了某某某，那你觉得你和他比谁厉害呢？这种问题不好回答。你说比人家厉害吧，证据呢？这就又会被人追问，或者让人怀疑你有点自大。你说不如人家吧，那就没有给考官录取你的台阶。所以，从犀首的角度来说，言多必失，一高兴说得太多了，留下了容易被人击破的点。

那么犀首是怎么回答的呢？他说："唯闻其名，未见其人，教我这天下第一策士如何作答？"表情还十分正经，大家哈哈哈哈大笑，这个难题就过去了。

从局部讲，犀首的面试是成功了，聘为上卿了嘛，但犀首的长策并没有得到秦国君臣的真正认可，关键是秦国国力还没有达到启动条件。所以，当他正式上书后，发现嬴驷对国尉司马错的调动（视察防务）与自己的东出称王图霸是不相符的，就明白实际上没有被采纳，他找嬴驷深聊了一次，确认是自己的谋划脱离了当前实际，就留下一封信辞职了。因此，从结果看，犀首的这场面试是失败的。

犀首的这种不愿意白拿高工资的气节是值得敬仰的，后来的蔡泽也是一直为高爵无功而担忧，这可以说是古代的职业精神。那个时候没有社会保险，上市公司也少，只有七家，能断然决定辞职，原因除了知识分子的清高、自尊、自重外，还有一样可嘉的胆气、勇气以及自信。

四

范雎的面试是真正的两面，一面是秦国特使王稽在魏国主持的，二面是秦昭襄王嬴稷在秦国主持的。说起来，一面的情节就如电影一般传奇，前戏长而曲折；二面和一面间隔了半年左右，也算一奇，范雎用的正是前文所说的危言耸听吓人法，不过是应聘CEO，所以也是一法。接下来就看看这场面试吧。

第八场。说一面的前戏长而曲折，是因为当时范雎名义上已经被人打死了，只能隐姓埋名，救他的郑安平充当了他的经纪人，和来自秦国的特使王稽秘密联系。第一次，郑安平划着小舟在湖面附近游荡，见到王稽问一声"先生可要殷商古董"，王稽问是何物，答曰"伊尹"。伊尹是商汤大相，这自然不是寻常的话，有点像接头暗号了。两人约了明日此时此地再见。第二天，郑安平报上姓名，让范雎以"张禄"之名在夜色中和王稽见了面。王稽连问了两个问题：一个是你到底有什么本事敢说比伊尹还要厉害；一个是你说是范雎师兄，你跟他比谁厉害。

前面说了，这类比较的问题是难回答的。范雎一答："伊尹，原本私奴出身之才士。方今之世，才具功业胜过伊尹者不知几多，如何张禄比他不得？"二答："范雎所能，张禄犹过。"这是自信的两个回答，也是不迷信的态度。不要说当时了，即便是当今，也没几个人自信到说比过去某个朝代的丞相还厉害，范雎敢那样说，至少其视界是高的，思维是自由的。

王稽紧追一句"何以证之"，恰到好处，又一个顺藤而上。这种追问一定要紧接着提出，其实张禄能比范雎厉害吗？ 两人本就是一人，自然是一样的，但你要说哲学上的人，今天的你和昨天的你不是同一个人，今天的你胜过昨天的你，这似乎也说得通，不知道范雎是不是哲学学得好。

范雎没有正面回答王稽的追问，而是说，等你和我的经纪人安平小弟谈过之后，你如果还想要见我，我自然会证明给你看。看看，一个东躲西藏的落魄之人，还有个经纪人打头阵，真是见过世面的人啊。接着，郑安平跟王稽打了个招呼，说"大人稍待，小人三更自来"就划着小舟走了。这面试搞得考官一头雾水，相当于应聘的人吹了牛以后，人家考官问你怎么证明，结果你说，你等等，我让司机兼经纪人先送我回宾馆，他一会回来跟你先唠唠嗑，唠完嗑你要是还想见我，我就再来证明给你看。这是怎样的范儿啊！

三更时候，郑安平来了，问王稽想不想听个故事再睡觉。听故事是我们从童年开始就有的兴趣，小时听故事，长大听八卦，喜欢聊八卦听故事的人不得抑郁症。王稽说："秋夜萧瑟，正可消磨。"记住啊，有人问你想不想听故事，不要误以为是真的征求你意见，人家只是在说："喂，把手头的事放一放，把注意力集中到我这里来。"你要是来一句"不想听"，就太不配合表演了。人生就是一场戏，你不入戏，再好的嗓子也出不了声。郑安平就原原本本、绘声绘色地把范雎如何被陷害、自己如何救他的经过说了一遍，王稽听得"脸色铁青"，问范雎死了没有，郑安平叹息道："自然是死了。"王稽倒是没问为什么张禄来应聘却讲范雎的故事，这也是给郑安平面子吧，有些事，不必急于说穿。接下来，郑安平就不肯再说张禄的事了，只说范雎的事是张禄让说的，张禄的事让他自己说。王稽同意第二天晚上初更在湖边和张禄再见一面。

这次见面张禄（范雎）的目的主要是消除王稽的狐疑，比如说你为什么不公开到秦国去，张禄说离开魏国要查身份证，我是范雎的师兄，受他牵连，自然也是出不了国的。王稽又问，那这样说来你对魏国官府来说也是熟面孔了？范雎只叹了一口气："天意也！"就不说话了。这意思是，你这题目我要答了你还得追问，到最后我总会不方便回答的，是不是熟面孔，你猜吧。王稽"心下顿时一个闪亮"，好吧，那我后天卯时离开魏国，怎么见到你呢？意思是怎么带你走呢？范雎说了个地方，你到那歇一歇喝点水上个厕所就可以了，意思是我会在那等你的，到时候搭你的车。

有些问题，问到了别人不想说的地方，就及时收脚，王稽就是这么做的，这是聪明的做法。小学里老师教你有问题要多问，中学里老师教你要不耻下问，大学里老师教你要不耻上问，但我想说的是毕业后最好先想一想再问，能百度的问题一般就不要问了。明知山有虎，偏向虎山行，是英雄；明知人不想说，非要追问，那是蠢蛋。

不管怎么说，王稽的这一面就通过了，接下来就把范雎带到了秦国，养在自己家里，等待二面。

　　这一等，就差不多是半年。这范雎耐得住寂寞，这秦昭襄王嬴稷也沉得住气——他不能轻举妄动，因为舅父魏冉主政，此时权力的因素远超血缘的因素，可不能看到舅父就觉得能撒娇。

　　二面的机会也是范雎争取的。当然，胜利更偏爱有准备的人，他早就准备了提案，等到听王稽说穰侯魏冉率军攻齐，泾阳君、高陵君随行，华阳君坐镇督运粮草（这四个人是穿一条裤子的），问清楚白起行止和民间舆论情况后，马上"从身后书架上拿下一个大拇指粗细的铜管，双手递给了王稽"，让他交给秦王。成不成，留不留秦，就看这个了。可见他虽然是刚刚从王稽嘴里听说这段时事，实际上早有准备，事先对相关人事做过了一番研究。要不然，他一开始藏在王稽车上入秦时，也不会断定穰侯相遇后还会掉过头来重新检查车队，这种料事如神、化险为夷的神奇功夫必定是以对穰侯这个人的性格研究透彻为基础的。

　　琢磨事，就是琢磨人。琢磨人，也是琢磨事。

　　二面的开局便是范雎先声夺人，工作人员喊一声："秦王在前，大礼参拜！"范雎一阵大笑："秦国只有太后、穰侯，何有秦王乎？"当真是惊天动地，吓死宝宝了。秦昭襄王倒是从容淡定，一会说恭迎先生，一会说不必拘泥，让人关了宫门，关照不得打扰。一番客套之后，第一问是："先生既知秦国无王，何以教我？"范雎随便地看看房间布局，嘴里含糊地应着，就如"嗯哼嗯哼"这样的。第二问是："先生既断秦国危局，当为嬴稷指路。"范雎还是"嗯哼嗯哼"。第一问的时候，秦昭襄王是拱手作礼，第二问的时候是深深一躬，你见过面试官是这样问应聘者的吗？这求职的人还"嗯哼嗯哼"的，还不早就被赶了出去。秦昭襄王沉默了好一会，叹了一口气，范雎看着墙上的画也叹了一口气。秦王是为自己叹气，我估计范雎也是为秦王叹气。不要看人叹气就以为他在自己灰心，当年我国围棋不行的时候，一个日本棋手下棋的时候老在叹气，后来才知道他是在为对局的中国棋手叹气："唉，活得太苦了，可怜！"最后，面试官都热泪盈眶趴在地上求应聘者了："先生果真以为嬴稷不堪指点么？"

人生就像一场戏。戏演到这里也该高潮了。范雎不再以张禄自称，快步走过来跪在地上，含泪道："秦王拜一布衣，足见挽救危局之诚也。君上请起，范雎愿披肝沥胆以倾肺腑。"秦王见了范雎真面目、真疤痕后，发誓要为他报仇："天道昭昭，嬴稷若不能洗雪先生之奇耻大辱，枉为秦王也！"国事、私仇合为一体。至此，范雎的二面成功。

既然两人都有求于对方，为什么不一开始就直截了当地谈交易，而要演这一番戏呢？这自然是个试探的过程，但也是交易的需要，商鞅对此的阐述是比较透彻的，待说到商鞅时再铺陈。

郑安平为范雎当经纪人，曲曲折折地和王稽联络，有小说家为着引人入胜的因素，但也体现了范雎的小心谨慎，毕竟他是个不是逃犯的逃犯，同时也暗示了范雎对王稽这个人做过研究，知道这个特使除了面上的工作外，还有搜罗人才的任务。

见了秦王危言耸听，当头棒喝，这是大胆的试探，也是自信的展示。更重要的是，范雎知道要言不烦，你通不过三十秒的电梯测试，也就没有接下来发表长篇大论的机会。

面试，又岂都是正襟危坐、面面相觑的场景？电梯、饭堂、会议、饭局，何处不是？何处又不能是？过去的官员为什么要穿官服走方步、说官话，还不是因为上班就是演戏，演戏就是要进入角色。

戏如人生，人生如戏。能入戏，也能出戏，更要能出得戏外。

五

有两场面试是比较特殊的，主人公都不是一般的人物，说一千年出一个夸张的话，说五百年出一个应该是过于谨慎了。我们都是凡夫俗子，主要还是以欣赏的心态来看待吧。

这两个人，一个叫吕不韦，一个叫商鞅。

第九场。有的人是奉子成婚，吕不韦是奉功入职，怀的不止是一个十月，而是秦国的未来——太子的嫡子嬴异人是他带入秦国的，这功劳谁能比呢？没有他的谋划，嬴异人很可能默默无闻，甚至可能在赵国郁郁而终，秦国太子嬴柱则可能找不到合适的儿子作为嫡子，这对于按 Y 染色体传承国家社稷的"封建"国家来说是毁灭性的。

王国命脉系于一人，而吕不韦救之于倒悬，且几乎是舍命相救。对这样的应聘者，还需要什么面试吗？直接任命为高管得了，配点拿得出手的股份也很正常。秦昭襄王估计也是这么想的，他的儿子嬴柱也是这么想的，他的孙子嬴异人也是这么想的，在座的群臣也是这么想的，只有吕不韦本人不是这么想的。

这是一场简短的面试，只问了两个问题就宣布了任命。第一问是："先生因异人之故，于商旅业已耽延多年，索性在秦国做官如何？"吕回答："不韦愧不敢当。"第二问是："先生过谦了。从小官做起如何？"吕答："但能做事，我心足矣。"如果这是面试的话，是不是很奇特？更奇特的是，接下来秦昭襄王每宣布一项任命，吕不韦就婉拒一次，连续两次，不是嫌官小，而是嫌官大。

第一次任命为上卿，吕拒绝了。理由是，秦国是法治国家，升官的前提是为国家作出了贡献，而我只是做了一些对太子府有用的事情，对国家来说不算功劳，所以不能接受任命。你说秦国朝野，除了太子和太子的儿子异人，谁会对此有意见？

第二次任命为右太子傅，吕拒绝了。理由是，太子傅属于国家任命的大臣，不是太子府的属官，还是不敢接受。

不要以为这种拒绝是作秀，吕面对的是暮年的秦昭襄王。这位老王，"唯法无情，杀伐决断之锋锐，为历代秦王之最"。生杀予夺，不过举手投足之间。他和吕不韦目光相对时，吕感受到的是"一股平和而又肃杀的深邃目光笼罩住了心神，素来沉稳的他心头竟是一震"。在这种强大的气场下，作秀的因素恐怕是很小的，支撑吕不韦说辞的，一是对秦法的深彻了解，二是对自身职业发展的战略眼光。不谋万世者，不足以谋一时。他就有这样的格局。

接着，面试官秦昭襄王问：那你说怎么封赏你呢？吕不韦答："在下愿从做事开始，修习秦法，以图日后事功而居高位。"意思是：我想从一线普通劳动者开始做起，认真做事，有了成绩再说晋升的事情。最后，秦王给他的任命是"太子府丞"。

天大的功劳，到了秦昭襄王这样老谋深算、城府很深的人那里，也会想一下你的动机是什么，想要什么东西，是不是值得信任。感激归感激，国家大器，不可以轻托。这才是吕不韦悟到的东西。居功自傲是大忌，问题是很多人并不认为自己的做法是居功自傲。从这一点来说，吕不韦的这场面试是非常成功的，你看老秦王任命的话还没说完，就已经"颓然卧案，一双长长的白眉顿时拉成了细长的缝隙，粗重地鼾声跟着在大殿荡开"。这固然是老态，但又何尝不是放下心来的一种表示。

第十场。商鞅还是叫卫鞅的时候，看到秦国发布的招聘启事，来到了秦国，参加了秦孝公的三场面试，结果他面试了三次秦孝公。你没有看错，是他面试了面试官秦孝公。你说奇特不奇特？所以说我们只能欣赏欣赏，不宜照葫芦画瓢。

严格来说，卫鞅是属于点招的，秦国派到魏国的招聘主管景监早就看中了他的才华，只要老板基本认可，马上就可以给他发录用通知。谁想卫鞅在秦国调研了三个月后，第一次参加面试就夸夸其谈"王道治国"，中心意思概括起来就是：对待民众、邻国、罪犯都要像春天一般温暖，把你的心、我的心串一串，串一个同心圆。秦孝公大失所望，不过他是有身份的人，即便是失望，也给足了对方面子："先生，今日到此为止。后有闲暇，再听先生高论。内史，送先生。"说完扬长而去。中年人最缺的是什么？自己的时间。所以秦孝公懂得及时止损，不作无谓的客套，浪费时间去听没用的东西。

卫鞅求景监再争取一次面试机会，结果景监又被卫朋友坑了一次。这一次，卫鞅大讲儒家仁政礼制，被秦孝公否定后，又推销起了老子的大道之术："官府缩减，军士归田，小国寡民，无为而治。"秦孝公大笑其荒谬，反问卫鞅为何"尽教人成虚名而败实事"，劝卫鞅有这点精神不如干点别的，治国这种事情就不要谈了，说完，"大袖一挥，径自而去"。这是有点不愿意给面子的意思了。

景监快要气死了，卫鞅却十分高兴，还要他帮着再约一次秦孝公。景监再傻也不能再犯傻了。这时卫鞅说出了一番见解，终于让景监答应再试一次。他的说法是"臣亦求明而择君"，他认为，一个人如果有绝世珍品，想要找到识货的买主的话，要先拿劣货试探，然后再拿出好货来。卫鞅用珍品比喻大才，有大才者"绝不可轻易示人"，让景监恍然大悟，茅塞顿开。

第三次面试在船上，那时，秦孝公逆流而上，准备视察西部。叫卫鞅到船上来，也就是想顺便听听卫鞅还有什么东西，要是还像前两次那样，估计就直接让他滚到河里自己游回去了，这样安排对行程影响不大。这是我们的想法。秦孝公还是很宽容的，他首先肯定了卫鞅，打算请他当个中层干部，十分客气地说："先生两次言王道，虽不合秦国，然先生之博学多识，我已感同身受。嬴渠梁意欲请先生任招贤馆掌事，职同下大夫，不知先生肯屈就否？"卫鞅没有接话，而是从眼前的渭水说起，问：秦国有这么好的水，为什么"秦据渭水数百年，坐失渔盐航运之利"？关中土地平坦肥沃，为什么"在秦数百年，却荒芜薄收，民陷饥困"？又问：秦国人民朴实厚重，又融合了善战的少数民族，"秦国却何以没有一支攻必克、战必胜的精锐之师"？三问见水平，秦公眼发光。接下来，两人一问一答，字字珠玑，层层展开，越谈越投机，秦孝公高兴得下令取消西巡，掉头回首都，要和卫鞅彻夜长谈。卫鞅给出的远景目标远超过秦孝公想要和魏齐楚三国差不多水平的目标，他认为这三国"只强一时，不强永远，只强其表，不强根本"，而秦国要强就要"从根本上强盛"，具体有九个方面的举措，归纳在《强秦九论》中，其核心思想是法治。

不用说，卫鞅这一次面试是成功了。照他前面的话来说的话，秦孝公也被他面试成功了。后来，他和秦孝公成了历史上的最佳君臣拍档。

面试求职，结果却还敢去面试面试官，这也就卫鞅敢这么做。这是可遇不可求的。就这场面试而言，秦孝公很清楚自己想要的是什么，他是识货的，所以才有前面两次的扬长而去。

卫鞅的三次面试，前面两次都是试应手，这是高级着法。秦孝公虽然不认同前两次卫鞅的观点，但还是愿意留用卫鞅，展现了他宽广的胸怀。若是像魏王、楚王那样的格局，把卫鞅大骂一顿，损了面子，即使卫鞅硬着头皮参加第三次面试成功了，今后两人相见还是有点尴尬吧？说来说去，还是有容乃大。

回顾这十场面试，有七场是事先有人推荐的，没有人推荐的三场中有两场也是事先知道应聘者的名字的。这种情况非常合理，即使在今天，熟人推荐依然是高级人才流动的重要途径，老板遇到用人缺口，很自然地会先问下自己圈子里的好朋友：有合适的人选推荐吗？只有自己圈子里找不着，公司内部没合适的，才会想到找猎头。

十场面试一览表

号	应者	公司	推荐	白面	成功	备注
1	张仪	魏国	无	是	否	与孟子急辩。庙堂短谋
2	张仪	齐国	无	否	是	十六字诀拆解外交政策
3	张仪	秦国	有	否	是	苏秦推荐。连横
4	苏秦	秦国	有	否	否	犀首推荐。不解国情
5	苏秦	赵国	无	否	否	奉阳君截和
6	苏秦	燕国	有	否	是	燕姬相助
7	犀首	秦国	有	否	否	樗里疾推荐
8	范雎	秦国	有	否	是	王稽推荐
9	吕不韦	秦国	有	否	是	嬴柱推荐
10	商鞅	秦国	有	否	是	景监推荐。三试秦公

注："白面"指面试前公司根本不知道有这个人，完全是生闯。

小结一下。第一，求职时最好有人推荐，有人背书和没人背书是不一样的。第二，无论是应聘者还是考官，"问"是一定要会的。应聘者的问，要有水准，显示思考的程度。考官的问，能够抓住时机，进一步挖掘和考察。第三，决定性的因素不是运气，而是实力。实力来自对情况的掌握、对现象的透视，体现为对总体形势的大局观、对具体问题的切实应对、对举措的执行力。

最重要的，心态要好，你是求职，不是求人，求人的是对方。

九十里处的告示牌

　　俗话说得好，一个人的成长，离不开高人指点、贵人相助、自己努力和小人监督。苏轼诗云：不识庐山真面目，只缘身在此山中。这是常常发生的事。高人的一句点拨，拨云见日，往往使人茅塞顿开，豁然开朗。

　　理论总是枯燥的，故事总是鲜活的。在阅读《大秦帝国》的过程中，屡屡被这样的故事触动。月亮啊还是那个月亮，篱笆哪还是那个篱笆，可人家几句话一分析，看到的景色就不一样。

　　蒙武与嬴异人情谊很深，从赵国接应回来后，秘密安排在自己家里，没觉得有何不妥。向嬴异人的爷爷秦昭襄王汇报时，秦王的第一道命令就是"异人暂居吕庄，不许回太子府归宗"。吕庄是吕不韦的房子，蒙武想的是，主人吕不韦还没回来，住在吕庄多有不便，再说嬴异人长期在赵国做人质，这次回来应该赶紧回父母家认祖归宗。秦王"冷冷一笑"，指出了最不妥的地方是，这样做会让天下人寒心，吕不韦为救嬴异人受伤滞留未归，你倒好，自己先回家认祖归宗了，热闹了，高兴了，是不是忘了还有恩人在受苦呢？秦王原话是这样的："情法同理，王子士子岂有二致？吕不韦破家舍生，老秦人岂能薄情？臣不负国，王不负臣，此大道也！今吕氏伤病未愈，异人先行归宗，宁伤天下烈士之心乎！"这一番指点，让蒙武大汗淋漓！

　　事后证明老秦王非常对。当蒙武来到养病的吕不韦前，说异人先在自己家养伤，稍有好转就坚持要搬到吕庄去住，听说我要来，请了名医同行，还写了一封信。吕不韦只关心一件事："将军是说，公子没有回太子府？"说的时候，目光是"蓦然一闪"。你看看，老秦王料得多准，幸亏及时安排妥当，蒙武把话圆上，吕不韦的心也开始舒展了。这时候的他，在经历了这一番生死磨难之后，奇货可居大赚一笔的想法已经不重要了，他认为重要的是帮的这个人有没有情义，自己有没有看错人，所以，当他确认嬴异人没有回太子府而是专门到吕庄等他后，"默默点头，淡漠木然的脸膛第一次漾出了一片舒展的笑容"。作者用的"淡漠""木然"两词很好，符合他长时间没有得到嬴异人消息时的失望心态。事后，以吕不韦和身边毛公的聪明，也看出了这背后是有高人在指点，但已经没关系了。有时候就是这样，即使是假的，至少也说明人家在乎你。什么是真，什么是假，很难说的。还是毛公说得好："假中有真，真中有假，小假大真，真假交混，妙哉妙哉！"

这一次吕不韦是被高人铺排的对象，他后来也以高人的身份至少指点了两个人。这两个人，一个是嬴异人，一个是蔡泽。

嬴异人以太子嫡子的身份安全返回秦国，很明显是将来要继承大统的，秦王日暮，太子年长有暗疾，待机的时间不会很长，这恐怕是谁都能看到的事情。可偏偏嬴异人当人质时受尽冷眼耻辱，心态和常人不一样，是一个"容易受伤的男人"。住在吕庄是祖父的旨意，他也明白为什么要这样做，只是这明白没有写在纸上，放在桌上，所以就时而记得，时而记不得。记不得的时候，心情就很烦躁。他感受到的是"被冷冰冰撂在这郊野孤庄无人理睬，连蒙武这个少年至交都不敢留他"。太子父亲、秦王祖父肯定知道自己回来了，却没有一点消息，短信没有，电话没有，微信也没有，口信也没有，想来想去，只有一种可能，那就是"他们是有意遗忘自己了"。

王族之中，这种血缘关系自然不同于百姓，自己遇到这种情况也很正常，只不过确实让人心寒。想想，赵姬也见不到，真是煎熬难受。他穿了件便装头发散着就抱着秦筝要出去，吕不韦的西门老总事拦下来问去哪里，顿时火就起来了："西门老爹，我被拘禁了么？"到最后看出不去，都直呼吕不韦全名了："吕不韦！你藏到哪里去了——！"吕不韦刚好走进来，又好气又好笑："公子成何体统，要做侠士游么？"这时候嬴异人的反应充分表现了他这时候情绪接近崩溃的状况，说出来的话完全不符合自己嫡王孙的身份："我不要体统！我要去赵国！找赵姬！"说完，是"颓然坐倒在地哽咽起来"，表情、动作、声音都有了。

所以说，很多时候我们觉得人家风光，前途无量，本人则未必感受如此，以嬴异人为例，包括吕不韦在内的上上下下都觉得此时的等待是甜蜜的等待，要说不明朗也是黎明前的不明朗，掘井九尺，再挖一点就要见水了，可嬴异人却感觉是无希望的等待，宁可放弃这一切回到过去了。这样的事情每个人都遇到或看到过吧。

吕不韦这时候的开导就很关键。首先他低声跟他说："公子进去说话，林下蚊虫多也。"表面上是说屋子里蚊虫少，其实是说这里说话不方便，还是进屋去说，吕的说法多么巧妙，难不成被劝的人还能说"不，这里蚊虫不多"吗？

进了屋里，屏退左右，吕不韦单刀直入，"回身一拱手"，问："公子已经生死劫难，但请明告，为何大功告成之时突生此等鲁莽举动？"本来是成功在望，若是这样沉不住气，闹出笑话，继承人的事恐怕会有变数。嬴异人心灰意冷，觉得"大功告成"之说是自欺欺人："这也叫大功告成？回秦无人理睬，父母如弃敝屣！"吕不韦这下明白了，"长嘘一声肃然一躬"，长嘘是松了一口气，原来如此啊，肃然一躬是赔罪，这事情啊怪我怪我，是我没有及时和你沟通清楚，他接下来这一番话很有水平，不妨欣赏一下：

> 公子如是想，不韦之过也。原以为经此生死大劫，公子已是心志深沉见识大增，必能明察目下情势，洗练浮躁心绪，是以未能与公子多做盘桓彻谈，尚请公子见谅。

这一番话说开，顿时让嬴异人明白了一半，好难为情啊，自己怎么这么幼稚不懂事啊！吕不韦也明白了，嬴异人的弱点是耐不得清冷孤寂，所以决定和他煮茶消夜。夜深人静，有人与你喝茶畅谈，是不是非常的美妙？

吕不韦说这茶好，旁边的侍女说这是蒙武将军送的胡茶，嬴异人就说全拿来都送吕公，吕说有一桶就行了，全拿了就掠人之美了，这时候嬴异人拍了下桌子，说了一句和他性格、心境非常贴切的话，说的时候还有点激动"吕公何解我心矣！异人只恨这胡茶不是河山社稷！"他是多么感激吕不韦在这关口指点开导他啊！当然，吕不韦可不能接这话，赶紧提醒他此地说话要当心。

总之，这一夜，吕不韦是完全解开了嬴异人的心结。说到少学开篇的荀子名篇《劝学》，引导他背了一遍：

"积水成渊，蛟龙生焉。积善成德，而神明自得，圣心备焉。故不积跬步，无以至千里；不积小流，无以成江海。骐骥一跃，不能十步；驽马十驾，功在不舍。锲而舍之，朽木不折；锲而不舍，金石可镂。蚓无爪牙之利，筋骨之强，上食埃土，下饮黄泉，用心一也。蟹六跪而二螯，非蛇鳝之穴而可寄托者，用心躁也。是故无冥冥之志者，无昭昭之名；无惛惛之事者，无赫赫之功。故君子结于一也……"

这么长，不过真的是句句真言，忍不住抄了一遍。当然，这里面提到的螃蟹，六跪而二螯，应该不是阳澄湖的，也不是沙家浜的。

重要的是接下来吕不韦的开导。首先问嬴异人，你知道这段话的精髓吗？嬴异人答："执一不二，沉心去躁。"一般说到这里也就差不多了，本科可以毕业了，但吕不韦觉得还需要再深入一下，应该要有硕士博士的水平才行，所以，接下来追问："在秦国，这个一字何指？""在你我，这个心字何意？"嬴异人都答不上来，吕不韦就一一讲解开导：

"这个一，是秦国法度。凡你我看事做事，只刻刻以法度衡量，断不至错也。这个心，是步步为营不图侥幸。连同公子，目下秦国是一王两储三代国君，及公子执掌公器，十年二十年未可料也。如此漫漫长途，心浮气躁，可能随时铸成大错，非步步踏实不能走到最后。虽则如此，秦国后继大势已明，只要公子沉住心气，事无不成！"

这简直是人生的终极之问，我劝读者诸君也可在深夜泡上一壶茶，问一下自己这两个问题：何为一，何为心？

再说蔡泽。

蔡泽是很想做事的，但感觉却是到了秦国十年没成什么事，地位很高，封了纲成君，但用不上力气。自己提出的明法、整田、重河渠政策得到了昭襄王的认可，但后来又被暂缓了，理由是李冰入蜀治水要紧，后来治水有了成效后，却又让他把相职交给太子代署，接下来是负责太子立嫡、接吕不韦回秦国的事，结束后回到咸阳又没什么事干，虽然可以过问相府政事，但总是觉得别扭无聊。总之，自己这丞相当得比较难受，不要说跟张仪、魏冉、范雎比了，恐怕连甘茂这样的弱相也不如了。所以，他感觉自己"总是在云雾里飘荡，身不着地心不探底"，过的是"不死不活平庸无奇的闲人生涯"。心中的苦闷难以消解，吕不韦前来，两人喝酒，到高兴处，蔡泽说了一句："但有此酒，束之高阁鸟事！"这时候吕不韦和他的关系还没后来那么深，说话只能适可而止，但他说了一句话，蔡泽就恍然大悟，心结顿开，这句话是："万物之道，皆有波峰浪谷。"

嬴柱临终时，召来太子傅吕不韦，同王后华阳夫人、太子嬴异人一同领命，事后蔡泽大大地吃醋。他想，自己是领国的丞相，和秦王嬴柱关系那么好，弥留之际怎么不叫自己？吕不韦提醒他，你不是开府独领，而是和太子嬴异人共同主持相府工作，秦王临终主要是要托后，那么谁与太子关系更近？吕不韦清楚蔡泽发飙的真实原因，其实和上一次差不多。所以，接下来一番拆解是真正的对症下药。

首先，吕不韦告诉蔡泽，对于他胸怀壮志入秦却二十年没有大的建树，很理解其郁闷的心情，但这是大形势决定的，并不是两代秦王不信任不重用你。

其次，吕问了他几个关键的问题。第一，你想一想，自从昭襄王任命你为丞相，有哪一件军国大事故意不让你知道？第二，如果你对秦国真的没有贡献，在崇尚功业的秦国能被封为纲成君吗？第三，昭襄王一向是走法治道路，从来没有凭空赏赐一个人，难道就你可以因为"人未尽才"而封个君给你作为补偿？第四，你在庙堂德高望重，在朝局中是中流砥柱，为什么偏偏要求每件事都要提前知道机密、计较权力，这不是刻舟求剑吗？

最后，吕将他一军。你见了面先不问朝局安危，倒是在顾命名分问题上和我计较。你要真的是硬骨头大臣，眼里揉不得沙子，觉得我没这本事顾命，尽可以光明正大地弹劾我，工作上也可以和我较量水平，这都是正道，为什么偏要说我是搞阴谋矫诏，要置我于死地，不是很可悲吗？

其实，蔡泽的问题在哪儿，吕不韦一指点，他也就马上明白了：还不是有点郁郁不得志，感觉没有受到昭襄王完全的信任？吕不韦说得有没有道理？有，但也不完全是。从吕的说法看，其实昭襄王是信任你蔡泽的，是你误会了。其实呢，蔡泽的感觉也不假。蔡泽从始至终，没有能够独立开府，不是和嬴柱搭档，就是和嬴异人搭档，但吕不韦有一点说对了，就是事情并没有蔡想得那么糟。有件事不好明说，其实说到底你蔡泽确实水平也没有多么高，以那样的水平，给你那样的待遇，而且现在也是和吕同领相权，也可以了。所以，蔡泽最后释然了："老夫最怕无事可做，你若早说老夫有相位，至于枉自互骂一通么？"

从职业发展来说，蔡泽地位很高，已经封了君，职位也很高，名义上也是丞相了，这已经是千万人不能及的了。而在吕庄的嬴异人，也是很接近那个把俯瞰万众的椅子了。但他俩都很焦虑，都没感觉到自己已经很接近目标了。

行百里者半九十。大多数人止步于九十里，其中有一部人是不知道自己已经到了九十里，离一百里只剩十里了。这时候，如果有高人指点一下，那是会很不同的。开篇高人指点那几句，常用于仕途，但如果对此的认识局限于升官发财就狭隘了。人顶要紧处是活得明白，正部副部最后都一起散步，正局副局最后都一样结局，不管你是当官还是当百姓，到一百岁大概率都得挂在墙上。

所以，到了九十里的地方，如果有人指点一下前面还剩十里了，胜利在望，那真是很好的事。很多时候，情况也没有那么糟。你之毒药，人之蜜糖。你所嫌弃的，是别人仰望不可及的。这时候，你所需要的是这样一块告示牌：

你很棒，前面离一百里只剩十里了！

人生之锚：因上努力，果上随缘

一

最近看到一句话，很受启发，大意是说：咬定几个字，受益一辈子。过去的很多人，一辈子也看不到几本书，但就是把看到的一句话牢记在心，一辈子以此为准则，最后看，活得挺好。有时候说，这个老农不认识几个字，但很有文化，我想，可能也有这个原因。

所谓启发，就是由这句话想到很多可以证明如此的例子，而之前没有水平概括出这么精练而富有智慧的一句话。比如，这会就想到了这么几个字值得咬定：上赶着不是买卖。

人生实苦，苦在要"求"。我们说，求学、求医、求婚，那都是不容易的，容易的就不用"求"了。还是北方人实诚，管医生叫"大夫"，不管是读dà还是dài，都是大王的"大"。疾病缠身，能不求人么，水低为海，人低为王，低下头来更健康。从恋爱到结婚，有容易的，有不容易的，不好说得太绝对，但还是不容易的好，有点波折，过了就好，会更加珍惜些。

我们小的时候学过《王冕学画》，那是多么不容易，还有凿壁偷光、囊萤映雪，都是讲读书机会难得。现实生活中，我们的上一代有很多为了弟弟或妹妹放弃上学的情况，贫困地区"我要上学"的故事也不陌生。即便是物质条件已经明显改善的如今，我们讲到上研究生、读博士生，也是用的"求学"。你要往上走，就要有求的虔诚态度。王国维讲"望断天涯路"，那是学问追求上几乎必然的一个阶段。

这是生活的常态。只要是求，都是苦的，求而不得更是苦。倘要苦得适度，不至于沉溺于其中而失去生活的趣味，便要懂得适可而止。"上赶着不是买卖"这几个字，便是茫茫苦海中的一叶舟，咬定这几个字，或许不至于一味苦泅，而能及时地回头是岸。

二

凡事勉强不得，哪怕是师父倒着追徒弟、硬要收为徒弟这种"美事"。在现实生活中，这种事很少见，所以《天龙八部》里南海鳄神上赶着要收段誉为徒弟，我们看着会有一种喜剧效果，实际上是一种心理压力的释放：现实中不可能事情的虚幻实现。

《大秦帝国》中也有一个"师父"主动要收徒弟的情节，主角是申不害，不过那个"徒弟"不愿意，场面有点尴尬。这是用特例来反证"上赶着就能成买卖"的虚妄性，从而暗示了"上赶着不是买卖"的合理性。

申不害想收玄奇为徒，多少有些唐突，说是轻浮也不为过。玄奇说早已知道所谓的"申术"，申不害不信，连考三题玄奇都对答如流，自己还不明白所以然，还是玄奇的爷爷说出了真相："她读你的《申子》不知多少遍了。"我们看看他提的三个问题：

> 第一个，何谓倚患之术？第二个，何谓破君之术？第三个，何谓君不破之术？

这三个问题，钻研精神可以，但格局不高。玄奇笑道："法为大道，术为小技，收不到高徒的。"

这实在是倒过来拜玄奇为徒人家也不一定愿意收呢！

读到此处，"上赶着不是买卖"这句话已经扑面而来。

三

无论如何，不要勉强。努力归努力，勉强的不要。

大学时代有时会听到谁谁谁追了谁谁谁多少年，最后终于感动对方，二人终成眷属，抛却酸葡萄心理，我是很不以为然的。因为这肯定不是方程式的最优解，最优解早在三个月里就出结果了，那叫两情相悦，一见钟情，再见倾情。

上赶着不是买卖。但凡上赶着的，都有背后的原因，看着赶一下能成的，有的是错觉，预后并不好。

圈子不同，何必强融。也是这个道理。

只不过，要有能力分辨何者需要拼命，何者需要适当的努力。

所以，是要咬定几个字，因上努力，果上随缘，这是滚滚东逝水中的锚。

知天命，耳顺，从心所欲，不逾矩。这是圣人的心得。

上赶着不是买卖，努力并顺其自然。这是老百姓的心得。

这其实就是"道"。我们还真的只能了解和遵循道，而不可自以为是去违背道。

走好自己的路，过好自己的生活，不强求别人如何，也别委屈自己如何，缘来则应，缘去则忘，买卖公平，童叟无欺。如此，可以安枕也。

功劳、交情的有效期

一

《水浒传》中的柴进祖上是后周皇帝，赵匡胤陈桥兵变后从柴家得到政权，便对后世子孙立下规矩，有赵宋家一日天下，就有柴家一日富贵，还发了丹书铁券作为司法豁免权的凭证，民间所说的免死牌就是这种东西。按说这是有当今皇权背书的如假包换的宝贝，柴进和他叔叔柴皇城也是这么认为的，但高唐州知府高廉的妻舅殷天锡却不这么认为，他说：

> 这厮正是胡说！便有誓书铁券，我也不怕，左右与我打这厮！

在他眼里，誓书铁券等于废纸，前朝遗孙今朝贵族不过是"这厮"。李逵虽是个粗人，有句话倒是说得不错。柴进说凭着这丹书铁券去京师打官司，按条例没有不胜的理由，李逵说：

> 条例，条例，若还依得，天下不乱了！

不用说，赵匡胤定下这规矩，必定是真心的，也是当真的，只不过时间是把杀猪刀，杀了一百年，这规矩的效力已经大大递减了。一个原因可能是柴家没用过几次，这东西确实要经常拿出来用用大家才服气，老不用，别人就不当回事了。这样的事其实太多了，那些前朝的存折、借条，也都是白纸黑字，最终被承认兑付的又有多少？普通民众看到了不也是哈哈一笑了之？

二

其实不要说隔了一百年，就是隔了一代，不要说是不相干的祖宗作出的承诺，就是自己的爹说的，也未必算数。

秦国从一个落后的小国，成为统一其余六国的强秦，商鞅变法功不可没。可以说，没有商鞅，就没有后来强大的秦国。秦孝公与商鞅之间生死相扶的君臣情谊绝无仅有，秦孝公以秦国强大为己任，甚至不惜放弃由嬴氏主国，在最后一次视察函谷关不幸离世前，把太子嬴驷的手抓起，放到商鞅的手上，紧握两人的手，说：

> 商君，天下为重。嬴驷可扶，则扶。不可扶，君可自，自为秦王。切切……

一个证明这并非权谋之言的证据是他秘密给了自己的妹妹——也是商鞅的妻子荧玉——一道密令，如果嬴驷改变既定的道路，颠覆法治，就可以用此令调动武装力量"平乱靖难""维护新法""废黜嬴驷"。密令是这样说的：

> 一万铁骑，常驻商山，不听兵符，唯听商君号令！秦公嬴渠梁二十四年三月。

秦孝公极度信任商鞅，另有密令交于商於郡守樗里疾建造商君封邑，并且声明：

> 此封邑与商於封地均属商君恒产，无论何人不得剥夺。此君书由商於郡守执存，证于后代君主。

这是秦孝公高明的地方，他坚定地走法治道路，但有时候也不拘泥于此，安排处死自己的哥哥嬴虔和老狐狸甘龙就是例证，这种非法治的权谋手法是商鞅极不赞同的。商鞅不仅主动辞职，放弃了调兵密令，而且还要求樗里疾交出密令，他的"极心无二虑，尽公不顾私"真的是做到了极致。他也明白，自己真如和他同时入秦的王轼说的那样在"束手待毙"，但他甘心情愿如此，理由是新君嬴驷一定会坚持走法治道路，不会复辟，他愿意做斗倒复辟势力的牺牲品。

考虑到秦孝公嬴渠梁对于商鞅的安排，嬴驷作为他的儿子，不说别的，总不至于要处死商鞅吧？嬴驷本人的主政才能也是多赖商君教导培养而成，而且商君已经辞职、放弃兵权，不再对自己的权力构成实际威胁，用谋反罪名处死，而且是车裂的方式，真的是完全忘了爹的话了。

三

类似的例子还有嬴政。他的爹嬴异人和丞相吕不韦交情多好，吕不韦对于秦国的贡献多大，吕不韦对嬴政的培养、支持可以说无愧于"仲父"称号，然而，吕不韦受嫪毐案牵连辞去丞相职务后，嬴政还是看不惯吕不韦朋友多、应酬多、影响大，忍不住发出了追命之问：

> 君何功于秦，封地河南十万户尚不隐身？君何亲于秦，号称仲父而不思国望？

最终逼死了吕不韦——吕不韦看完这段诏书后饮毒自尽。

要是嬴异人，肯定不会如此。临终前，他嘱咐嬴政：

> 自今日始，文信侯是儿之仲父，生当以父事之。

宣读的遗书明确写着：

> 太子嬴政即位，加冠之前不得亲政，当以仲父礼待文信侯，听其教诲，着意锤炼。

但有什么用，照样保不了命。

四

以秦惠文王嬴驷、秦始皇嬴政的雄才大略和格局，尚且不听爹的话，对爹的好友、重臣、忠臣，自己的良师，狠下杀手，普通人又有多少认上辈人的功劳账、交情账呢？

有人说，那是帝王家，卧榻之侧不容他人酣睡，哪怕是爹最信任的人。这话有道理。但扪心自问，上一代人的交情，到自己这儿，跟发小死党、狐朋狗友相比，又有多少分量？常说要继承和发扬，父子之间的继承尚且不易，何论其他。惟其不易，才要强调。

新官不理旧账，常态。新官理旧账，好人。

看了这么多，感悟是，功劳也罢，交情也罢，都有保鲜期、有效期。诺不过一代，保得身前，不保身后。若要常保，还要记得及时续签合同。

以终为始：觉醒的人生不虚此行

一

"有人辞官归故里，有人漏夜赶考场。"

第一次看到这句话，我就喜欢上了。因为它极具画面感，月光下，一个人背着包袱从船上踩着跳板上岸回家，一个人背着行囊从岸上上船准备进京赶考。离开的，是对方所向往的，前往的，是对方所放下的。一个是看尽人间世情决意离开官场回归故里，一个是对仕途充满憧憬离开故乡远赴考场。一个是亢龙有悔，一个是潜龙勿用。

这就是人情世态。每个人都有自己的正弦曲线，相互交织而互不干扰。

家父退休后，在厨房一个看书写字的小案旁边的墙上，用圆珠笔粗线条地写了一行字：

岂有豪情似旧时，花开花落两由之。

言为心声，说出来，就仿佛做到了一半。

二

对于大秦，商鞅、张仪、甘茂、范雎、蔡泽、吕不韦都曾像"漏夜赶考场"那样热切前往，也又如"辞官归故里"那样萌生退意，只不过，这些人中有的退成了，有的没退成。但时过境迁的意思是都有了。

这几个人中，有的是觉得自己不太可能与新君相得如前，或者说，已经辉煌过了，有不可能再超越的自知之明，比如商鞅、张仪。相比商鞅的辞官不成祸已追来，张仪离开得比较潇洒，对时局看得比较清楚，他跟司马错、樗里疾说：

> 人生终有聚散，你我三人共事二十余年，只怕也到了各谋出路的关口。

司马错更是连新朝上将军的人选都猜对了，可谓对新君嬴荡、甘茂、樗里疾三人的特点揣摩得透彻，不愧是兵家名将：

"先是甘茂，再是樗里疾，而后两人颠倒。"

甘茂在这几个人中走得最没有面子，差不多是被逼走了，最后还弄得像是叛国一般，其实这人倒是有自知之明，他对于秦国有迎立嬴稷的大功，自己也清楚弱点是在秦国缺少根基，便如浮萍一般，难以自主。这世上有太多因为子嗣不成材而灰头土脸的人中龙凤，甘茂有个贤孙叫甘罗，如此，甘茂倒是可以感到欣慰了。

范雎、吕不韦于秦有功，也犯过错误。范是错荐两人，间接害死白起，吕是卷入嫪毒案，退而求自保。蔡泽失去相位，和甘茂一样，自然想走，后来因吕不韦事最终心灰意冷地离开了官场。

这几位有一点是相同的：当初入秦时都是热情满满的，说是"漏夜赶考场"一点也不为过。蔡泽在大庭广众宣告，要取范雎而代之。吕不韦决定弃商从政，要谋"万世不竭"之利，开始时都是一样的志在必得、激情燃烧。等到要离开时，感觉也只能这样了。只能叹一句"时来天地皆同力，运去英雄不自由"。

此间恐怕暗含阴阳变化之道。春夏秋冬四季轮回，生老病死草木一生，天时不可违也。除此之外，还有两个因素。第一是阅历因素。吃过山珍海味菜，更喜翡翠白玉汤。乡下人热衷于吃肉，城里人已经在琢磨到哪儿吃野菜了。吃不饱的人整天想着哪儿油水多，三高的人开始想怎么减少热量摄入了。

第二是血气的盛衰情况。年少时血气未成，青壮时血气方刚，年老时血气渐衰。看电视台的法治节目，打架斗殴激情犯罪的主角一开始是60后，后来是70后，接着是80后，再后来是90后主打00后陪衬。唯一不变的是，这些人大多是正值盛年，这一方面是冲动的成本随时间而变化，成本越低，越容易冲动；另一方面是内在的血气的强弱、盛衰情况直接影响了外在的行为。

三

十多年前冬日的一天，我和同门师兄在南来顺小酌之后，边喝茶边继续探讨人生，他说了一句我这辈子都不会忘记的话：

人最终追求的是内心的平静。

那个时候我还没有听说过杨绛先生说的那句很有名的话，所以一开始只觉得可能是一般的感慨，之所以最后铭记在心，是因为之后有太多的事情验证了这句话是对的。

有些话，就像咒语一样，你是绕不开的。就像我曾经说过的：

如果你受过大学教育，那么总有一天你会思考人生的意义。

人都是赤条条来，赤条条去。在天地间走一遭，也就一眨眼的工夫。见过1986年哈雷彗星的人，又有多少能见到它的下一次经过地球呢？

既然如此，就热热闹闹地走一趟，到头来回忆，自己也曾欢笑过、痛苦过、沉思过、愤怒过，留下过声音，放射过光芒，也就算不虚此行。只不过，在推杯换盏之际，要明白，人世间的许多热闹都是一时的、浮躁的、相似的。"不信但看筵中酒，杯杯先劝有钱人。"你想要留住热闹，须要从静中求。

所有的热闹，终归平静。就如杨绛先生在一百岁时说的那样：

> 我们曾如此渴望命运的波澜，到最后才发现：人生最曼妙的风景，竟是内心的淡定与从容；我们曾如此期盼外界的认可，到最后才知道：世界是自己的，与他人毫无关系。

什么时候领悟到这一点，决定了你从什么时候开始真正开启属于自己的人生。

田单故事对为人父母者的启示

一

"生子当如孙仲谋。"可是我们是孙坚吗？不是，所以那是别人家的孩子。话虽如此，为人父母者，往往希望自己的孩子能够出类拔萃。什么叫出类拔萃，每个人的理解不同，所以主要就看社会上的通行指标，比如成绩好，比如考上牛校，比如进入强企。

先温习一个小故事吧。有人去某地玩，看到一个放羊娃，就聊了起来，关于理想和未来，放羊娃说他就是希望把羊放好，一家人能生活下去，将来有了钱，娶个媳妇。娶了媳妇呢？生个娃。生了娃之后呢？让他放羊。

我相信大家都听过这个故事，是不是听了觉得有点好笑？努力了半天还是重复自己的人生。有没有人笑完之后想到笑的也是自己呢？不信我问问你。

为什么给孩子报学前班？不输在起跑线上，上一年级后尽快适应小学生活。为什么拼命辅导孩子作业，做不好还要用上戒尺？为了学习好。为什么要学习好？为了上个好的初中，或者直升的话希望在初中有个好的起点。为什么要上好初中？为了考上好的高中。为什么要上好的高中？为了考上好的大学。为什么要考好的大学？为了找到好的工作。为什么要找到好的工作？经济条件好，社会地位高，能找到好的对象。为什么要找到好的对象？生活幸福，生个聪明的娃。然后呢？然后的然后呢？是不是以上再来一遍？

其实这跟放羊娃的思路也没什么大的差别。人生无止境，富不过三代，代代英才的也不多。拼出老命培养个名牌大学生，其实往后的路还很长。儿女既如此优秀，孙儿岂能马虎？行了，继续吧，想想都头大。看清楚这条路，就知道不唯艰辛，也甚无趣。

2019 年的夏天，吃着西瓜喝着酒的时候，我的一位同学说，如果我们衡量一个孩子优秀与否的标准是英语学得好不好，那么能背1000 个单词的孩子一定比只能背 200 个单词的孩子好，更好过 1 个单词都不会的孩子。广而言之，如果以知识、技能来衡量孩子的优与不优，则有好过无，多好过少。那么，问题来了：

> 当我们的国家、民族、家庭面临危机的时候，这些掌握了知识、技能的孩子或者是已经成年了的孩子能不能挺身而出、振臂一呼组织大家呢？

显然，是不一定的。如果一直仅仅关注知识的填充、技能的练习，几乎是一定不会的。

也显然，这样的时候，我们的国家、民族、家庭，乃至任何一个组织，甚至不是组织，只是因缘际会在一起的一群人，是很需要这样的组织者的。

同学说，所以，为教育者，第一，应给予孩子价值观的教育，第二，应给与人格的培养，此二者，应优先于知识的授予与技能的传习。

吾深以为然。

二

我小时候看小人书，印象最深的当中有一本是讲火牛阵的，或者说田单复国。燕国乐毅打下齐国七十余城，只剩即墨、莒（jǔ）城两城未破，坚守即墨的是田单，与乐毅相持数年，后用反间计使燕王换将，田单命令在上千头强壮耕牛的角上绑上尖刀，身披彩布，两侧捆上长矛，尾巴上系上浸了油的布，半夜三更点着了，从事先凿破的城墙处放牛出来，牛痛而狂奔，直冲燕营，燕军大败，主将被杀，田单乘胜追击，收复全部七十余城，齐得以复国。

这真是精彩之极的故事。而今看小说《大秦帝国》，则从另一个方面有所感悟。田虽是齐国国姓，但田单家早已是远支，以经商为主，参政为辅。齐湣王被杀标志着齐国被破，这是齐国崩溃的一刻。这个时候，田单正带着族人向东逃难。

兵败如山倒，这个时候如果田单不站出来，自身或许能保，齐国恐怕是要真的被灭了。即墨城外聚集了大量难民，即墨令对要不要施以援手已经陷入了两难。不救吧，说不过去，救吧，资源日耗，城中也难持久。

田单问家老，就是自己的管家："家老，你是老齐人了。当此之时，田氏该走么？"

虽是问话，其实早有答案。

"击鼓聚族！我有话说。"

田单的厉害之处在于：第一，他的振臂一呼并非热血来潮，而是早有思想、行动上的准备；第二，他的动员有自己的意见在里面，但并没有命令大家如何如何，只是引导大家思考；第三，他说完之后引出族中长辈发言，为自己加持。因此，田单通过让族人"参与决策"，善用有威望者背书，很快团结了大家，统一了思想。这是一个价值观正确、有担当的青年领袖。

田单的能力超常，却有迹可循，可说是植根于日常的生活和工作中的思考和实践，这是一个"可学习"的榜样。铁笼就是一个很好的例子，这是在正史中有记载的。所谓铁笼，就是把车轴突出的一部分截掉，然后罩一个铁笼加以保护。田单考虑到，众多逃难的人驾车在道路上拥挤时，难免会有争道碰撞的情况，这时候出现车轴损坏就会非常麻烦，"于是早早打造了几百副这种早已经被人遗忘的铁笼"。小说中对于铁笼的样式作了补充，可帮助我们理解这个神奇的发明：

铁笼者，笼住车轴之铁具也。外有一尺铁矛状笼头，根部是一个厚有三寸带有十个钉孔的圆形铁壳，卡在车轴顶端，用十个大铁钉牢固地钉在车轴上，与整个车轴结为一个整体。

事实证明，这个设计让田氏族人在逃难中难免的车辆碰撞中避免了车辆毁损，小说中借一个老者的口说道："老夫俺如何没想到这一层？……能出此奇策，即墨田氏气运也。"

等到过河时，田单又有主意，"下令给全部车轴铁笼各绑缚二十条粗大麻绳，青壮族人与家兵全部下水，在牛车两边拽住绳索，借着大水浮力将车辆半托在水面缓缓行进"。这样做保证了车辆顺利过水而没有损折。这让我想到每次大雨出现积水，总会有很多车辆的车牌丢失在水中，道理应是类似的，泡在水中，会有很多意想不到的问题出现。

类似非常接地气的主意在田单身上有很多，感兴趣的朋友可以看原著详阅。我认为田单是《大秦帝国》中成功塑造的人物之一，对于正史上寥寥数笔的记载做了合理的想象。

如果田单仅仅是有这种主意，尚不能成为杰出的首领。田单的突出之处在于：

第一，他的思路非常清晰，指挥若定。以处理即墨城外难民为例，田单的策略是：

教老弱妇幼进城，十六岁以上五十岁以下男子全部编为民军，驻扎城外，做即墨郊野防守。先解人潮之困，否则便是乱局。

一个人能不能在一团乱麻之中理出思路，是体现其大局观和指挥能力的重要参照。类似的指令非常多，都十分具体，体现了田单的指挥能力。

第二，田单所为非谋权位，而是理想牵引。即墨令出城战死，田单布置好队伍后，带人出城找回老将军遗体，面对众人拥立，他首先感到的是压力，四面拱手高声道：

> 父老兄弟姐妹们，燕军暴虐，我等须得死守即墨方有生路。然则，田单虽有些许商旅应变之才，却从来没有战阵阅历。恳请哪位将军主事，田单定然鼎力襄助！

你可以认为这是"领导艺术"，但放在田单身上，你会觉得更像是坦诚之言。

第三，田单胆略惊人，不受拘泥。为了应对乐毅的化齐心理战，田单故意让人投降燕军，出主意挖掘城外齐人坟墓，从精神上击溃齐国人。燕军中计，田单借此激发齐人斗志，为火牛阵作了精神上的准备。想出这种让敌军挖祖坟以激励士气的方法，真不是一般人，这说明田单不是一个傻傻的"老实人"。他的老实，是建立在爱国爱家爱民基础上的老实，不是拘泥于框框架架的老实。

三

当然，田单究竟是怎样一个人，最好是有个360度评价。《大秦帝国》中在不同场合借不同人之口，对田单作了评价。

其中一位将军说田单虽然不是武将，但"韬略过人""身先士卒"，有"大义节操"。

田单遇到的难民、兵器、守城、管制等难题，田单的敌人乐毅认为：

"都不是寻常将军所能妥善解决的，解决这些难题，非但需要兵家才能，更需要理民才干与非凡的冷静、胆识与谋略。所有这些，看来在这个田单身上都神奇地汇聚到了一起。即墨之可畏，正在于有如此一个突兀涌现的柱石人物。"

战国名士鲁仲连有一次说田单：

> 挽狂澜于既倒，远非一个才字所能囊括。顽也韧也，心也志也，时也势也，天意也！

《史记》作者司马迁则评价田单能够善用奇正，静如处子，动如脱兔，对他十分赞赏。

田单的最大价值其实在于才以外的东西。小说人物"鲁仲连"说的"顽也韧也，心也志也"是比才更重要的，决定田单这个人物气场的东西。我以为，这也是值得年轻父母们在培养孩子时思考和重视的。

四

装满一个大玻璃瓶，最好的方法是先放大石头，再放小石子，最后再撒沙子进去。如果是反过来，那么很可能大石头就放不进去了。

就教育而言，大石头就是以下这些东西中的若干：正确的价值观、健全的人格、日常的生活能力、承受困难和挫折的勇气、敢于负责的担当……

我们终将老去，孩子们将来遇到的问题有可能是我们所不能预见或见证的，比如大家经常调侃的，有了二孩后，将来至少在决定要不要抢救本尊时有个商量的人，其实这样需要思考和决策的场景应该会很多，和田单遇到的事只有大小的区别，本质上是相似的。

道、法、术三者相比较，法很多，术更是纷繁复杂，令人眼花缭乱，唯有道，是相对简明的。而道生一，一生二，二生三，三生万物。所以，在养育孩子的焦虑中，有时候想一想，我们授予道，孩子们知"道"就可以了，似乎就没那么焦虑了。所以，我们家孩子学前班没上，但家务要学一点，待人礼貌要学一点。

这也许是一种自我安慰和麻醉，但又何尝不是另一种思路呢？